Herderbücherei INITIATIVE 47
Band 9547

Herrn Vizepräsident
James Gadner
freundlich zugeeignet,
Bettina Hürni
(s. S. 105 ff)
Bern, April '82

Kapitalismus

Nutzen und Moral

Herausgegeben von
Gerd-Klaus Kaltenbrunner

Herderbücherei

Originalausgabe
erstmals veröffentlicht als Herder-Taschenbuch

Verlag Herder Freiburg · Basel · Wien
Herstellung: Freiburger Graphische Betriebe 1982
ISBN 3-451-09547-5

Inhalt

Vorwort des Herausgebers

Das Wort „Kapitalismus“ taucht zum ersten Mal bei dem französischen Sozialisten Louis Blanc (1811–1882) auf; allgemein geläufig wurde es erst durch Karl Marx' Hauptwerk „Das Kapital“, dessen erster Band 1867 erschien.

Von allem Anfang an war „Kapitalismus“ ein kritischer, ja ein polemischer Begriff. Er ist keine Selbstbezeichnung, sondern eine Feindvokabel. Terminologisch ist der Kapitalismus ein Geschöpf seiner Gegner, der Sozialisten und Kommunisten. Vielfach haben auch Konservative diese Etikettierung benützt. Seit Max Weber, Werner Sombart und Ernst Troeltsch hat der Begriff in die Sozialwissenschaft, insbesondere die Soziologie, Eingang gefunden.

Obwohl in der Nachfolge Max Webers viele Gelehrte zur Klärung und Präzisierung des Kapitalismus-Begriffs beigetragen haben, wird er auch heute noch nur sehr selten werturteilsfrei gebraucht. Wer vom Kapitalismus spricht oder vom „Gegensatz zwischen Kapital und Arbeit“, spricht nicht für den Kapitalismus. Als die „Neue Linke“ in den späten sechziger Jahren die geistespolitische Landschaft umzuwälzen begann, wurde Max Horkheimers These von 1939 zum geflügelten Wort: Wer vom Kapitalismus nicht reden wolle, solle auch vom Faschismus schweigen. „...Vielleicht bin ich ein verhinderter Kommunist", grübelte damals der westdeutsche Schriftsteller Heinrich Böll, „ich halte den Kommunismus immer noch für eine Hoffnung" (Die Zeit, 11. August 1967). Derselbe Böll sprach einige Jahre später in einer Rede vor der SPD-Fraktion des Deutschen Bundestages von den „frei herumlaufenden Raubtieren" (vgl. Die Zeit, 22. März 1974), und aus dem Zusammenhang ergibt sich, daß er dabei an die „Kapitalisten" dachte, zumindest an gewisse Arten von ihnen.

Böll steht hier nur als ein Beispiel, wenngleich nicht als vereinzeltes. Denn dieser Schriftsteller repräsentiert wie kein zweiter das Bewußtsein des lesenden und diskutierenden Bürgertums der Bundesrepublik Deutschland. Für Millionen klingen Ausdrücke wie Kommunismus oder Sozialismus lieblicher als der Name Kapitalismus.

Es gibt einen antikapitalistischen Affekt. Er speist die unterschiedlichsten Parteien, Bewegungen und Ideologien. Er spricht sich keineswegs nur in „linken" Doktrinen, Programmen und Parolen aus. Mindestens so alt wie der „linke" ist der „rechte" Antikapitalismus.

Seine Repräsentanten in der Romantik, die mit ihrer Lehre vom sozialen „Organismus" gegen den „Mechanismus" der werdenden Industriegesellschaft polemisierten, fanden Anklang in der frühen christlich-sozialen Bewegung, deren entschiedener Antikapitalismus sich aus ihrer Orientierung an der vorrevolutionären Gesellschaft ergab. Zwar war das Bild des Evangeliums vom reichen Jüngling, der um der Nachfolge Christi willen alles verließ, schon in altchristlicher Zeit für die Weltchristen aus seinem endzeitlichen Rahmen herausgenommen und als Weisung gedeutet worden, die Güter dieser Welt maßvoll zu gebrauchen und insbesondere die Nächstenliebe zu beachten. Aber eben dieses Maß und diese Rücksicht erschienen jetzt in einem „Materialismus" zerbrochen, der nicht zuletzt dem Kapitalismus angelastet wurde. Zu Ende des 19. Jahrhunderts war das in altchristliche Zeit zurückgehende und seit dem späteren Mittelalter auch in Theorien umgangene Verbot des Zinses (lat. *usura* = Zins war zur Bezeichnung für Wucher geworden) zwar praktisch aufgehoben; im derzeitig noch geltenden Can. 1543 des röm.-kath. Kirchenrechts klingt aber die scholastische Begründung des Zinsverbotes nach, wenn auch ein maßvoller Gewinn aus dem Kredit als „nicht in sich selbst unerlaubt“ bezeichnet wird. Vom Landwirt den gleichen Zins zu verlangen wie von einem Händler konnte freilich noch immer als Wucher erklärt werden („Kirchenlexikon“, 1901).

Der „ungeklärte Antikapitalismus“ der christlich-sozialen Bewegung wurde zum „geklärteren Antikapitalismus“ (Gustav Gundlach), als die päpstliche Enzyklika „Quadragesimo anno“ (1931) das „Nurlohnarbeitertum“ als Tatsache einer „in sich nicht ungerechten kapitalistischen Produktionsweise“ bezeichnete, auf die mit der Organisation von Selbsthilfe und mit sozialpolitischer Intervention des Staates zu reagieren sei. Bei einem distanzierten „in sich nicht ungerecht“ blieb es in den weiteren Sozialenzykliken der Päpste, wenngleich die Kapitalismuskritik stärker wurde. Auch werden heute hie und da die Bedingungen, auf welche sich die lateinamerikanische „Theologie der Befreiung“ bezieht, undifferenziert den europäischen Verhältnissen unterstellt.

Der Nationalsozialismus sprach in demagogischer Weise antikapitalistische Sehnsüchte an. Die „Brechung der Zinsknechtschaft“ war eines seiner erklärten Ziele. Der Jude wurde als Agent des „raffenden Leihkapitals“ hingestellt. Daß Hitler vom deutschen „Großkapital“ finanziert wurde und als dessen Marionette aufgetreten sei, ist eine – ebenfalls antikapitalistische – Legende (vgl. dazu James und Suzanne Pool: Who financed Hitler? New York 1978, 525 S.). Einzelne Kapitalisten haben die nationalsozialistische Bewegung unterstützt, so wie auch manche Kapitalisten, etwa der reiche und skrupellose Geschäftsmann Alexander Helphand, genannt Parvus, den russischen Bolschewismus finanziert haben (vgl. Winfried B. Scharlau, Zbynek A. Zeman: Freibeuter der Revolution. Köln 1964, 392 S.) und italienische Großunternehmer die kommunistische Partei fördern. Friedrich Engels, der Kampfgefährte und Geistesbruder von Marx, war ebenfalls kein Proletarier, sondern Sohn, Erbe und Teilhaber eines Textilfabrikanten. Der den „hündischen Commerce“ verfluchende Autor des

Katechismus „Grundsätze des Kommunismus“ und Mitverfasser des „Manifests der Kommunistischen Partei“ sorgte jahrzehntelang für Marx und dessen Familie; und er konnte dies nur als Angestellter und späterer Compagnon der Firma Ermen & Engels in Manchester tun.
Sei dem wie immer, der antikapitalistische Affekt, ob er sich nun links- oder rechtsideologisch, romantisch oder christlich begründet, kann nicht durch die Tatsache erklärt werden, daß manche Bankiers, Geschäftsleute oder Industrielle als dessen Mäzene gewirkt haben. Ihre fördernden Tätigkeiten haben ihn nicht geschaffen, sondern setzen ihn bereits voraus.
Die Wörter „Kapitalismus“ und „Kapitalist“ klingen den meisten Ohren häßlich. Sie erregen alles andere als freundliche Anteilnahme. Nicht nur sind sie keine Ehrennamen, ihnen eignet darüber hinaus noch eine diffamierende und inkriminierende Macht. Zumindest sprechen sie ein Unbehagen aus, das undeutliche Gefühl: So wie es ist, kann es nicht bleiben; eigentlich sollte es anders sein. Kapitalismus ist ein *Anti*-Begriff. Er läßt denken an Ausbeutung, Unterdrückung und Gerissenheit, an Egoismus, Profitgier und Schmarotzertum, an gnadenlose Konkurrenz, Verschwörungen der Monopole und ungerechte Einkommensverteilung. Es gibt kaum etwas, was man „dem Kapital“ noch nicht vorgeworfen hat. Je nach den Umständen und persönlichen Vorlieben des Kritikers wurde und wird der Kapitalismus einmal beschuldigt, den technischen Fortschritt zu behindern; ein anderes Mal heißt es, daß er unseren Planeten durch übertriebene Technisierung veröde. Man behauptet, daß er die Menschen nicht ausreichend versorge oder noch immer dem Los der Proletarisierung aussetze; man beklagt aber auch den von ihm betriebenen „Konsumterror“ und die „Entfremdung“ des Menschen in der eine Überfülle lockender Güter anbietenden „Warengesellschaft“. Der Kapitalist erscheint als Nicht-Arbeiter, der die Arbeit anderer sich aneignet. Er gilt in marxistischer Sprache als Usurpator von Mehrwert. Er erscheint um so hassenswerter, als er der Erbe und raffinierteste Vollender aller bisherigen Ausbeutergestalten ist: des Sklavenhalters, des Feudalherrn, des Junkers. Da er die letzte Stufe der Elendsgeschichte der Menschheit vor

dem revolutionären Umschlag in den Sozialismus oder Kommunismus repräsentiert, kann er als hoffnungsloser und zynischer Reaktionär, als Agent des geschichtlich Überholten, Hinfälligen und Absterbenswürdigen angesehen werden. Außerdem ist er Angehöriger einer immer kleiner werdenden Minderheit, noch dazu einer privilegierten, und als solcher in einem Zeitalter totaler „Demokratisierung“ ein besonders herausforderndes Ärgernis.

Deshalb nimmt es nicht wunder, wenn die Sachwalter und Anwälte des vielgeschmähten Kapitalismus ihn in der Regel anders nennen. Sie sprechen etwa von „freier Wirtschaft“, „Wirtschaftsliberalismus“, „Marktwirtschaft“, „freier Verkehrswirtschaft“ oder auch „demokratischer Industriegesellschaft“. Alle diese Bezeichnungen treffen durchaus wesentliche Elemente dessen, was man, über sonst vorhandene politische und ideologische Unterschiede hinweg, als Kapitalismus anspricht. Doch wer wollte leugnen, daß von den genannten Benennungen keine einzige jene fast mythische Faszination ausstrahlt, die, sei's im lockenden, sei's im abscheuerregenden Sinne, den Schlagworten Sozialismus und Kapitalismus eigentümlich ist?

Keine Geringeren als Marx und Engels haben im Manifest von 1848 die Leistungsfähigkeit, die progressive, ja weltrevolutionäre Potenz des Kapitalismus mit geradezu dithyrambischen Worten anerkannt. Erst die industriekapitalistische Bourgeoisie habe bewiesen, „was die Tätigkeit der Menschen zustande bringen kann“, und „ganz andere Wunderwerke vollbracht als ägyptische Pyramiden, römische Wasserleitungen und gotische Kathedralen“. Sie könne nicht existieren, „ohne die Produktionsinstrumente, also die Produktionsverhältnisse, also sämtliche gesellschaftlichen Verhältnisse fortwährend zu revolutionieren“. Technisierung, Erschließung der Erde, Entdeckung vorher unbekannter Bodenschätze, Urbarmachung ganzer Weltteile, Sprengung nationaler und ständischer Schranken, Abbau religiöser und politischer Illusionen, Zivilisierung barbarischer Völker und der einst dem „Idiotismus des Landlebens“ preisgegebenen Bevölkerungsschichten – diese und andere Entwicklungen werden dem kapitalistischen Bürgertum als Ruhmestaten zugeschrieben. Es erscheint beinahe als ein göttlich-dämonisches Wesen, das in kaum hundert Jahren „massenhaftere und kolossalere Produktionskräfte geschaffen hat als alle vergangenen Generationen zusammen“. Die kapitalistische Bourgeoisie „schafft sich eine Welt nach ihrem Bilde“.

Was würden die Dioskuren der weltgeschichtlich einflußreichsten antikapitalistischen Bewegung erst gesagt haben, wenn ihnen die Leistungen des angeblich demnächst zusammenbruchsreifen Systems in den dreißig Jahren nach dem Ende des Zweiten Weltkriegs bekannt gewesen wären? Verdreifachung des Weltprodukts und der Reallöhne, Senkung der Arbeitszeit, Erhöhung der Lebenserwartung (nicht nur in den hochindustrialisierten, sondern auch in Entwicklungsländern wie Indien), die mit Begriffen Automatisierung, Kybernetik und elektronische Revolution umschriebenen Makroprozesse – all dies sind die Ergebnisse von knapp einem Menschenalter, die im Jahre 1945 niemand vorausgesehen oder erwartet hat. Dennoch ist der Kapitalismus in weiten Kreisen unbeliebt, halten ihn vor allem jüngere und akademisch gebildete Menschen für eine Quelle gesellschaftlichen, politischen, kulturellen und ökologischen Unglücks, die möglichst bald zu beseitigen sei.

So wie es nicht genügt, nur heroische Eigenschaften aufzuweisen und ein vom Schicksal geplagter Pechvogel zu sein, um den Rang eines tragischen Helden beanspruchen zu können; so garantieren auch noch so glänzende und wohltätige Erfolge allein noch keine allgemeine Bewunderung oder gar Dankbarkeit.

Das beste Beispiel für diese paradoxe Wahrheit ist die unterschiedliche Wertschätzung des Kapitalismus und des Sozialismus vor allem in denjenigen Ländern, die als kapitalistisch gelten. Einige originelle Beiträge dieses INITIATIVE-Bandes befassen sich mit den Mißverständnissen, Vorurteilen und oft tiefeingewurzelten Legenden, die dem weitverbreiteten antikapitalistischen Ressentiment zugrunde liegen oder mit deren Hilfe es sich argumentativen Ausdruck zu verschaffen sucht. Ginge es bei dem ganzen Problem nur um Fragen der wirtschaftlichen Leistungsfähigkeit, dann wäre der Streit zwischen den beiden Systemen wohl bald entschieden. Doch so sehr es wünschenswert wäre, daß manche Zeitgenossen, die sich über die sozialen Mängel des Kapitalismus entrüsten, wenigstens über den Unterschied zwischen Umsatz und Reingewinn oder zwischen Unternehmergewinn und Betriebskapital Bescheid wüßten, so wenig ließe sich durch bloße volks- und betriebswirtschaftliche Aufklärung die Kapitalismus-Debatte endgültig entscheiden.

Der Streit um den Kapitalismus kann durch rein ökonomische Beweise nicht entschieden werden, weil im Mittelpunkt der Auseinandersetzung außerökonomische Fragen, Bedürfnisse und Antriebe stehen.

Der Kapitalismus ist, wir sagten es bereits, in weiten Kreisen unbeliebt. Er war, so können wir hinzufügen, schon immer unbeliebt. Er hat in den knapp zweihundert Jahren niemals zustande gebracht, was die antike Polis, das mittelalterliche Lehenswesen, die katholische Kirche, der Adel, zahlreiche Dynastien, der Nationalstaat und schließlich der Sozialismus vermochten: Sympathie, Loyalität oder gar Begeisterung zu erwecken. Rockstars, Dirigenten, Fußballer oder auch als antikapitalistische Agitatoren wirkende Schriftsteller können, ohne daß ihnen jemand ihre Einkünfte neidet, jährlich Hunderttausende oder sogar Millionen verdienen (und sofern sie Copyright-Inhaber sind, ihren Erben noch siebzig Jahre lang arbeitslose Gewinne verschaffen), obwohl ihr Beitrag zum Funktionieren der Volkswirtschaft sehr gering ist. Hingegen kann ein Politiker in der Regel mit Beifall rechnen, wenn er sich über die angeblich übermäßigen Einkommen der Aktionäre, Unternehmer oder Bankiers ereifert, obwohl deren Leistungen in volkswirtschaftlicher Hinsicht unentbehrlich sind. Die Ungeliebtheit des Kapitalismus hat viele Gründe.

Zumindest einer ist system-immanent. Der Kapitalismus, verstanden als Wirtschaftsordnung, kann nämlich nur dann funktionieren, wenn nicht von Liebe geredet wird, wo es sich um die Wahrung von Interessen handelt. Damit soll keineswegs gesagt werden, daß ein gnadenloser „struggle for life" im Sinne eines brutalen Vulgärdarwinismus oder von Hobbes'

„bellum omnium contra omnes" sein Funktionsgesetz sei. Ganz im Gegenteil, ein solcher Wolfs-Kapitalismus könnte so wenig existieren wie eine sich als Hospital mißverstehende Soziale Marktwirtschaft. Weder allgemeine Menschenliebe noch primitives Faustrecht ist das ihm gemäße Milieu, sondern ein von unkommandierten einzelnen, die ihren eigenen Vorteil suchen, praktiziertes „mittleres" Ethos wohlverstandener Gegenseitigkeit. Es ist dies ein Ethos, das man im guten wie im tadelnden Sinne „bürgerlich" nennen kann: ebensoweit entfernt von heroischer Aufopferung und alle Unterschiede einschmelzender Philanthropie wie von dem in einer endzeitlichen Naherwartung gründenden Ratschlag: „Sorget nicht für euer Leben, sehet die Lilien auf dem Felde: sie arbeiten nicht, auch spinnen sie nicht." Der klassische Kapitalismus, wie Adam Smith (An Inquiry into Nature and Causes of the Wealth of Nations, 1776) ihn gezeichnet hat, funktioniert am besten, wenn die Menschen weder Helden noch Heilige noch Märtyrer sind, sondern mit gutem Gewissen ihren persönlichen Vorteil wahrnehmen. Smith hat dieses Grundgesetz im ersten Buch seines Hauptwerks so formuliert:
„Nicht vom Wohlwollen des Metzgers, Brauers oder Bäckers erwarten wir das, was wir zum Essen brauchen, sondern davon, daß sie ihre eigenen Interessen wahrnehmen. Wir appellieren nicht an ihre Humanität, sondern an ihre Eigenliebe, und wir betonen nicht die eigenen Bedürfnisse, sondern sprechen von ihrem Vorteil. Niemand möchte weitgehend vom Wohlwollen seiner Mitmenschen abhängen, ausgenommen der Bettler, und sogar der verläßt sich nicht ganz darauf."
Dieses Ethos ist, wie sich von selbst versteht, ein ganz anderes als das in der traditionalen Familie, Sippe oder Stammesgemeinschaft gepflegte; es unterscheidet sich auch von dem moralischen Stil einer religiösen Bruderschaft, einer kämpfenden Truppe oder eines um einen Propheten, Weisheitslehrer oder sonstigen Charismatiker gescharten Bundes. Es ist glanzlos, prosaisch und profan. Es spricht viele tiefsitzende Bedürfnisse nicht nur nicht an, sondern beleidigt sie sogar: das Verlangen nach herzlicher Wärme, solidarischer Geborgenheit, religiöser Pietät, humanitärem Pathos. Von Gneisenau stammt das ro-

mantische Wort: „Auf Poesie ist die Sicherheit der Throne gegründet." Die Grundlagen des im Laufe der Zeit alle Throne erschütternden Kapitalismus sind überaus unpoetisch.
Das haben auch Marx und Engels im Kommunistischen Manifest drastisch ausgesprochen: Die Bourgeoisie habe „alle feudalen, patriarchalischen, idyllischen Verhältnisse zerstört": „Sie hat ... kein anderes Band zwischen Mensch und Mensch übriggelassen als das nackte Interesse, als die gefühllose, ‚bare Zahlung'. Sie hat die heiligen Schauer der frommen Schwärmerei, der ritterlichen Begeisterung, der spießbürgerlichen Wehmut in dem eiskalten Wasser egoistischer Berechnung ertränkt."
Das ist freilich eine polemische, vielleicht sogar bösartige Aussage, die weder Adam Smith noch dem Kapitalismus insgesamt gerecht wird, der es ja überhaupt erst ermöglicht hat, daß nicht mehr – wie noch vor zweihundert Jahren in unserern Breiten – vier Fünftel aller Familien rund neunzig Prozent ihres Einkommens für den Lebensunterhalt ausgeben müssen. Kein intelligenter kapitalistischer Ökonom hat je geleugnet, daß es genügend Bereiche gibt, in den sich heroischere, romantischere und enthusiastischere Tugenden ausleben können – nur die Welt der Wirtschaft sollte die Domäne aufgeklärten Eigennutzes, des für alle Partner vorteilhaften Tausches sein.
Doch eben diese „Partialisierung", dieses Ansinnen zu „ethischer Arbeitsteilung" haben linke und rechte Kritiker des Kapitalismus – Burke und Adam Müller ebenso wie Marx, Engels und Adorno – immer als empörende Zumutung angeprangert. Wie kann man ein System lieben, das nicht den „ganzen Menschen" anspricht, nicht den leidenschaftlich oder selbstlos liebenden, sondern den nüchtern kalkulierenden, Gewinn und Verlust bedächtig wägenden Menschen?
Hinzu kommt als erschwerender Umstand, daß der moderne Kapitalismus ein absolutes Novum ist, das niemand gewollt, geplant, prophezeit oder gar ersehnt hat. Er verdankt sich dem „zufälligen" Zusammentreffen verschiedener Entwicklungen und Ereignisse im Europa des zu Ende gehenden Mittelalters und der beginnenden Neuzeit: Reformation, Renaissance und Aufklärung, Entdeckung neuer Kontinente, Aufstieg der ana-

lytisch-experimentellen Naturwissenschaft und Entstehung des modernen Staates, Säkularisierung, Rationalisierung und technische Erfindungen. Man kann sagen, daß er nicht nur ungewollt und ungeplant, sondern für viele auch fast unbemerkt sich entwickelt hat. Hätten die Kaiser, Könige, Fürsten, Großgrundbesitzer, Naturforscher und Philosophen geahnt, was da auf Europa – und von Europa ausgehend auf den gesamten Erdball – zukam, so würden sie nicht gezögert haben, diese weltgeschichtlich beispiellose Umwälzung mit allen Mitteln abzuwürgen.

Der Sozialismus in seinen verschiedenen Erscheinungsweisen ist ein solcher Versuch, den unvorhergesehenen, ungeplanten und ungeliebten Kapitalismus aufzuhalten, zu bändigen oder zu überwinden. Er ist die „Reaktion" auf die kapitalistische Revolution. Als Reaktion spricht er alle jene Bedürfnisse an, die der Kapitalismus unbefriedigt ließ. Als Reaktion verfügt er über eine ganze Reihe von Vorzügen, die dem Gegner mangeln.

Der Kapitalismus ist eine überraschende Tatsache, von niemandem erwartet oder gar erhofft, von vielen als brutale Störung der vertrauten Lebensordnungen empfunden. Der Sozialismus hingegen kann sich als Erinnerung oder Plan empfehlen.

Als Erinnerung bedeutet er Sehnsucht nach der egalitären Urgesellschaft, einer buddhistischen, urchristlichen und franziskanischen Ökonomie des Herzens, nach dem Archetyp des goldenen Zeitalters ohne Sondereigentum, Herrschaft und Arbeitsmühe, nach klösterlicher Bedarfswirtschaft oder auch nach der mittelalterlichen Dorfgemeinde mit Allmende und zahlreichen Formen solidarischer Kooperation. Als Erinnerung vermag er Mythos, Religion, Nostalgie und wohl auch unsere angeborene Disposition zu einem Leben in verhältnismäßig überschaubaren, unkomplizierten und stabilen Elementargruppen anzusprechen. Den größten Teil seiner Geschichte, in manchen Gebieten der Welt bis weit in unser Jahrhundert hinein, hat ja der Mensch in durch Gemeinbewußtsein, Gemeinbesitz und Subsistenzwirtschaft geprägten stationären Daseinsformen gelebt, die den Idealen des Sozialismus weit

mehr entsprechen als der Wirklichkeit des Kapitalismus, die ein absolutes Novum darstellt. Es ist denn auch kaum ein Zufall, daß viele Sozialisten, insbesondere solche marxistischer Observanz, in hohem Maße an den Ergebnissen von Archäologie und Prähistorie interessiert sind. In ihrer Sicht erscheint der Kapitalismus als Zwischenspiel, als die Ausnahme von der Regel: so wie die Menschen durch unendlich lange Zeitalter überwiegend „sozialistisch" oder „kommunistisch" gelebt haben, so werden sie es einst wieder tun, wenngleich auf „höherer Stufe". Engels' Hinwendung zu den prähistorischen Studien von Lewis H. Morgan und Johann Jakob Bachofen hat hier ebenso ihren Grund wie die primitivistische Neigung mancher Neomarxisten, aus Theorien über das Familienleben der Tschambuli, Zuñis und Trobriander Modelle für eine solidarische Gesellschaft auf der Grundlage der vom Kapitalismus hervorgebrachten technischen Zivilisation abzuleiten.
Als Erinnerung spricht der Sozialismus die konservativen oder „archaiophilen" Instinkte des Menschen an; das Hauptwerk des marxistischen Schriftstellers Ernst Bloch „Das Prinzip Hoffnung" ist zu großen Teilen eine kulturkonservative Galerie von bewundernswert zu neuem Glanz gebrachten Bildern aus vorkapitalistischer Vergangenheit.
Der Sozialismus kann sich jedoch auch als Vorgriff auf eine vom Menschen erst planmäßig aus einem Prinzip herzustellende Zukunft empfehlen. Er appelliert dann nicht an die konservativen Anlagen, von denen kein Mensch frei ist, sondern an das neuzeitliche Pathos rationaler Konstruktion und universaler Machbarkeit. Die Liebe zur Geometrie wird angesprochen. Nicht nur einzelne Bereiche sollen mit dem Vorbehalt späterer Revision rationalisiert werden, sondern „das Ganze". Der Skandal des Kapitalismus besteht für diese Sozialisten darin, daß er anarchisch, chaotisch und irrational sei. Sie empfinden die Tatsache, daß die bestehende kapitalistische Gesellschaft von niemandem (und schon gar nicht von der Gesamtheit aller vernünftigen Menschen) geplant und organisiert worden ist, als eine unsere prometheische Würde beleidigende Schmach. Die umfassende Planung der ganzen Gesellschaft erscheint ihnen als Postulat aufgeklärter Vernunft. Die Men-

schen würden dann nicht länger einer ihnen unverfügbaren, sie ständig überraschenden, enttäuschenden und narrenden Wirtschaft unterworfen sein, sondern als bewußte Subjekte ihrer gesellschaftlichen Lebensverhältnisse solidarisch und einsichtig handeln. Das Ergebnis wäre ein krisenfreies und geschichtsloses Universum, gereinigt vom verwirrenden Unrat des Zufalls.

Es ist hier nicht der Ort, das Dilemma dieser Spielart eines konstruktivistisch-technokratischen Sozialismus eingehender zu erörtern. Wer sich damit näher befassen will, dem sei die Lektüre der einschlägigen Schriften von Karl R. Popper, Friedrich A. von Hayek und Ludwig von Mises empfohlen. Im Endergebnis sind sowohl der Sozialismus der Erinnerung als auch der Sozialismus des Plans Versuche, die intellektuellen, emotionalen und moralischen Lasten des hochkomplexen, sich einer unvorhergesehenen Evolution und nicht einem rationalen Entwurf verdankenden Kapitalismus zu reduzieren: durch Erneuerung prähistorischen, zumindest vorindustriellen Gruppenbewußtseins oder durch soziale Geometrie.

Als Theorie ist der Sozialismus einleuchtend und plausibel. Man kann seine Grundsätze in fünf Minuten darlegen. Der Kapitalismus ist paradox und kompliziert. Um ihn zu verstehen, muß man ihn mehrere Jahre lang studieren.

Der Sozialismus kann sich als unmittelbare Fortsetzung, Ausdehnung und Triumph der Familienmoral empfehlen: „Alle Menschen werden Brüder ..." Der Kapitalismus spricht hingegen die agonalen Instinkte an, die in einer zunehmend domestizierten Gesellschaft als aggressiv verpönt werden und nur noch im Sport sich austoben können. Seine Moral ist die des Wettbewerbs. Er mißtraut der Übertragung des Ethos der solidarischen Kleingruppe auf die Beziehungen der Großgesellschaft. Er behauptet sogar, daß eine solche Übertragung unmoralische Folgen haben würde. Umgekehrt könne ein Verhalten, das man in der Familie oder zwischen Freunden verpönt, auf dem Gebiet der Wirtschaft durchaus wohltätig sein und, im Endergebnis, „sozialere" Ergebnisse zeitigen als eine selbstlose Liebesmoral. Die Motive der einzelnen mögen durchaus egoistisch sein; dennoch kann das sachliche Ergebnis der un-

zähligen egoistischen Einzelhandlungen, sofern sie sich an gewisse institutionell vorgegebene Spielregeln halten, dem Gemeinwohl zugute kommen. Das ist die paradoxe Lehre von Mandevilles „Bienenfabel“: „Private vices made public benefits“, die rigorose Moralisten empört.
Der Kapitalismus ist eine erfolgreiche Methode. Vieles, was man ihm anlastet, ist oft nur ein unerwartetes Ergebnis gewisser Fesseln, die man ihm aus sozialen Gründen glaubte anlegen zu müssen. Es gäbe noch mehr Wohnungen, wenn ein freier Wohnungsmarkt bestünde. Es gäbe mehr Studienplätze, wenn kein staatliches Universitätsmonopol existierte. Es gäbe kaum Arbeitslose, wenn der „Arbeitsmarkt“ nicht schon seit langem abgeschafft worden wäre. Wie kann man von einem „Markt“ sprechen, wenn trotz sinkender Nachfrage und steigendem Angebot der in Löhnen und Gehältern sich ausdrükkende „Preis“ der Arbeit nicht nur nicht sinkt, sondern sogar steigt?
Anderes, was man dem Kapitalismus vorwirft, ist überhaupt kein speziell kapitalistisches Problem. Umweltverschmutzung, Spezialisierung und Urbanisierung sind ebenso wie die vielbeklagte Entfremdung keine Folgen des Kapitalismus, sondern der modernen technisch-industriellen Zivilisation. Sie finden sich in sozialistischen und kommunistischen Staaten ebenso wie in kapitalistisch-marktwirtschaftlichen. Letztere verfügen sogar über systemkonforme Methoden, um diese Krisenerscheinungen, wenn schon nicht zu beseitigen, so doch einzudämmen und zu lindern.
Was den Faschismus-Vorwurf betrifft, so wäre zu sagen, daß zwar in bestimmten historischen Situationen der Faschismus in einzelnen kapitalistischen Ländern – übrigens *nicht* in den höchstentwickelten – gedeihen konnte, hingegen die Mehrzahl der kapitalistischen Länder ihm gegenüber immun blieb. Verwunderlich ist nicht, daß der Faschismus in gewissen kapitalistischen Ländern vorübergehend triumphierte, sondern die Tatsache, daß bislang alle demokratisch-rechtsstaatlichen Regime mit einer kapitalistisch-marktwirtschaftlichen Ökonomie verbunden sind. Mit anderen Worten: Es gibt kapitalistische Staaten ohne Demokratie, aber keine demokratischen Staaten

ohne Kapitalismus. Andererseits sollte es zu denken geben, daß konsequenter Sozialismus oder Kommunismus – als gesellschaftliche Ordnung, nicht bloß in der „Theorie" – sich, wie die geschichtliche Erfahrung zeigt, weit eher mit einer Militär- oder Parteidiktatur oder auch eine Art von Theokratie oder Klerus-Herrschaft sich zu verbinden neigt als mit einer liberalen, rechtsstaatlich-parlamentarischen Demokratie.
Doch kann man überhaupt eine erfolgreiche Methode auf dem Gebiet der Wirtschaft mit einem Entwurf vergleichen, der zwar auch von Wirtschaft handelt, doch weit mehr durch seine metaökonomischen Verheißungen fasziniert? Eine noch so erfolgreiche Methode kann man nicht, eine in dieser Welt noch so erfolglose Religion kann man lieben.
Dem Kapitalismus mangelt all das, wodurch der Sozialismus bezaubert. Der Kapitalismus funktioniert, wenn es genügend Unternehmer, Bankiers, Kaufleute, selbständige Handwerker und Mitglieder der freien Berufe gibt und der Staat sich damit begnügt, die Einhaltung der im Interesse aller formulierten Spielregeln zu erzwingen sowie sozialen Schutz und Sicherheit in dem Umfang zu gewährleisten, in dem die Bürger dazu aus eigener Initiative nicht imstande sind. Dies alles klingt nicht sehr aufregend und spricht kaum Romantiker an.
Der Sozialismus hingegen funktioniert niemals so, wie er seiner Theorie zufolge funktionieren müßte. Doch er besitzt eine Bibel und eine Theologie, eine Scholastik und eine Mystik, eine Genesis und eine Apokalypse. Er verfügt über einen Heiligenkalender mit den Namen Babeuf, Marx, Engels, Rosa Luxemburg, Lenin, Trotzki, Mao und Allende. Er hat eine Fahne, einen Kult und einen historisch-politischen Mythos. Er feiert die Erinnerung an Spartakus und Thomas Müntzer, an die „Verschwörung der Gleichen" und an die Revolution von 1848, an die Pariser Kommune von 1871 und die Machtergreifung der Sowjets in Petersburg. Er kennt Helden und Märtyrer, Kirchenväter und Ketzer. Eine Zeitlang pilgerten westliche Intellektuelle nach Moskau und später nach Peking und Havanna, so wie gläubige Muslims nach Mekka wallfahrten. Die Weltrevolution ist der Heilige Krieg des neuen Islam. Die Sowjetunion und die anderen antikapitalistischen Regime sind

sowohl Staaten als auch Kirchen. Zeitweilig war der Generalsekretär der bolschewistischen Partei in Personalunion großrussischer Sultan und kommunistischer Kalif, zugleich Zar und Papst.
Der Kapitalismus hat all dem wenig entgegenzusetzen, außer der Tatsache, daß heute – nach mehr als hundertfünfzig Jahren sozialistischer Theorie, nach mehr als sechzig Jahren sozialistischer Praxis in größtem Maßstab – so gut wie alle führenden Wirtschaftswissenschaftler der Welt mehr oder weniger *pro*-kapitalistisch eingestellt sind und die Vorzüge des selbständigen Unternehmertums, des Privateigentums an Produktionsmitteln, der Marktwirtschaft und der Konkurrenz bejahen. In den „Ordo"-Jahrbüchern, in den Buchserien des Walter-Eucken-Instituts und bei den Tagungen der Mont-Pélerin-Society, die sich der Verteidigung der kapitalistischen Marktwirtschaft oder eines aufgeklärten Kapitalismus verschrieben haben, ist die Elite der modernen Nationalökonomie vertreten. Es gibt heute weit mehr pro-sozialistische Theologen und Psychoanalytiker als pro-sozialistische Wirtschaftswissenschaftler. Mit anderen Worten: Auf ökonomischem Gebiet werden die Leistungen, Fähigkeiten und innovatorischen Potenzen des Kapitalismus im Hinblick sowohl auf Wohlstandsvermehrung als auch auf Freiheitssicherung mehr und mehr anerkannt. Man findet sich mit dem ungeliebten Kapitalismus, der sich seit den Tagen von Marx so tiefgreifend gewandelt hat, zumindest ab, weil man nichts Besseres kennt. Weil man eingesehen hat, daß die geistige und politische Freiheit mit der wirtschaftlichen Freiheit enger zusammenhängt, als antikapitalistische Ideologen meinen. Weil man einen funktionierenden Kapitalismus erheblich leichter sozial verbessern als einen real existierenden Sozialismus demokratisieren kann.
Das weiß heute die Elite der Wirtschaftswissenschaftler und Wirtschaftspolitiker. Doch wer weiß es sonst noch? Wissen es unsere Kinder? Wissen es die Lehrer, denen unsere Kinder anvertraut sind? Wissen es die Studenten der Germanistik, Psychologie, Soziologie und Pädagogik? Wissen es die Professoren der Germanistik, Psychologie, Soziologie und Pädagogik? Wissen es die Pfarrer und Theologen, die sich, ebenso wie die

erwähnten Professoren, häufig ohne Sachverstand zu wirtschaftlichen Fragen äußern? Weiß es die Jahr für Jahr neue Preise einheimsende literarische Prominenz, die seit Ludwig Erhards Tagen mehr und mehr in progressiver Wirtschaftskritik dilettiert?
Wissen es die Kapitalisten, welche in einem Zustand von sozial-ethischem Masochismus ihren geschworenen Feinden in den Medien, im Theater und auf der Kanzel frenetischen Beifall und oft sogar mehr als bloßen Beifall spenden, gemäß den Versen von Yeats: „Come fix upon me that accusing eye. I thirst for accusation...“? Was tun sie gegen die von dem genialen österreichischen Ökonomen Schumpeter prognostizierte Gefahr, daß der Kapitalismus dereinst nicht an materiellem Elend und proletarischem Aufruhr zugrunde gehen werde, sondern am Überdruß an seinen Erfolgen und an der aufreizenden Gehässigkeit der Intellektuellen? Haben sie nicht auf *dem* Gebiet, wo die großen Entscheidungen fallen, auch die Entscheidung über den Kapitalismus, schon längst abgedankt: auf dem Gebiet der Kultur, der literarischen Bildung, des geistespolitischen Dialogs und der theoretischen Standortbestimmung?
Vor kurzem besuchte ich mehrere große Buchhandlungen in einer deutschen Universitätsstadt. Ich wanderte durch die Abteilungen, in denen die Bücher über Wirtschaft und Wirtschaftspolitik, über Kapitalismus, Sozialismus und Kommunismus untergebracht sind. Mehr als achtzig Prozent dieser Bücher waren dem Kapitalismus, der Marktwirtschaft, dem Unternehmertum, dem Leistungsprinzip und anderen Grundsätzen der klassischen Philosophie der Liberalen *feindlich;* sie bedeuteten dem Leser, daß sozialistische, kommunistische, kollektivistisch-planwirtschaftliche und etatistische Ordnungen vorteilhafter, humaner und sozial gerechter seien.
Es leidet keinen Zweifel, daß die Geschäftsführer dieser akademischen Buchhandlungen über jeden Verdacht, sie wollten Propaganda für eine „andere Republik“ machen, erhaben sind. Mit ihrem Angebot reagieren sie – ganz im Sinne der marktwirtschaftlichen Logik – auf die entsprechende Nachfrage der Studenten, Professoren, Theologen und Pädagogen. Zur Rede gestellt, hätten sie gesagt, daß marxistische Autoren

wie Elmar Altvater, Ernest Mandel, Oskar Negt und Paul Sweezy sich eben besser verkaufen als Adam Smith, Wilhelm Röpke, Friedrich August von Hayek, Ludwig von Mises, Milton Friedman, Walter Eucken, Alfred Müller-Armack oder auch Gerd-Klaus Kaltenbrunner.

Dem Buchhändler, der dieser Nachfrage Rechnung trägt, ist kein Vorwurf zu machen. Die gewaltige Expansion der akademischen Bildung hat ja, entgegen den frommen Vorhersagen ihrer Urheber, keineswegs dazu geführt, daß unser Sozialprodukt größer, unsere Demokratie beliebter und unser Wirtschaftssystem verständlicher geworden wäre. Dem Kapitalismus und seinen Trägern hat das Wachstum der Universitäten und der Studentenzahlen schon gar nicht genützt. Noch immer trifft zu, was Ernst Nolte vor drei Jahren veröffentlicht hat (Was ist bürgerlich? Stuttgart 1979, S. 127. – Hervorhebungen von mir):

„Ein Hochschullehrer, der 1965 von Berlin oder Marburg, von Frankfurt oder Bremen nach Cambridge oder Sydney gegangen wäre und nun erstmals zurückkehrte, würde vollständig fassungslos vor den Büchertischen mit Parteiliteratur aus der Sowjetunion und der DDR stehen, die in den Universitäten aufgestellt sind, und er würde sich die Augen reiben, wenn er die überall aufgehängten Wandzeitungen sähe ... *Nicht viel weniger als die Hälfte der politisch aktiven akademischen Jugend in der Bundesrepublik Deutschland fühlt sich heute der Sowjetunion und der DDR weitaus stärker verbunden als ihrem eigenen Staat oder dem ‚Westen' ... Wenn dieser Teil zur Gesamtheit würde, wäre das Schicksal der Bundesrepublik besiegelt, selbst wenn ihre Produktionsziffern noch weiter in schwindelerregenden Höhen stiegen und wenn alle Arbeiter mit ihrer Lage weitgehend zufrieden wären."*

Der Buchhändler mag sich mit der Nachfrage entschuldigen. Doch was denken die großen Unternehmer, die Manager, die Leiter und Aufsichtsräte der führenden Banken und Betriebe der Bundesrepublik Deutschland über diesen Zustand? Sie wissen doch sonst, daß Nachfrage nur in den seltensten Fällen konstant und unelastisch ist. Sie hätten doch ihren Beruf verfehlt, wenn sie sich nicht darauf verstünden, auch Nachfrage

zu stimulieren, ja überhaupt erst zu schaffen. Gehen sie in keine Buchhandlungen? Blicken sie denn nicht hin und wieder in eine Universität? Was hält sie davon ab, endlich – und hoffentlich nicht zu spät – eine geistespolitische Offensive zu starten, um das Feld zurückzuerobern, auf dem das Bewußtsein, die Sprache und das Ethos derjenigen geprägt wird, die einmal unsere Wirtschaft lenken, erklären und repräsentieren sollen?
Die geistespolitische Offensive hat eigentlich schon begonnen: vor gut sieben Jahren, als ein großer deutscher Verlag (mit einem damals noch relativ unbekannten österreichischen Essayisten als Herausgeber) das Taschenbuch-Magazin Herderbücherei INITIATIVE einer erstaunten Öffentlichkeit vorstellte. Seither sind fast fünfzig INITIATIVE-Bände erschienen, Jahr für Jahr sechs Nummern, das heißt: alle zwei Monate ein Band von knapp zweihundert Seiten. Gewiß: nur ein Teil der Bände ist explizit wirtschaftlichen oder politischen Themen gewidmet. Doch jeder Band steht ein für einen Geist und eine Haltung, ohne die Marktwirtschaft, Unternehmertum und Privateigentum langfristig nicht bestehen könnten. Allerdings hat die INITIATIVE, unabhängig von allen Parteien und keinem Interessenverband verpflichtet, den vielgeschmähten Kapitalismus niemals kritiklos verteidigt, sowenig sie die demokratische Linke je verteufelt hat.
Warum haben diejenigen, welche speziell der vorliegende Band 47 anspricht, diejenigen, die an verantwortlicher Stelle unsere Wirtschaft lenken und gestalten, nicht schon längst erkannt, was die INITIATIVE seit 1974 leistet?
Der Trend zum Antikapitalismus ist eine Tatsache, wie der Besuch jeder größeren Buchhandlung beweist. Und dieser Trend verstärkt sich – ob nun unter roter, grüner, schwarzer oder bunter Fahne ist nebensächlich. Doch was haben diejenigen, gegen die sich der Trend vor allem richtet, dagegen getan? Man hat sich hin und wieder über die Wirtschaftsfremdheit und Arbeitgeberfeindlichkeit vieler Pfarrer, Lehrer und Intellektueller beklagt. Man hat sich darauf verlassen, daß der Verband hin und wieder ein von niemandem gelesenes Dossier über unsachliche Angriffe in den Medien und bösartige Unternehmerkarikaturen in Schulbüchern herausbringt. Und sonst?

Ist es nicht eben dies, was den deutschen Kapitalismus so unattraktiv und sturmreif erscheinen läßt: die verbreitete Scheu des deutschen Unternehmers vor geistiger Auseinandersetzung, sein Unverständnis für die Konsequenz von Ideen, für das Gewicht theoretischer und grundsätzlicher Standortbestimmungen?
Wo gibt es heute noch Gestalten wie Walther Rathenau, der Industrieller, Staatsmann, Kulturdiagnostiker und Sozialphilosoph zugleich war? Gibt es heute einen mittelständischen Druckereibesitzer wie Paul Schertling, der durch Jahrzehnte einen Einzelgänger der deutschen Geistesgeschichte, nämlich Leopold Ziegler, auf nobelste Weise unterstützt hat? Gibt es noch führende Unternehmer, Bankiers und Manager, die es als ehrenvolle Pflicht ansehen, anspruchsvolle Essays zu lesen und das Gespräch mit liberalen oder konservativen Denkern zu suchen? Gibt es Nachfolger jener Industrie-Organisatoren, die in der Zeit zwischen den beiden Weltkriegen Max Weber, Oswald Spengler, Ernst Jünger, Stefan George und Rudolf Borchardt gelesen haben?
Es genügt nicht, sich darüber zu ärgern, daß heute in kapitalistischen Buchhandlungen unter zehn wirtschafts- und gesellschaftspolitischen Büchern oft nur eines sich findet, das die Marktwirtschaft verteidigt oder zumindest sachlich darzustellen versucht.
Es genügt nicht, sich verkannt, angegriffen oder mißverstanden zu fühlen. Es genügt auch nicht, wenn Unternehmer heute härter denn je mit den wirtschaftlichen Herausforderungen der achtziger Jahre ringen, aber gleichzeitig die Interpretation der Wirtschaft und der ethischen, kulturellen sowie politischen Voraussetzungen ihres Handelns den Feinden überlassen.
Man muß investieren – auch im Hinblick auf die geistigen Grundlagen einer freien Gesellschaft!
Welchen Preis hat denn schon, gemessen an den Kosten einer neuen Maschine, der Entschluß, junge, intelligente, sinn- und orientierungsuchende Menschen mit geeigneter geistespolitischer Literatur regelmäßig zu versorgen? Was kostet schon die Bereitschaft, dafür zu sorgen, daß in Werkbüchereien, Jugendbibliotheken und öffentlichen Büchereien auch die wichtig-

sten Werke aus dem Lager des Antikollektivismus ausreichend vertreten sind? Könnte man nicht etwa eine Auswahl aus den fast fünfzig Bänden der Herderbücherei INITIATIVE anschaffen und jungen Führungskräften zur Diskussion und Weiterbildung empfehlen? Würden Unternehmer und Manager nur einen Bruchteil der Geisteskraft, die sie der Entwicklung und Durchsetzung neuer Produkte widmen, der Erkenntnis und Bestellung jenes Feldes zuwenden, auf dem letzten Endes die Entscheidung auch über unsere wirtschaftliche Zukunft fällt, nämlich des Feldes der geistespolitischen Orientierung und der ideologischen Grundsatzdiskussion, dann wäre das Monpol der „antikapitalistischen“, kollektivistischen und sozialromantischen Meinungs- und Stimmungsmacher längst gebrochen. Die Verfechter einer freien Wirtschaft, zu der unaufhebbar Privateigentum und Unternehmerinitiative gehören, haben sachlich nicht den geringsten Grund, die geistige Abrechnung mit den Epigonen von Marx und Engels zu scheuen. Herausgeber und Mitarbeiter der INITIATIVE bieten dazu entscheidende Argumente und Perspektiven an.

Die INITIATIVE ist ein enzyklopädisches Unternehmen mit geistespolitischen Konsequenzen. Sie wurde vor acht Jahren geschaffen, damit jene sich vernehmbar machen könnten, für die Europa mehr als ein ökonomisches Kartell, Freiheit mehr als emanzipatorische Wut und Konservatismus mehr als steriles Trauern um vergangene Zeiten ist. Die INITIATIVE kann, so wie sie ist und bleiben wird, nur in einem kapitalistischen und rechtsstaatlichen Land, getragen von einem risikobereiten Unternehmer, erscheinen und gedeihen. Die INITIATIVE hat einen soliden Stamm von etwa zehntausend Lesern. Warum sind es nicht doppelt oder zehnfach so viele?

Am Leser liegt es, nach sorgfältiger Lektüre, zu entscheiden, ob nicht die INITIATIVE größere Verbreitung verdiene[1].

---

[1] Bestellungen nimmt jede Buchhandlung entgegen oder auch der Verlag Herder (Hermann-Herder-Straße 4, D-7800 Freiburg i. Br.), der sie an befreundete Buchhandlungen zur umgehenden Erledigung weiterleiten wird. Abonnenten erhalten alle Bände der Herderbücherei INITIATIVE um 2,- DM billiger. Dieser Vorzugspreis wird auch allen Abonnenten gewährt, die früher erschienene Bände nachbestellen. Bitte informieren Sie sich am Schluß des Bandes über die vorliegenden Nummern, Prospekte stellt Ihnen der Verlag gerne zur Verfügung.

Das Taschenbuch-Magazin INITIATIVE ist trotz aller Erfolge, zu der seine Autoren, Leser und Freunde beigetragen haben, noch viel zu wenig bekannt.
Es könnte bedeutsam sein, daß Sie, unbekannter Leser, die INITIATIVE kennen – und etwas für sie tun.

Der Herausgeber

„Inzwischen ist Kaltenbrunners Taschenbuch-Magazin INITIATIVE ein Zentrum der geistigen Erneuerung geworden, deren Notwendigkeit immer mehr Leser begreifen.“

Josef Herbel, DIE WELT, 30. Dezember 1981

ARNO SURMINSKI

„Kapitalismus“ ist Lebensqualität

Wirtschaft und Freiheit

Wenn im Fernsehen Bilder von den Schlangen vor den Lebensmittelgeschäften in Polen auftauchten – sie zu sehen, gab es in den letzten Monaten reichlich Gelegenheit –, war mein erster Gedanke stets: Lieber Himmel, was geht da für eine wirtschaftliche Kraft verloren! Gesunde, arbeitsfähige Menschen stehen stundenlang stumpfsinnig vor einem fast leeren Laden, vergeuden kostbare Zeit, in der sie an der Werkbank arbeiten, Autos reparieren, Straßen ausbessern oder Felder bestellen könnten. Ein circulus vitiosus. Wirtschaftliche Schwierigkeiten zwingen die Menschen in die Schlangen. Während sie anstehen, fehlen sie im Arbeitsprozeß. Folglich werden die wirtschaftlichen Schwierigkeiten noch größer, die Produktion sinkt, die Schlangen wachsen. Und so geht es weiter und weiter.
Mein zweiter Gedanke: Welch ein tiefer Eingriff in die persönlichen Freiheiten! Diese Menschen könnten im Park spazierengehen, ein Kino oder Theater besuchen, mit ihren Kindern spielen oder aufs Land fahren. Aber nein, die katastrophale Wirtschaftslage zwingt sie in die Schlange, um ein halbes Kilo Fleisch zu erstehen. Und das alles geschieht nicht, weil Naturkatastrophen oder Kriege das Land verwüstet haben, nein, die Unsinnigkeiten eines ideologischen Systems führten zu derartigen Zuständen.

Jene Bilder von den schlangestehenden Menschen dokumentieren eindringlich den inneren Zusammenhang von Wirtschaftslage und der persönlichen Freiheit des einzelnen. Verfassungen und Gesetze mögen die persönlichen Freiheiten theoretisch begründen, praktisch verwirklicht werden sie im Wirtschaftlichen. Es ist eine verbreitete Augenkrankheit unserer Zeit, diesen Zusammenhang nicht zu erkennen. Wer die Zustände auf unserem Globus näher betrachtet, wird herausfinden, daß wirtschaftliche Unzulänglichkeiten die Ursache zahlreicher Demütigungen und Unfreiheiten der Menschen sind. Um ein naheliegendes Beispiel zu bringen: Wäre die Wirtschaftslage östlich der innerdeutschen Grenze in den fünfziger Jahren besser als im Westen gewesen, hätte es keine Mauer gegeben. Auch viele andere Beschränkungen, die wir als typisch östliche Unfreiheiten empfinden, hätten sich erübrigt, wären nicht die wirtschaftlichen Verhältnisse drüben so katastrophal gewesen. Wirtschaftliche Fehler eines verfehlten Systems führen nahezu zwangsläufig zu menschenverachtenden Eingriffen.

Um die enge Verbindung von Freiheit und Wirtschaft zu erkennen, sind allerdings nicht unbedingt Ausflüge in fremde Länder erforderlich. Die Geschichte der Bundesrepublik Deutschland liefert Anschauungsmaterial genug.

Wir haben ein Recht auf freie Wahl des Arbeitsplatzes. Aber was nützt uns dieses Grundrecht, wenn die Wirtschaft dahinsiecht und der einzelne Schwierigkeiten hat, überhaupt einen Arbeitsplatz zu finden, von freier Wahl ganz zu schweigen?

Wir haben das Recht auf Freizügigkeit. In der unmittelbaren Nachkriegszeit konnten wir von diesem Recht keinen Gebrauch machen, weil es an den Orten, zu denen wir gern wollten, keinen Wohnraum für uns gab. Oder die Eisenbahn verkehrte wegen Kohlemangels nicht. Das Recht zu reisen, wohin man will, Urlaubsorte in beliebigen Ländern zu besuchen, ließ sich praktisch erst verwirklichen, als der wirtschaftliche Wohlstand so weit gediehen war, daß sich jedermann mit einigem Fleiß einen fahrbaren Untersatz beschaffen konnte.

Welchen Wert hat die verfassungsmäßig garantierte Freiheit der Kunst, wenn die wirtschaftlichen Verhältnisse es erzwin-

gen, daß die Theater wegen Strom- und Kohlenmangels schließen müssen, wie im Elendswinter 1947 geschehen? Was bleibt von der Pressefreiheit, wenn wir nicht mehr genügend Devisen erwirtschaften, um das Papier für unsere Zeitungen zu importieren?
Die Sache ist denkbar einfach. Ohne eine Wohlstand produzierende Wirtschaft verkümmern die persönlichen und politischen Freiheiten. Nur auf einem wohlbestellten wirtschaftlichen Acker gedeiht die Blume Freiheit, auf Ödland hat sie keine Überlebenschance. Diejenigen, die uns heute eine „alternative" Wirtschaft predigen, balancieren in luftiger Höhe auf einer Turmspitze, ohne einen Gedanken an die Stabilität der Fundamente zu verschwenden. Die Tragfähigkeit der wirtschaftlichen Basis wird als naturgegeben angesehen, nicht als eine Aufgabe, an der wir ständig zu arbeiten haben. Wir haben es in zunehmendem Maße mit von der wirtschaftlichen Basis entfernten, „entwurzelten" Menschen zu tun, die in aller Naivität glauben, das Brot komme einfach vom Bäcker, das Geld von der Bank und der Strom aus der Steckdose. Wirtschaft wird nur noch als Theorie verstanden, daß dahinter schweißtreibende Arbeit steckt, wird nicht mehr wahrgenommen.
Was wird aus unseren Freiheitsrechten, wenn wir einen weiteren Verfall der marktwirtschaftlichen Fundamente zulassen? Großer Phantasie bedarf es nicht, sich die Folgen eines rapiden Wohlstandsverlustes in unserem Lande vorzustellen. Als die Bundesrepublik 1980 mit dem größten Leistungsbilanzdefizit aller Zeiten konfrontiert wurde, sprachen einige Politiker laut von der Notwendigkeit zum Zwecke der Deviseneinsparung die Auslandsreisen zwangsweise einzuschränken, also einer Einbuße an Freizügigkeit als Folge wirtschaftlicher Zwänge. Selbst wenn es zu direkten Reiseverboten nicht kommt, werden sich praktische Einschränkungen ergeben, falls unsere Währung weiter an Wert verliert und Auslandsreisen nicht mehr von jedermann bezahlt werden können. Wie so etwas innerhalb kürzester Zeit geschehen kann, zeigt das Beispiel Großbritanniens. In den fünfziger und sechziger Jahren bevölkerten die Engländer neben den Deutschen die Touristenstrände des Südens. Heute sind sie spärlicher anzutreffen,

weil der wirtschaftliche Niedergang des Landes dem Durchschnittsbriten weite Reisen verwehrt.
Halten die Schwierigkeiten auf unserem Arbeitsmarkt an, wird es eines Tages unvermeidlich sein, eine größere Mobilität der Arbeitslosen zu erzwingen. Wir werden Gastarbeiter abschieben und andere harte Maßnahmen ergreifen müssen, die mit unseren gewohnten Freiheitsrechten keineswegs in Einklang stehen.
Oder das Beispiel Energie! Gelingt es nicht, Energie im Überfluß zu erzeugen – aus welchen Ressourcen auch immer, ausgenommen Öl – , werden wir einen wirtschaftlichen Einbruch erleben, der alles in den Schatten stellt, was uns die Rezessionen von 1967, 1975/76 und 1980/81 gelehrt haben. Diesem Einbruch werden zwangsläufig Maßnahmen folgen, die an den Nerv unserer Freiheit und der persönlichen Lebensqualität gehen. Man wird die Zweitwagen verbieten, die Kilowattstunden pro Kopf der Bevölkerung zuteilen und energieaufwendige Geräte aus dem Verkehr ziehen. Und jene, die eifrig durch die Republik ziehen, um heute in Brokdorf und morgen am Oberrhein für eine „bessere Welt“ zu demonstrieren, werden keine Sonderzüge mehr zur Verfügung gestellt bekommen, sondern auf Schusters Rappen angewiesen sein.
In der Wirtschaft geht es zu wie in der Mathematik. Es kommt nicht auf „fortschrittlich“ oder „konservativ“ an, sondern allein auf richtig oder falsch. Es ist ein Unglück, daß die gesellschaftlichen Frontstellungen zwischen Konservativen und Fortschrittlichen bis ins Fundament des Ganzen, in die Wirtschaft, eingedrungen sind und dort wie ein Spaltpilz Risse im Mauerwerk verursachen. Richtig wäre es, wenn sich alle gesellschaftlichen Gruppen darauf verständigten, ein leistungsfähiges Wirtschaftssystem zu erhalten und zu fördern, um mit den Ergebnissen einer florierenden Wirtschaft die wünschenswerten gesellschaftlichen Veränderungen zu finanzieren. Nicht die Kuh schlachten, sondern sie eifrig füttern. Über die gerechte Verteilung der Milch mögen sich dann Reformer und Konservative ruhig streiten, wenn nur das Tier am Leben bleibt.
Auf der Suche nach dem leistungsfähigsten Wirtschaftssystem

wird ein zu großes Schwergewicht aufs Theoretische gelegt. Wir sollten uns mehr von praktischen Beispielen leiten lassen. Daß das Wirtschaftssystem des Ostens für uns kein Vorbild sein kann, zeigen seine Ergebnisse. Ließen sich zu Beginn der sozialistischen Ära die wirtschaftlichen Engpässe noch mit Anpassungs- und Umstellungsschwierigkeiten erklären, so ist heute, da der Sozialismus mehr als zwei Menschenleben Zeit hatte, seine Theorien zu verwirklichen, sein Scheitern offenkundig. Dieses Wirtschaftssystem ist nicht in der Lage, die Ansprüche seiner Bevölkerung in humaner Weise, das heißt ohne allzugroßen Reibungsverlust im Bereich der persönlichen Freiheiten, zu befriedigen. Das sehen selbst diejenigen ein, die das marktwirtschaftliche System ablehnen. Sie bieten schon lange nicht mehr den Osten als Ersatzmodell an, sondern offerieren eine eigene utopische Wirtschaftsverfassung. Solche Ideen haben den ungeheuren Vorzug, noch nicht in der Praxis erprobt worden zu sein.

Eine gewisse Infamie liegt darin, das marktwirtschaftliche System mit Argumenten zu bekämpfen, die aus dem vorigen Jahrhundert stammen. „Profitdenken" und „Ausbeutung" sind Ausdrücke, welche auf Erscheinungen in düsterster Vergangenheit zutreffen mögen, nicht aber auf die Gegenwart. Sie werden noch so gebraucht, als hätte sich seit der Zeit der Hauptmannschen Weber und der Textilarbeiter in Manchester nichts geändert. Niemand macht sich in aller Redlichkeit die Mühe, die sagenhaften Profite auszurechnen, die angeblich in unserem Staatswesen in den Taschen der Kapitalisten verschwinden. Eine exakte Untersuchung würde ergeben, daß es sich um marginale Beträge handelt, bescheidener als die Summen, die Staats- und Parteifunktionäre aus anderen Wirtschaftssystemen ziehen, ohne Verantwortung für ein Unternehmen tragen zu müssen.

Daß aus der kapitalistischen Marktwirtschaft inzwischen eine Soziale Marktwirtschaft geworden ist, kommt in dem Weltbild der Wirtschaftsalternativen nicht vor. Es einzugestehen hieße, den Boden unter den Füßen zu verlieren. Es muß so bleiben, wie es in den antikapitalistischen Traktaten des 19. Jahrhunderts steht, mögen die Verhältnisse sich ändern, wie sie wollen.

Um so schlimmer für die Tatsachen, meinte Hegel, als ein Schüler ihn auf Widersprüche seiner Philosophie zu gewissen Tatsachen hinwies. Dieser wohl eher ironisch gemeinte Satz ist heute zur bitteren Wirklichkeit geworden. Fakten haben ihre Überzeugungskraft verloren, es zählt nur noch die schöne Theorie.
Die Soziale Marktwirtschaft hat praktisch bewiesen, daß sie mehr zu leisten vermag als andere Wirtschaftssysteme. Nicht sie muß den Nachweis führen, eine erfolgreiche Wirtschaftsform zu sein, die Veränderer müssen beweisen, es noch besser machen zu können. Auch das ist eine Sonderbarkeit unserer Zeit. Das Bestehende soll sich rechtfertigen, Reformideen gelten dagegen von vornherein als richtig und des Ausprobierens wert. Die Soziale Marktwirtschaft vereinigt in bemerkenswerter Weise verschiedene Komponenten. Sie erlaubt den Kräften des Wettbewerbs und des Leistungsanreizes ein Ausleben, ohne Unmenschliches und Selbstzerstörerisches zuzulassen. Die soziale Komponente sorgt dafür, daß das klassische Marktwirtschaftsprinzip nicht in Brutalität ausartet. Die Soziale Marktwirtschaft stellt die Überwindung des sozialistischen Wirtschaftssystems *und* des reinen Kapitalismus durch eine neue, höhere Wirtschaftsordnung dar. Die aktuellen wirtschaftlichen Schwierigkeiten in unserem Lande sind *nicht* von der Sozialen Marktwirtschaft verschuldet. Ihre Ursachen sind vielmehr darin zu suchen, daß das abgestimmte Gleichgewicht der verschiedenen Komponenten verlorengegangen ist. In letzter Zeit wurde die soziale Komponente immer stärker betont, die marktwirtschaftliche hingegen mehr und mehr vernachlässigt. So gibt es einen Arbeitsmarkt im eigentlichen Sinne überhaupt nicht mehr. Wir haben es mit einer Einbahnstraße zu tun, auf der es immer nur Erhöhungen der Einkommen und verbesserte soziale Absicherung geben kann. Zum Wesen der Sozialen Marktwirtschaft gehört aber wenigstens die prinzipielle Möglichkeit, daß die Einbahnstraße auch einmal eine Wende zuläßt. Die offenbare Unmöglichkeit, soziale Wohltaten zurückzunehmen, ist ein weiteres Indiz dafür, daß die marktwirtschaftlichen Kräfte immer stärker blockiert werden. Zu oft haben die Politiker in der Vergangenheit versucht, den

Kritikern der Sozialen Marktwirtschaft dadurch entgegenzukommen, daß sie soziale Verbesserungen einführten. Damit schufen sie erst jenes Ungleichgewicht und jene wirtschaftlichen Schwierigkeiten, die der Kritik an der Marktwirtschaft heute eine gewisse Rechtfertigung zu geben scheinen. Wir erleben die Merkwürdigkeit, daß die Soziale Marktwirtschaft nachträglich so zugerichtet wird, daß die vorausgegangene Kritik an ihr ihre Bestätigung findet. Einfacher ausgedrückt: Die Propheten haben den Untergang der Welt vorausgesagt. Nun bleibt ihnen nichts anderes übrig, als Feuer zu legen, damit sie recht behalten.
Ich zweifle nicht daran, daß die Geschichtsschreiber späterer Jahrhunderte einmal im Rückblick auf unsere Zeit folgenden Tatbestand ermitteln werden: Trotz wachsenden allgemeinen Wohlstandes haben die Menschen des ausgehenden 20. Jahrhunderts in unbegreiflicher Weise an den wirtschaftlichen Zuständen gelitten und sich auf die Flucht von den wirtschaftlichen Realitäten hin zu Utopien begeben. Vermutlich gibt es für dieses Phänomen eine Vielzahl von Gründen. Einer mag in der Überintellektualisierung liegen. Das Denken der Intellektuellen bewegt sich anerzogenermaßen im Theoretischen. Praktisches erscheint ihnen eher vulgär und wenig originell. Auf der Suche nach originellen Denkansätzen kommen Intellektuelle zwangsläufig dazu, das Bestehende, mag es sein, wie es will, in Frage zu stellen. Darin liegt ja der intellektuelle Reiz. Aus Bestehendem, hundertfach Bewährtem lassen sich Funken kaum noch schlagen, es sei denn, man kritisiert es und baut Gegenpositionen auf. Es hat den Anschein, als fräßen die kalten, weißen Blutkörperchen des Intellektualismus das rote Blut der einfachen, arbeitsamen, praktischen Menschen. Anstatt anzupacken, denken wir unsere Welt kaputt.
Bei der Suche nach den Ursachen der Kapitalismuskritik stoßen wir auch auf psychologische Zusammenhänge. Viele Menschen spüren, daß das marktwirtschaftliche System ihnen mehr materielle Segnungen gewährt, als sie nach der eigenen Leistung, die sie eingebracht haben, verdienen. Das schlechte Gewissen, das sich dabei einstellt, läßt sich nur durch eine Kritik am System beruhigen. Hinzu kommt das Unbehagen am

Leistungsdruck, den die marktwirtschaftliche Ordnung trotz aller sozialen Abfederungen immer noch mit sich bringt. Vor allem junge Kritiker leben in der unbewußten Angst, bei den Leistungsanforderungen nicht mithalten zu können. Da liegt es nahe, utopische Antiwelten zu erfinden, in denen die Menschen, von jeglichem Leistungsdruck befreit, in paradiesischen Zuständen leben. Wir erleben die große Flucht vor der Verantwortung, eine irrationale Reise zu vermeintlich schöneren Ufern. In diesem Punkt trifft die Alten eine Mitschuld. Sie haben in der „Wirtschaftswunderzeit" nur ans Ökonomische gedacht und das psychologisch-kulturelle Umfeld vergessen. Sicher war es verständlich, daß Millionen Menschen nach dem Kriege sagten: „Unsere Kinder sollen es einmal besser haben als wir." Daß sie es bei diesem Satz bewenden ließen, war ein Fehler. Sie schufen den materiellen Wohlstand, versäumten es aber, ihren Kindern etwas von den unvermeidlichen Leistungsanforderungen der Sozialen Marktwirtschaft beizubringen, sie an Leistung zu gewöhnen. Nun stehen sie da, die verwöhnten Kinder der Wirtschaftswunderzeit, zum „kritischen" Denken und „Hinterfragen" gerade noch fähig, aber voller Angst, jemand könnte von ihnen eine für die menschliche Gesellschaft nützliche Leistung fordern. Und es gibt genug betagte Damen, die aus immer noch anhaltender Überfürsorge für ihre inzwischen längst erwachsenen Sprößlinge mitleidsvoll in deren Kapitalismuskritik einstimmen.
Wer an der Aufrechterhaltung persönlicher und politischer Freiheiten in unserem Lande interessiert ist, muß Widerstand leisten gegen die Erosion der Sozialen Marktwirtschaft – Widerstand notfalls auch in der eigenen Familie. Wir dürfen keine faulen Kompromisse eingehen, uns auf ein laues „Ja-aber" einlassen. Das meiste, was gegen die Soziale Marktwirtschaft vorgebracht wird, ist blanker Unsinn. Es ist unsere Pflicht zu sagen: Ihr irrt! Und dies immer wieder zu sagen, auch wenn es langweilig wird. Mit einer nachgiebigen Haltung retten wir nichts, nicht einmal den Familienfrieden. Was als jugendliche Protestbewegung heute durch unser Land zieht, ist die heimliche Suche der Jugend nach Widerstand. Sie hat ein Recht darauf, Barrikaden zu stürmen. Nur müssen wir ihnen

ein paar Barrikaden lassen, gegen die sie auch anstürmen *kann.* Wer nur Schwierigkeiten aus dem Wege räumt, wird erleben, daß das Aufbegehren immer ausgefallenere Formen annimmt und sich am Ende gegen die Aufbegehrenden selbst richtet.

Vermutlich hat das Anwachsen der Kritik an der Sozialen Marktwirtschaft auch etwas mit dem Ost-West-Konflikt zu tun. In der Ära Chruschtschow glaubte das östliche System noch, den Westen wirtschaftlich überholen zu können. Diese Hoffnung ist längst begraben. Wie soll es aber, vom östlichen Standpunkt betrachtet, weitergehen? Es ist ein unhaltbarer Zustand, Jahrzehnt um Jahrzehnt mit einem Wirtschaftssystem konkurrieren zu müssen, dem man nicht gewachsen ist. Das zehrt am eigenen Selbstbewußtsein, auch an der Propagandawirkung der sozialistischen Idee in den übrigen Ländern. Es muß also etwas geschehen, um diesen Pfahl im Fleische zu beseitigen. Wenn aber ein wirtschaftliches Einholen des Westens unmöglich ist, lassen sich die Probleme vielleicht dadurch lösen, daß der Westen auf das wirtschaftliche Niveau des Ostens herabgezogen wird. Das hieße Nivellierung der Wirtschaftssysteme auf der niedrigsten Stufe. Die antimarktwirtschaftliche Strömung in unserem Lande kommt dem Osten zweifellos sehr gelegen, wenn sie nicht gar von ihm bewußt gefördert wird. Endlich eröffnet sich dem Osten wieder eine wirtschaftliche Zukunftsperspektive. Es gibt drüben wieder die begründete Hoffnung, daß die wirtschaftlichen Vorzüge des Westens von diesem selbst beseitigt werden. Man kann warten, bis der Sauerteig der „Systemveränderer“ zu gären beginnt. Danach werden die westlichen Länder in einen Zustand fallen, in dem der Osten bedenkenlos Mauern beseitigen und Reisebeschränkungen aufheben kann, denn eine große Neigung, in den goldenen Westen auszuwandern, wird es danach nicht mehr geben.

Die aber, die heute so eifrig an der Destabilisierung der Sozialen Marktwirtschaft arbeiten, wird die Geschichte in die Kategorie der „nützlichen Idioten“ einordnen. Sie haben geholfen, das freiheitliche Wirtschaftssystem zu überwinden; dann können sie abtreten.

„Die Leser-Gemeinde der Taschenbuch-Magazinreihe INITIATIVE geht auf die halbe Million zu, und damit ist der konservativen Serie auf dem heißumkämpften Taschenbuchmarkt ein bemerkenswerter Erfolg gelungen ... Eine Kuriosität im Nachkriegsdeutschland: Der aus Wien stammende und seit 17 Jahren in der Bundesrepublik lebende Kaltenbrunner hat konservatives Denken salonfähig gemacht."

PLAYBOY, Dezember 1979

EGON TUCHTFELDT

Vom Kapitalismus zur Sozialen Marktwirtschaft

Wie spät ist eigentlich der „Spätkapitalismus"?

Diese Frage mag sich schon mancher gestellt haben, der dieses Wort immer wieder hört und liest. Die marxistischen „Kapitalismus-Kritiker" bezeichnen unsere Wirtschaftsordnung als „Kapitalismus", der sich bereits in seiner „Spätphase" befinde. Die Bourgeoisie könne sich nur noch durch immer stärkere Repression an der Macht halten. Bald hier, bald dort müsse sich der Staat als „Reparaturwerkstatt" des morbiden „Spätkapitalismus" betätigen. Aber er könne dabei nicht mehr als die zwangsläufige Entwicklung zum Untergang verzögern. Denn nach dem unentrinnbaren „Gesetz der Geschichte" folge auf den „Kapitalismus" der „Sozialismus". Der „Grundwiderspruch zwischen Arbeit und Kapital", die Ausbeutung des Menschen durch den Menschen, die Repression, die Entfremdung und dergleichen mehr – alles das höre dann endlich auf.

Aber wann wird das sein? Schon Lenin und seine Mitstreiter meinten nach der russischen Oktoberrevolution 1917 (die nicht mit der Absetzung des Zaren im Februar 1917 verwechselt werden darf), die Zeit sei gekommen. In den folgenden Jahren wurde in verschiedenen Ländern Europas der „proletarische Aufstand" geprobt. Die Opfer waren vergeblich. Der rote Spuk dauerte nur einige Tage oder Wochen, lediglich in Un-

garn 1919 einige Monate. In der Weltwirtschaftskrise Anfang der dreißiger Jahre glaubten die Marxisten erneut, die Stunde für den Zusammenbruch des „Spätkapitalismus" habe geschlagen. Wiederum wurden sie enttäuscht. Der „Spätkapitalismus" war offenbar noch nicht spät genug ... Die gegenwärtige wirtschaftliche Stagnation seit Beginn der siebziger Jahre hat den „Kapitalismus-Kritikern" neuen Auftrieb gegeben. Und damit ihr roter Rock nicht gar so auffällt, kommt ein Teil von ihnen im „bunten" oder „grünen" Kleid.
Was hat es nun eigentlich auf sich mit dem Wort vom „Spätkapitalismus"? Um diese Frage beantworten zu können, müssen wir uns mit dem „Kapitalismus" selbst beschäftigen.

„Mit Worten läßt sich trefflich streiten" (Goethe)

Ist „Kapitalismus" ein historischer Begriff, um eine bestimmte Periode der Wirtschafts- und Sozialgeschichte zu kennzeichnen? Oder stellt „Kapitalismus" nur ein politisches Schlagwort dar, nämlich das Feindbild, das die Anhänger des Sozialismus für ihre Propaganda brauchen? Wer sich in der Literatur umschaut, sieht sich sogleich konfrontiert mit den Schwierigkeiten, die ganz offensichtlich mit der Antwort auf diese Fragen verbunden sind. Dazu stößt man dann noch auf die „Kapitalismus-Kritik", die gleich von mehreren Seiten vorgebracht wird. Konservative, Sozialisten, Liberale – sie alle haben von ihrer jeweiligen Position her eine Menge am „Kapitalismus" auszusetzen. Und die Ironie der Geschichte hat es mit sich gebracht, daß eben diese Kritik am „Kapitalismus" ihn nicht nur am Leben gehalten, sondern kräftiger und widerstandsfähiger gemacht hat. In der Bundesrepublik Deutschland hat das Konzept der Sozialen Marktwirtschaft 1948 bis 1966 einen Aufschwung ohnegleichen bewirkt. In den USA ist nach dem fast völligen Verlust des Selbstvertrauens eine *„Reagan-eration"* im Gange, die schon innerhalb einiger Monate den Amerikanern den Glauben an sich selbst zurückgegeben hat. Der „Kapitalismus" reckt sich dort zu neuer Vitalität. Die (meist akademischen) „Kapitalismus-Kritiker" in den USA laufen scharenweise zu den „Libertarians" über, um nicht den Anschluß zu verpassen. Wer gestern noch ein fanatischer Anhänger von Staatseingriffen in die Wirtschaft gewesen, fordert heute „deregulation", um die Wirtschaft von ihren staatlichen Fesseln und den Polypenarmen der Bürokratie zu befreien ...

Dabei hat „Kapitalismus" in Amerika niemals den negativen Wertakzent gehabt wie in Europa. Welcher Europäer käme beispielsweise auf die Idee, seinen Beruf als „Kapitalist" anzugeben, wie es ein entsprechender Amerikaner ungeniert täte? In Europa, sagen wir in der Bundesrepublik Deutschland, würde er sich mit vornehmer Untertreibung als „Landwirt" bezeichnen, auch wenn sein Vermögen Hunderte von Millionen beträgt oder gar die Milliardengrenze übersteigt. Damit taucht wieder eine neue Perspektive auf: „Kapitalismus" hat offenbar auch etwas mit Kapital, mit Vermögen zu tun.
Wen nimmt es angesichts dieser Konfusion wunder, daß „Kapitalismus" heute in der wissenschaftlichen Terminologie (außerhalb der USA) kaum mehr als seriöser Begriff gilt. Statt dessen spricht man von der „Industriegesellschaft". Sie läßt sich tatbeständlich einwandfrei erfassen und quantitativ messen. Die Marxisten verabscheuen denn auch den Begriff „Industriegesellschaft" wie der Teufel das Weihwasser, weil er propagandistisch nichts hergibt.

„Kapitalismus" als politisches Schlagwort

Wortgeschichtlich sei dabei nur am Rande vermerkt, daß der Begriff „Kapitalismus" keineswegs von Karl Marx stammt. Vielmehr wird dem „utopischen Sozialisten" Louis Blanc gewöhnlich das Verdienst zugeschrieben, dieses Wort zuerst verwendet zu haben („Organisation du travail", 1840). Im „Kommunistischen Manifest" (1848) von Marx und Engels kommt es ebenfalls noch nicht vor. Dort ist vielmehr stets von der Bourgeoisie die Rede, wenn sie jenen Komplex meinen, der später als „Kapitalismus" bezeichnet wurde. Gerade im „Kommunistischen Manifest" findet sich auch jene Hymne

auf die Bourgeoisie, die manche späteren „Kapitalismus-Kritiker“ verwirrt hat. Sie lautet:
„Die Bourgeoisie hat in der Geschichte eine höchst revolutionäre Rolle gespielt. Die Bourgeoisie, wo sie zur Herrschaft gekommen, hat alle feudalen, patriarchalischen, idyllischen Verhältnisse zerstört ... Erst sie hat bewiesen, was die Tätigkeit der Menschen zustande bringen kann ... Die fortwährende Umwälzung der Produktion, die ununterbrochene Erschütterung aller gesellschaftlichen Zustände, die ewige Unsicherheit und Bewegung zeichnet die Bourgeoisie vor allen anderen aus. Alle festen, eingerosteten Verhältnisse mit ihrem Gefolge von altehrwürdigen Vorstellungen und Anschauungen werden aufgelöst, alle neugebildeten veralten, ehe sie verknöchern können. Alles Ständische und Stehende verdampft, alles Heilige wird entweiht, und die Menschen sind endlich gezwungen, ihre Lebensstellung, ihre gegenseitigen Beziehungen mit nüchternen Augen anzusehen ... Die Bourgeoisie hat in ihrer kaum hundertjährigen Klassenherrschaft massenhaftere und kolossalere Produktionskräfte geschaffen als alle vergangenen Generationen zusammen.“
Karl Marx verwendet das Adjektiv „kapitalistisch“ erstmalig im ersten Band des „Kapital“ (1868). Er spricht dort von „kapitalistischer Produktionsweise“, „kapitalistischer Gesellschaft“ usw. Die Substantivierung zum „Kapitalismus“ erfolgte erst in der späteren Literatur, bemerkenswerterweise zuerst in der „bürgerlichen Wissenschaft“ (Albert Schäffle, 1870).
In dem 1967 in Ost-Berlin erschienenen Werk „Ökonomisches Lexikon“ (Bd. I, S. 1045) wird der „Kapitalismus“ definiert als „ökonomische Gesellschaftsformation, die auf dem privatkapitalistischen Eigentum an den Produktionsmitteln und auf der Ausbeutung von Lohnarbeitern durch die Kapitalisten beruht. Der Kapitalismus entstand mit der einfachen Warenproduktion, der Entwicklung der Naturwissenschaften, des Welthandels und des Handelskapitals schon im Schoße des Feudalismus. Diese Entwicklung wurde beschleunigt durch die ursprüngliche Akkumulation des Kapitals, d.h. vor allem durch die gewaltsame Trennung der Bauern von ihrem Grund und Boden und ihre Verwandlung in Lohnarbeiter sowie durch die

Konzentration des Eigentums an Produktionsmitteln in den Händen der Bourgeoisie, die dadurch zu Kapitalisten wurden. In diesem Prozeß bildeten sich die beiden Hauptklassen der kapitalistischen Gesellschaftsordnungen heraus: Bourgeoisie und Proletariat."

In der ideologischen Auseinandersetzung versteht sich der Sozialismus marxistischer Prägung als öffentliches (gesellschaftliches) Eigentum an den Produktionsmitteln und identifiziert den „Kapitalismus" umgekehrt als System des Privateigentums an den Produktionsmitteln. Realgeschichtlich ist diese Gegenüberstellung schlechterdings falsch. Denn die industrielle Entwicklung kann sowohl „privatkapitalistisch" als auch „staatskapitalistisch" erfolgen. Die Geschichte liefert dafür zahlreiche Beispiele. Im 17. und 18. Jahrhundert, als noch niemand von Sozialismus und Kapitalismus sprach, waren die ersten Großbetriebe staatlich (wie Porzellanmanufakturen, Rüstungsfabriken und dergleichen). Ähnliches können wir heute in vielen „Entwicklungsländern" feststellen. Wenn noch kein privates Risikokapital vorhanden ist oder nicht zugelassen wird, müssen die Investitionen vom Staat vorgenommen werden. Andererseits gab es in den alten Industrieländern zahlreiche Fälle, bei denen Bahnen, Brücken, Elektrizitätswerke und selbst Straßen privatwirtschaftlich errichtet wurden; erst später wurden sie dann verstaatlicht. Auch der umgekehrte Fall läßt sich belegen: staatlicher Bau dieser Einrichtungen und spätere Privatisierung.

Die marxistische Auffassung, Privateigentum an den Produktionsmitteln sei Voraussetzung für die Ausübung von politischer Macht, ist ebenfalls längst widerlegt. Denn Macht im Sinne der Chance, anderen gegenüber seinen Willen durchzusetzen, ist nicht notwendig an das Eigentum gebunden. Entscheidend ist vielmehr die Verfügungsmacht über das Eigentum. Manager können eine erhebliche Macht besitzen, aber Macht aufgrund von Verfügungsgewalt. Sie brauchen dazu keine einzige Aktie ihrer Gesellschaft. Umgekehrt gibt es hinreichend Beispiele, die uns zeigen, wie es Großaktionären, also echten „Kapitalisten" im marxistischen Sinne, schlecht ergehen kann, wenn sie als Manager versagen. Im übrigen besteht

kein Zweifel daran, daß Funktionäre in sozialistischen Systemen mehr Verfügungsmacht besitzen (solange sie erfolgreich sind) als Manager im „Kapitalismus".
Die marxistische Auffassung vom „Kapitalismus" als einem System mit Privateigentum an den Produktionsmitteln war nur so lange richtig, wie Kapitalgeber und Manager in einer Person vereinigt waren. Das war zu Marxens Zeiten noch der Fall. Dann aber erfolgte durch das Vordringen der Kapitalgesellschaft, insbesondere der Aktiengesellschaft, die Trennung von Kapitalgebern und Managern in zwei verschiedene Funktionen. Heute gibt es große Aktiengesellschaften, deren Eigentum bei Tausenden oder – wie in den USA – sogar bei Hunderttausenden von Aktionären liegt. Als „Kapitalisten" sind diese Aktionäre völlig machtlos. Sie können froh sein, wenn tüchtige Manager ihnen eine einigermaßen anständige Dividende herauswirtschaften. Die alte Verbindung von Kapitalgeber und Manager, wie sie für die Anfänge der Industriegesellschaft typisch ist, finden wir heute nur noch im klein- und mittelbetrieblichen Bereich.
Wenn der Begriff „Kapitalismus" einen realen Gehalt haben soll, kann man ihn nur im Sinne einer kapitalintensiven Produktionsweise verstehen. Dann läßt er sich der arbeitsintensiven Produktionsweise gegenüberstellen, wie sie in bäuerlichen und handwerklichen Betrieben vorherrscht. Versteht man dagegen den „Sozialismus" ideengeschichtlich, dann ist der Gegenbegriff ebenfalls nicht der „Kapitalismus", sondern der Individualismus. Denn das Gegenteil vom Kollektivprinzip, wie es den Sozialismus charakterisiert, bildet das Individualprinzip.

Die Verbindung von Eigentumsverhältnissen und wirtschaftlichen Lenkungssystemen

Um den Begriff „Kapitalismus" gleichwohl retten zu können, weil der Sozialismus ein Feindbild benötigt, findet sich in der Literatur manchmal die Verbindung der Eigentumsverhältnisse an den Produktionsmitteln mit den beiden Systemen

Marktwirtschaft und *Zentralverwaltungswirtschaft*. So lassen sich vier mögliche Kombinationen bilden:

Lenkungssysteme / Eigentumsverhältnisse	Dezentrale Lenkung (Marktwirtschaft)	Zentrale Lenkung (Zentralverwaltungswirtschaft)
Privateigentum („Kapitalismus")	Kapitalistische Marktwirtschaft	Kapitalistische Lenkungswirtschaft (Plankapitalismus)
Öffentliches Eigentum („Sozialismus")	Sozialistische Marktwirtschaft (Marktsozialismus)	Sozialistische Zentralverwaltungswirtschaft

Die kapitalistische Marktwirtschaft ist dann der „Normalfall", wenn von „Kapitalismus" die Rede ist. Die sozialistische Zentralverwaltungswirtschaft ist andererseits der „Normalfall", wenn man von „Sozialismus" spricht. Versucht man, Kollektiveigentum an den Produktionsmitteln mit Marktwirtschaft zu verbinden, so erhält man eine sozialistische Marktwirtschaft (auch „Marktsozialismus" genannt). Diese Kombination ist seit den dreißiger Jahren in immer neuen Ansätzen versucht worden, um die überzeugenden Vorteile einer marktorientierten Wirtschaft mit dem zentralen Dogma der Sozialisten, dem Kollektiveigentum, in ein System einzubringen. Man möchte damit, so meinen es die Anhänger solcher „dritten Wege", gewissermaßen das „Beste aus beiden Welten" verwirklichen. Hauptvertreter dieser marktsozialistischen Variante ist gegenwärtig der nach dem „Prager Frühling" in die Schweiz geflüchtete Ota Šik, der als stellvertretender Ministerpräsident und Wirtschaftsminister dieses Modell unter der kurzen Ära Dubček (1968) zu verwirklichen versucht hatte. Kombiniert man dagegen das Privateigentum an den Produktionsmitteln mit zentraler Lenkung des Wirtschaftsprozesses, dann haben wir es mit einer „kapitalistischen" Lenkungswirtschaft zu tun, wie sie beispielsweise in Kriegszeiten vorkommt, um die private Erzeugung zugunsten der Rüstungsproduktion zurückzudrän-

gen („Kanonen statt Butter"). Analog dem „Marktsozialismus" läßt sich diese Kombination als „Plankapitalismus" bezeichnen.
Schon diese relativ einfache Vierteilung führt aus dem starren Gegensatz „Kapitalismus – Sozialismus" heraus und ist insofern ein Fortschritt. Die historischen Erfahrungen deuten nämlich darauf hin, daß die Wirtschaftsordnung nicht irgendwelchen „Entwicklungsgesetzen" folgt, sondern aus politischen Entscheidungen resultiert (wie etwa beim Wechsel von Verstaatlichung und Entstaatlichung in Großbritannien aufgrund der konträren Programme der jeweils an der Macht befindlichen Parteien besonders eindrucksvoll klar wird). Solche politischen Entscheidungen können auf dem Wege der normalen Gesetzgebung in „kleinen Schritten" erfolgen und bewirken dann einen evolutionären Wandel des Wirtschaftssystems. Sie können aber auch durch gewaltsame Umwälzungen der bestehenden Ordnung stattfinden (wie in Rußland 1917) und stellen dann einen revolutionären Wandel des Wirtschaftssystems dar.
Natürlich läßt sich dieser kombinatorische Ansatz noch weiterführen. Außer Privat- und Kollektiveigentum gibt es eine ganze Reihe weiterer Formen. Neben dem gemischtwirtschaftlichen Eigentum an den Produktionsmitteln (mit Minderheits- oder Mehrheitsbeteiligung des Staates) sind Genossenschaften und Stiftungen zu nennen. Oder man könnte daran denken, daß heute schon rund ein Drittel aller Aktien der amerikanischen Aktiengesellschaften sich in den Händen der Pensionskassen befinden. Auch die „Arbeiterselbstverwaltung" in Jugoslawien, das sogenannte „Jugoslawische Modell" einer gemischten Wirtschaftsordnung mit seiner Trennung von formalem Eigentum und materiellem Nutzungsrecht, wäre hier zu erwähnen. Betrachtet man diese Realitäten, so wird der sozialistische Begriff vom „Kapitalismus" immer inhaltsärmer. Sein Schlagwortcharakter enthüllt sich um so deutlicher, je klarer man die Wirklichkeit sieht mit ihrer vielfältigen Palette an Eigentumsformen, wie sie das moderne Eigentumsrecht heute zur Verfügung stellt.
Denkt man weiter daran, daß es bei der Lenkung des Wirt-

schaftsprozesses nicht nur die beiden Abstraktionen Marktwirtschaft und Zentralverwaltungswirtschaft gibt (die übrigens in der Realität höchst selten und stets nur annäherungsweise vorgekommen sind), dann stößt man auf das umfangreiche Repertoire der Wirtschaftspolitik, die mit ihren zahllosen Maßnahmen der Mikro-, Meso- und Makrosteuerung die Märkte beeinflußt, reguliert oder ausschaltet. Die Marxisten nennen dies historisch entstandene, höchst komplizierte Geflecht individueller, verbandsmäßiger und kollektiver Organisationsformen, das heute die wirkliche Wirtschaft kennzeichnet, den „staatsmonopolistischen Kapitalismus“ (Stamokap). Denn für sie muß der Gegner immer irgendwie „Kapitalismus“ heißen, da die moderne Industriegesellschaft kein affektiv besetztes Feindbild liefert. Dazu geht es den Leuten in dieser Industriegesellschaft viel zu gut – vor allem im Vergleich mit den Verhältnissen in den Ländern des „realen Sozialismus“.

„Kapitalismus“ als historischer Begriff

Aber ist der „Kapitalismus“, wenn schon als politischer Slogan unbrauchbar, dann nicht wenigstens ein historischer Begriff für eine bestimmte Entwicklungsphase unserer Gesellschaft? Hierfür läßt sich der Tatbestand anführen, daß die Amerikaner ganz unbefangen vom „capitalism“ sprechen. Aber für sie hat der Sozialismus in den USA niemals eine Chance gehabt. „Kapitalismus“ hat in Nordamerika sogar einen positiven Wertakzent. Milton Friedman nennt sein diesbezügliches Hauptwerk „Kapitalismus und Freiheit“. Glückliches Amerika, frei vom semantischen Ballast Europas!
Daß „Kapitalismus“ in Europa etwa zwischen 1880 und 1930 als historischer Begriff benutzt worden ist, verdanken wir ausgerechnet der „bürgerlichen“ Wissenschaft, und zwar der Historischen Schule. Max Weber sprach vom „Geist des Kapitalismus“, den er am reinsten in der calvinistischen Ethik verkörpert wähnte. Werner Sombart publizierte 1902 sein monumentales Werk „Der moderne Kapitalismus“ das den bezeichnenden Untertitel trug „Historisch-systematische Darstellung des

gesamteuropäischen Wirtschaftslebens von seinen Anfängen bis zur Gegenwart". Sombart war es auch, der die von den Sozialisten dankbar aufgenommene Periodisierung in Früh-, Hoch- und Spätkapitalismus prägte und damit die immer wieder enttäuschte Hoffnung weckte, das verheißene „Paradies der Werktätigen" werde doch noch kommen, wenn der „Kapitalismus" endlich spät genug ist ...
Werfen wir darum kurz einen Blick auf diese Periodisierung. Für den Nichtsozialisten bedeutet sie nicht mehr als eine Übertragung des bekannten Stilgedankens aus der Kunstgeschichte auf die Wirtschaftsgesellschaft. Für den marxistischen Sozialisten stellt sie die Präzisierung seines Glaubens an die Zwangsläufigkeit des Geschichtsprozesses dar. Das sind zwei ganz verschiedene Interpretationen!
Die Terminierung der drei Perioden hat denn auch eine Fülle von Literatur hervorgebracht. Man kann sie heute größtenteils nur noch mit Mühe lesen, weil eben die verschiedenen Interpretationen allzuoft miteinander vermischt werden. Wann beginnt beispielsweise der Frühkapitalismus? Soll man ihn auf den Beginn der Industrialisierungsepoche datieren oder auf Renaissance und Reformation, als individualistisches Denken sich zu rühren begann? Oder soll man auf den Finanz- und Handelskapitalismus zurückgehen, den wir sowohl in der Antike wie in den oberitalienischen Stadtstaaten und in den Hansestädten des Mittelalters finden? Einigkeit darüber konnte nie erreicht werden.
Als Hochkapitalismus wird demgegenüber mit weitgehender Übereinstimmung die Periode der Industrialisierung bezeichnet (Industriekapitalismus). Dieser Prozeß setzt um die Mitte des 18. Jahrhunderts in England ein, als grundlegende Erfindungen eine Umwälzung der bis dahin handwerklichen Produktionsweise vor allem auf dem Textilsektor ermöglichten. Um die Wende vom 18. zum 19. Jahrhundert greift der Industrialisierungsprozeß auf den Kontinent über und entfaltet sich dort in der ersten Hälfte des 19. Jahrhunderts.

Die Datierung des Spätkapitalismus ist wieder kontrovers. Der Einbau der bis dahin stationären Dampfmaschine in Eisen-

bahn und Dampfschiff löste die wenig effizienten Verkehrsmittel Postkutsche und Segelschiff ab und ermöglichte erst das Zusammenwachsen kleinräumiger Wirtschaftsgebiete zu Volkswirtschaften und dann zur Weltwirtschaft. Oder waren die ersten Wettbewerbsbeschränkungen kartellistischer Art in der zweiten Hälfte des 19. Jahrhunderts wichtiger als der revolutionäre Wandel der Verkehrstechnik? Je größer die Unternehmungen, je härter der Wettbewerb, um so mehr Kartelle und Konzerne. So spricht man denn auch vom „organisierten Kapitalismus" oder vom „Monopolkapitalismus". Die Monopole beherrschen nach Ansicht der Marxisten die Wirtschaft. Und weil sie dabei gewisse Schwierigkeiten haben, brauchen sie den Staat, der ihre Profite sichern soll, wie die Stamokap-Anhänger glauben. Daß die am meisten fortgeschrittenen Staaten eine Fusionskontrolle eingeführt haben, die geplante Konzentrationen verbieten oder bereits erfolgte sogar wieder auflösen kann, wird dabei verschwiegen. Daß ausländische Konzerne, z. B. aus Japan, die inländischen vom Markt verdrängen, ist völlig unverständlich. Versagt etwa der Staat im „staatsmonopolistischen Kapitalismus"? Oder ist er mit seinem Arsenal an konjunktur-, wachstums-, struktur- und verteilungspolitischen Maßnahmen gar nicht auf dem richtigen Kurs?
Die Wissenschaft hat sich von allen diesen Fragen, die mit der Periodisierung des „Kapitalismus" zusammenhängen, längst abgewandt. Wer vom „Spätkapitalismus" heute noch spricht, will Erwartungen wecken – Erwartungen auf eine neue und bessere Zeit.

Funktionen des „Spätkapitalismus" heute

Eine Geschichtsdeutung, die uns den angeblichen Sinn der Geschichte auf eine einfache Formel bringt, mag daher manchem, der nach geistiger Orientierung sucht, als Offenbarung erscheinen. Endlich weiß man, wo man steht und wohin die Reise geht. Die gegenwärtigen Probleme der Menschheit sind lösbar, wenn nur erst der „Spätkapitalismus" durch die neue sozialistische Gesellschaft abgelöst sein wird ...

Eng verbunden mit der Sinngebung der Geschichte ist die Vereinfachungsfunktion. Unsere Wirklichkeit ist bekanntermaßen außerordentlich komplex. Der Mensch strebt daher überall nach „Reduktion von Komplexität“, wie es die Fachleute nennen. Die Anwendung der Organismus-Analogie trägt diesem Bedürfnis in ebenso raffinierter wie einfacher Weise Rechnung. Besteht doch alles Leben aus Werden, Blühen und Vergehen. Pflanzen, Tiere, Menschen – sie alle erfahren eine Jugendzeit, dann eine Blüteperiode und schließlich einen Niedergang, der mit dem Tode endet. Was liegt näher, als diese existentielle Erfahrung auch auf die Geschichte und damit auf die Gesellschaft als Ganzes zu übertragen. Wobei dann das angenehme Gefühl verbunden ist, daß zwar das Individuum sterblich ist, aber nicht die Gesellschaft. Auf den „Spätkapitalismus“ folgt der Sozialismus mit „historischer Notwendigkeit“.

Schließlich erfüllt der Begriff des „Spätkapitalismus“ eine Tröstungsfunktion. Die Unbestimmtheit der Datierung, die vielen Rückschläge und Fehlprognosen hinsichtlich der kommenden Entwicklung werden überspielt durch das apodiktische „Venceremos“ („Wir werden siegen“). Wer sich als Erfüllungsgehilfe historischer Notwendigkeit sieht, macht nicht schlapp. Er sieht vor sich die „revolutionsstrategische Aufmarschplanung“ (Franz Böhm) und wird dadurch motiviert, durchzuhalten und weiterzumachen.

Aber er huldigt einer Illusion. Denn der Geschichtsprozeß ist nach vorne immer offen. Es gibt keine historischen Gesetzmäßigkeiten. Zahlreiche Untersuchungen haben gezeigt, daß der Marxismus weder vermag, die Vergangenheit zu erklären noch die Gegenwart zu deuten, geschweige denn die Zukunft vorauszusagen. Immer kann es anders kommen, als es nach dieser Heilslehre eigentlich kommen müßte. Der Sinn der Entwicklungsstadien des „Kapitalismus“ ist eben Unsinn. Die Vereinfachung des Geschichtsprozesses bildet nicht mehr als eine „terrible simplification“. Je weiter ein Industrieland entwickelt ist, um so komplexer wird seine Struktur. Sie läßt sich nicht mehr auf einfache Formeln reduzieren. Und was die Tröstungsfunktion anbelangt, so führt sie ihre Gläubigen letztlich

in Frustration und Verzweiflung. Wie viele Terroristen mögen in ihre Sackgasse geraten sein, weil sie glaubten, die letzte Stunde des „Spätkapitalismus" habe geschlagen und man brauche nur noch ein wenig nachzuhelfen ...
Paradoxerweise wenden die Benutzer des Wortes „Spätkapitalismus" ihre Organismus-Analogie niemals auf den Sozialismus an. Einen Früh-, Hoch- und Spätsozialismus gibt es nicht. Denn das Geschichtsgesetz hat sich nach dieser Ansicht mit dem Sozialismus erfüllt. Das „goldene Zeitalter" ist dann erreicht – so glaubt man wenigstens. Dabei ließe sich doch wohl in guten Treuen fragen, ob die Länder des „realen Sozialismus" sich im frühen oder im späten Stadium dieser Ordnung befinden, wenn diese Charakteristik nach Stadien überhaupt einen Sinn haben soll. Wer die Misere in den Ostblock-Staaten, eben in den Ländern des „realen Sozialismus", verfolgt, wird etwelche Zweifel hegen müssen. Haben doch die Ereignisse in Ungarn 1956, in der Tschechoslowakei 1968 und in Polen seit 1980 gezeigt, wie die Bevölkerung über die „neue Klasse" der Funktionäre, über die Repräsentanten eben dieses „realen Sozialismus" denkt. Nur allzu bald wird aus der Marx-eine Murkswirtschaft. Denn alle Wege des Sozialismus endeten bislang in Bürokratie und Tyrannei.

Von der „Kapitalismus-Kritik" zur Sozialen Marktwirtschaft

Die Sozialisten nehmen die „Kapitalismus-Kritik" als ihre ureigene Domäne in Anspruch. Dabei waren es aber die Konservativen, beginnend mit Adam Müller, Franz von Baader und Karl Rodbertus, die zuerst an den Folgen der Industrialisierung Kritik geübt haben. Vereinzelt schon vor der Wende vom 18. zum 19. Jahrhundert, verstärkt in der ersten Hälfte des 19. Jahrhunderts haben konservative Schriftsteller und Politiker, wie Karl Freiherr von Vogelsang und Lorenz von Stein, sich mit der „sozialen Frage", mit der „Entfremdung" und anderen Auswirkungen des Industriesystems auseinandergesetzt. Kein Geringerer als Bismarck hat dann in den achtziger Jahren das Signal gegeben, diese Probleme politisch in Angriff zu neh-

men. Allerdings geriet die Politik in den kommenden Jahrzehnten, vor allem aber im 20. Jahrhundert, auf die schiefe Bahn des punktuellen Staatsinterventionismus.
Die nächste Welle der „Kapitalismus-Kritik" setzte in den dreißiger Jahren unseres Jahrhunderts von liberaler Seite ein. In verschiedenen Staaten Europas wurden dann nach dem Zweiten Weltkrieg liberale Experimente durchgeführt. Keines davon war so erfolgreich wie die Soziale Marktwirtschaft in der Bundesrepublik Deutschland von 1948 bis 1966.
Der Begriff „Soziale Marktwirtschaft" war 1946 von Alfred Müller-Armack entwickelt worden. Als wirtschaftspolitisches Experiment wurde die Soziale Marktwirtschaft 1948 durch Ludwig Erhard begonnen. Hätte er nicht mit der Durchführung der Währungsreform, die eine Angelegenheit der Alliierten war, zugleich die kriegswirtschaftliche Rationierung aufgehoben und mit dem Aufbau der Sozialen Marktwirtschaft angefangen, dann wäre die wirtschaftliche und gesellschaftliche Entwicklung in der Bundesrepublik Deutschland wahrscheinlich völlig anders verlaufen.
Aus heutiger Sicht war diese Verbindung durchaus folgerichtig. Damals stellte sie aber ein unerhörtes Wagnis dar, das nicht nur die Linksparteien und die Gewerkschaften zu massivem Widerspruch und Widerstand herausforderte. Selbst in den neugegründeten bürgerlichen Parteien war man weitgehend der Auffassung, eine Rückkehr zur Marktwirtschaft werde erst möglich sein nach Überwindung des Mangels – jenes Mangels, der durch die dirigistischen Rationierungsmethoden hervorgerufen und dann mehr schlecht als recht verwaltet worden war.
Ludwig Erhard dachte anders. Für ihn war es klar, daß Dirigismus gerade Mangel herbeiführt und verschlimmert. Im Vertrauen auf die Richtigkeit dieser Erkenntnis handelte er – und behielt recht. Wohlwollende Unterstützung fand er beim Oberbefehlshaber der US-Besatzungsstreitkräfte, General Lucius Clay. Die Engländer (damals regierte die Labour Party), die Franzosen und die Russen billigten diesen Alleingang nicht. Die Verbindung der Währungsreform mit einer revolutionären Änderung der Wirtschaftsordnung, eben der Einführung der

Sozialen Marktwirtschaft, war aber so schnell in so starkem Maße erfolgreich, daß der Widerstand rasch erlahmte. 1949 nahm die CDU/CSU die Soziale Marktwirtschaft in ihr Programm auf.

Die Soziale Marktwirtschaft als Variante des Neoliberalismus

Das Konzept Soziale Marktwirtschaft wird gewöhnlich als Variante des Neoliberalismus gesehen. Diese Lokalisierung ist zweifellos zutreffend. Dabei darf jedoch nicht übersehen werden, daß der Neoliberalismus kein homogenes Gedankengut darstellt (ebensowenig wie übrigens der Neosozialismus und der Neokonservatismus). Vielmehr handelt es sich beim Neoliberalismus um einen Sammelbegriff, dessen Spannweite von rechtssozialistischen Vorstellungen über die verschiedenen Ansätze liberalen Denkens bis zu konservativen Auffassungen reicht. Spezifische Problemschwerpunkte und auch nationale Besonderheiten sind bei den Vertretern des Neoliberalismus deutlich erkennbar.
Die spezifischen Merkmale des Konzepts Soziale Marktwirtschaft liegen vor allem darin, daß dieses Konzept über einige andere Varianten des Neoliberalismus hinausgeht.
Eine „freie“ Marktwirtschaft, bei der es nur rechtliche Rahmenbedingungen im Sinne der klassischen Staatsfunktionen gibt (1. Sicherheit nach außen, 2. Rechtsordnung im Innern, 3. Bereitstellung einer Infrastruktur, um die Funktions- und Entwicklungsfähigkeit einer Volkswirtschaft zu gewährleisten, soweit hierfür kein privates Risikokapital zur Verfügung steht), ansonsten aber keine eigentliche Wirtschaftspolitik betrieben wird, postulieren heute vor allem die amerikanischen „Libertarians“ und ihre relativ wenigen europäischen Anhänger. Sie treten für den „Minimalstaat“ ein, der die Wirtschaft sich selbst überläßt.
Die Monetaristen, soweit sie sich als Liberale auffassen, befürworten ebenfalls den „Minimalstaat“, wollen aber daneben Geldpolitik in Form einer regelgebundenen Geldversorgung der Volkswirtschaft. Meist fehlt hier eine Ordnungsidee, die

den ökonomischen Bereich übergreift. Charakteristisch ist in diesem Zusammenhang die Annahme, die Marktwirtschaft sei in sich stabil, wenn sie nur vom Staat in Ruhe gelassen würde.
Die „Freiburger Schule“, auch Ordo-Liberalismus genannt (Walter Eucken, Franz Böhm), geht von der Idee eines starken Staates aus, der primär wettbewerbspolitisch orientiert ist (konstituierende und regulierende Prinzipien der Wettbewerbsordnung nach Eucken).
Das Konzept Soziale Marktwirtschaft will demgegenüber, wie Müller-Armack es formuliert hat, „das Prinzip der Freiheit auf dem Markte mit dem des sozialen Ausgleichs verbinden“. Diese gesellschaftliche Komponente umfaßt daher auch das „Jenseits von Angebot und Nachfrage“, wie Wilhelm Röpke diesen Aspekt genannt hat, oder die menschliche „Vitalsituation“, um einen zentralen Begriff von Alexander Rüstow zu erwähnen. Das Konzept Soziale Marktwirtschaft, wie es Erhard und Müller-Armack verstanden haben, geht deshalb auch nicht von einer grundsätzlichen Stabilität des privaten Sektors aus, die nur durch den Staat gestört würde, sondern befürwortet durchaus eine maßvolle, an übergreifenden Ideen orientierte Wirtschaftspolitik.
Der Sozialen Marktwirtschaft liegt, wie Müller-Armack es immer wieder betont hat, eine Stilidee zugrunde, die Idee des Wirtschaftshumanismus. Um der humanen Dimension willen werden auf verschiedenen Gebieten Interventionen befürwortet, sofern sie dem Kriterium der Marktkonformität genügen. Auch Ausnahmebereiche werden anerkannt. Die Vorstellungen von Müller-Armack, Röpke und Rüstow gehen diesbezüglich weitgehend in die gleiche Richtung.

Stilelemente der Sozialen Marktwirtschaft

Vereinfacht läßt sich das Konzept Soziale Marktwirtschaft durch sechs Stilelemente charakterisieren. Es sind dies:
1. der ordnungspolitische Grundsatz der Freiheit des Individuums,
2. der ordnungspolitische Grundsatz des sozialen Ausgleichs,

3. die Konjunkturpolitik,
4. die Wachstumspolitik,
5. die Strukturpolitik,
6. das Kriterium der Marktkonformität für wirtschaftspolitische Maßnahmen auf den genannten Gebieten.

Diese sechs Elemente bilden zusammen eine Stileinheit. Werden sie realisiert, dann bilden sie eine „Wirtschaftspolitik aus einem Guß".

Der erste ordnungspolitische Grundsatz ist die Freiheit des Individuums. Die Freiheit ist kein Mittel, kein „ökonomischer Hebel" wie im Ostblock, sondern ein Wert an sich. Damit diese Freiheit sich im ökonomischen Bereich manifestieren kann, bedarf es dezentralisierter Entscheidungseinheiten und funktionsfähiger Märkte. Hierfür hat die Wettbewerbspolitik zu sorgen, indem sie die nötigen Rahmenbedingungen schafft, damit die Marktprozesse, wo immer möglich, sich als Wettbewerbsprozesse abspielen können. Der Wettbewerb wird dabei als ein Such- und Entdeckungsverfahren aufgefaßt, das Ideen und Aktivitäten der Individuen mobilisiert. Der Chance des Gewinns entspricht das Risiko des Verlustes. Die zentrale Figur ist dabei der Unternehmer, der als Innovator und Imitator im Wettbewerb für die bestmögliche Nutzung der knappen Ressourcen entsprechend den Wünschen der Nachfrager sorgt und damit letztlich den einzelnen Menschen dient.

Eine flankierende Maßnahmengruppe, um den Marktmechanismus funktionsfähig zu erhalten, bilden die Förderung von Neugründungen und die Hilfen für kleine und mittlere Unternehmungen (Mittelstandsförderung oder „small business policy"). Fiskalische und sonstige Anreize zur Selbständigkeit sind durchaus marktkonform im Sinne einer erweiterten Wettbewerbspolitik. Je mehr kleine und mittlere, ökonomisch lebensfähige Unternehmungen vorhanden sind, um so besser ist die Marktwirtschaft gesellschaftlich abgestützt.

Zum Organisationsprinzip des Marktes gehört als Kehrseite das Prinzip des sozialen Ausgleichs. Hier hatte der Laissez-faire-Liberalismus entscheidende Punkte übersehen. Der Markt kann, wenn er einigermaßen effizient funktioniert, nur leistungsadäquate Einkommen verteilen. Soziale und humane

Aspekte berücksichtigen kann er nicht. Diesbezügliche Probleme, die nicht über den Markt zu bewältigen sind, müssen daher durch eine entsprechende Sozialpolitik gelöst werden. Vor allem sollen jene Menschen, die noch nicht, vorübergehend nicht oder nicht mehr im Arbeitsprozeß stehen, weitgehend vor unverschuldeter Not abgesichert sein. Ihnen müssen soziale Minimalstandards vom Staat garantiert werden. Wichtig ist dabei, daß die Maßnahmen der Sozialpolitik nur als Sicherheitsnetze für die Wechselfälle des Lebens fungieren, nicht im Sinne einer allgemeinen Versorgung, wie sie der Wohlfahrtsstaat anstrebt. Die Anreize zur individuellen Leistung und zum individuellen Sparen sollen und müssen stark genug bleiben, um die Marktprozesse funktionsfähig zu erhalten.

Eine wichtige Rolle kommt im Rahmen einer erweiterten Sozialpolitik der Förderung der privaten Vermögensbildung zu. Vermögen schafft ein größeres Maß an individueller Freiheit bzw. die Möglichkeit, diese Freiheit überhaupt erst nutzen zu können. Erwähnt seien hierzu Stichworte wie Sparprämien, Vergünstigungen beim Erwerb von Eigentumswohnungen und Eigenheimen, Belegschaftsaktien und andere Formen der Kapitalbeteiligung an der Unternehmung, in der man tätig ist.

Wettbewerbs- und Sozialpolitik würden als Rahmenbedingungen ausreichen, wenn die Wirtschaft aus sich heraus stabil wäre. Dies würde aber Preisflexibilität bzw. Faktormobilität voraussetzen, damit sich bei Datenänderungen die Anpassungsprozesse einigermaßen reibungslos vollziehen können. In der Praxis gibt es nicht zuletzt wegen des unzureichenden Vorhandenseins dieser Voraussetzungen konjunkturelle Schwankungen im Sinne eines unterschiedlichen Wachstumstempos. Bei der Wirtschaftsstruktur treten immer wieder Engpässe und Überkapazitäten auf, die sich nicht ohne weiteres vom Markt her überwinden lassen. In der Sozialen Marktwirtschaft bedarf es daher neben den wettbewerbs- und sozialpolitischen Rahmenbedingungen, die der Verwirklichung der beiden marktübergreifenden Ordnungsprinzipien individuelle Freiheit und sozialer Ausgleich dienen, der Konjunktur-, Wachstums- und Strukturpolitik.

Als drittes Stilelement ist deshalb die Konjunkturpolitik zu nennen. Jeder Industriewirtschaft sind Schwankungen der wirtschaftlichen Aktivität immanent, weil die Orientierung am Markt gewisse Reibungsverluste als Preis für die Freiheit aufweist. Inflationsraten und Produktivitätszuwächse der einzelnen Länder haben bei starker Außenhandelsverflechtung monetäre und reale Ungleichgewichte beim Beschäftigungsgrad, beim Geldwert und bei der Zahlungsbilanz zur Folge, die gesamtwirtschaftlich und auch gesamtgesellschaftlich problematisch werden können. Zu erwähnen sind hier vor allem die sozialen Kosten der Arbeitslosigkeit. Aus marktwirtschaftlicher Sicht kommt bei der Konjunkturpolitik der Geldwertstabilität die erste Priorität zu. Denn alle Erfahrungen der letzten Jahrzehnte lehren uns, daß bei fortlaufender Geldentwertung auch Vollbeschäftigung und Zahlungsbilanzgleichgewicht nicht mehr gewährleistet werden können.
Die Vertreter der Sozialen Marktwirtschaft in Politik und Wissenschaft haben in diesem Zusammenhang quantifizierte Projektionen der zu erwartenden Inflationsrate stets abgelehnt. Gerade Ludwig Erhard hat sich immer mit Leidenschaft dagegen gewehrt, das Ziel Geldwertstabilität dadurch zu relativieren, daß offiziell eine bestimmte Inflationsrate für das nächste Jahr verkündet wird. Denn solche prognostizierten Inflationsraten pflegen sich meist selbst zu erfüllen, weil sie – da von der Regierung bekannt gegeben – auch geglaubt werden und sich die Wirtschaftssubjekte in ihrem Verhalten darauf einstellen. Mit anderen Worten: Prognosen über die Entwicklung des Geldwertes sind nicht verhaltensneutral. Man denke nur an die Rolle solcher Projektionen bei den Lohnverhandlungen der Tarifpartner. – Um hier Mißverständnisse zu vermeiden, sei gleich dazu erwähnt, daß die Abstinenz von gesamtwirtschaftlichen Zielprojektionen selbstverständlich nicht bedeutet, daß die Regierung im System der Sozialen Marktwirtschaft keine Prognosen aufstellen soll. Allein die Haushalts- und Finanzpläne machen es erforderlich, quantitative Annahmen über die Entwicklung der Gesamtwirtschaft zu machen.
Bei der Wachstumspolitik, dem nächsten Bereich, kommt es

darauf an, die rechtlichen und infrastrukturellen Rahmenbedingungen für eine möglichst störungsfreie Wirtschaftsentwicklung zu schaffen. Staatliche Planung der Wachstumsraten ist dagegen marktwidrig. Sie stellt „Anmaßung von Wissen" (F. A. von Hayek) dar, das keine Behörde und kein Planungsamt haben kann. Die staatliche Planung kann sich auf globale Wachstumsraten, also auf die Gesamtwirtschaft beschränken. Geht sie eine Ebene darunter, also bis zur Branchen- und Regionenebene, haben wir den Typ der französischen Planifikation, dessen Effizienz deutlich geringer ist als diejenige der Sozialen Marktwirtschaft.
Zu einer marktkonformen Wachstumspolitik gehören beispielsweise Anreize zur Verjüngung des Produktionsapparates durch entsprechende Abschreibungen. Das „deutsche Wirtschaftswunder" nach der Währungsreform 1948 ist zu einem nicht geringen Teil auf die Förderung der Selbstfinanzierung zurückzuführen. Zu einer marktkonformen Wachstumspolitik gehören weiter Anreize zur Innovationsförderung. Neue Erfindungen und zukunftsweisende Technologien werden aber nicht nur in Großbetrieben entwickelt, sondern ebenso im mittelständischen Raum. Technologiepolitik, die nur den großen Unternehmungen zugute kommt, fördert die Konzentration und widerspricht daher den Grundideen der Sozialen Marktwirtschaft.
Im Bereich der Wirtschaftsstruktur gibt es eine Reihe von Märkten, bei denen der Strukturwandel aus natürlichen, technischen oder sonstigen Gründen nicht richtig funktioniert. Entstehen hier langfristig strukturelle Anpassungsschwierigkeiten, werden also ganze Branchen oder Regionen notleidend, dann kann die Strukturpolitik Anpassungshilfen geben. Auf dem Arbeitsmarkt können Mobilitätshilfen (für Umschulung und/oder Umsiedlung) dazu dienen, strukturelle Arbeitslosigkeit abzubauen.
Wo aber die Ergebnisse des Marktes aus polizeilichen, politischen oder militärischen Gründen nicht erwünscht sind (z. B. wegen der Versorgungssicherheit mit Nahrungsmitteln, Energie und Rohstoffen in Not- und Kriegszeiten), sollen Maßnahmen zur relativen Strukturerhaltung so transparent und effi-

zient wie möglich gestaltet werden. Im übrigen stellt sich gerade in diesen Ausnahmebereichen immer wieder die Frage, welche Maßnahmen zu präferenzieren sind. Direkte Einkommenstransfers sind beispielsweise den Subventionen und erst recht den Abnahmegarantien vorzuziehen.

Für alle Politik, die der Ergänzung oder Korrektur der Marktprozesse dient, gilt selbstverständlich als Interventionskriterium die Forderung nach Zielkonformität, d.h., die getroffenen Maßnahmen sollen zielgeeignet sein. Wichtiger ist aber die Forderung nach Marktkonformität, d.h., die Marktprozesse sollen durch die Wirtschaftspolitik möglichst wenig verzerrt oder gestört werden. In Ausnahmebereichen, wo aus den eben erwähnten Gründen von dieser Forderung abgewichen wird, müssen die Eingriffskriterien möglichst klar formuliert und vor allem die Maßnahmen befristet und laufend kontrolliert werden. Ein Beispiel: Subventionen sollten immer zweckgebunden und befristet sein: außerdem bedürfen sie der Erfolgskontrolle.

Diese Elemente, die sich in den Bereichen Wettbewerbs-, Sozial-, Konjunktur-, Wachstums- und Strukturpolitik sowie dem Interventionskriterium der Marktkonformität manifestieren, ergänzen sich gegenseitig. Sie bilden zusammen die Stileinheit der Sozialen Marktwirtschaft.

Besonderheiten des deutschen Experiments

Auch wenn diese Stileinheit in einzelnen Wirtschaftsbereichen nicht oder nur teilweise realisiert worden ist, war die Soziale Marktwirtschaft doch eine Art Markenbezeichnung für die bundesdeutsche Wirtschaftspolitik nach 1948. Die „Soziale Marktwirtschaft“ wurde im Ausland weitgehend mit dem „deutschen Wirtschaftswunder“ identifiziert. Dabei muß gerechterweise hinzugefügt werden, daß hier eine Reihe verschiedener Faktoren in historisch einmaliger Weise zusammengetroffen sind. Das Konzept der Sozialen Marktwirtschaft war insofern eine notwendige, aber nicht hinreichende Bedingung für das sogenannte „Wirtschaftswunder“. Wir wissen aus der Wirtschaftsgeschichte Europas wie auch aus den Erfahrungen der heutigen Entwicklungsländer, daß es keineswegs genügt, nur die individuellen Kräfte freizusetzen. Weitere Bedingungen müssen hinzukommen. Im Falle der Bundesrepublik Deutschland waren dies im wesentlichen folgende sechs Faktoren:

1. Dank seines Optimismus und seiner unerschütterlichen Überzeugung von der Richtigkeit des eingeschlagenen Weges gelang es Ludwig Erhard, die meisten Skeptiker des neuen Experiments trotz anfänglicher Schwierigkeiten für sich zu gewinnen.

2. Die Notwendigkeit, den weitgehend zerstörten Produktionsapparat wieder aufzubauen, ermöglichte eine grundlegende technologische Modernisierung. Nach einem Jahrzehnt Sozialer Marktwirtschaft verfügte die Bundesrepublik über modernere Produktionsanlagen als die Industrieländer ohne nennenswerte Kriegszerstörungen. Eine wichtige Rolle spielte dabei die großzügige fiskalpolitische Begünstigung der Selbstfinanzierung, ohne die es nicht möglich gewesen wäre, die enorme Kapitalknappheit so rasch zu überwinden.

3. Arbeitskräfte standen im ersten Jahrzehnt der Sozialen Marktwirtschaft praktisch unbegrenzt zur Verfügung. Hier ist an die über zehn Millionen Flüchtlinge und Heimatvertriebene zu denken, die seit 1944 in das Gebiet der späteren Bundesrepublik eingeströmt sind. Der Expansion des Produktionsapparates waren daher vom Arbeitsmarkt her keine Grenzen gesetzt. Die Arbeitslosigkeit, die im Februar 1950 noch rund 15 v. H. betragen hatte, sank bis 1960 auf unter 1 v. H. In qualitativer Hinsicht stand der westdeutschen Wirtschaft in Form der ehemaligen Offiziere ein Führungspotential zur Verfügung, dessen Bedeutung für das sogenannte „Wirtschaftswunder“ noch kaum hinreichend gewürdigt ist.

4. Die Anlaufschwierigkeiten, die auf dem Devisensektor bestanden hätten, wurden durch die großzügige amerikanische Hilfe (Marshallplan) ebenfalls überspielt. Die Bundesrepublik war dadurch in der Lage, Nahrungsmittel und Rohstoffe in dem Maße zu importieren, wie dies für eine ungehinderte Entwicklung erforderlich war.

5. Die konjunkturellen Ausschläge waren – abgesehen vom exogen bedingten Koreaboom – relativ schwach, was natürlich mit dem insgesamt aufwärts gerichteten Trend zusammenhing.
6. Die innenpolitische Entwicklung wies eine ungewöhnliche Stabilität auf. Dreieinhalb Legislaturperioden, d.h. von 1949–1963, waren Adenauer Bundeskanzler und Erhard Wirtschaftsminister.

Mit diesen sechs Faktoren, die zum raschen Wiederaufbau wesentlich beigetragen haben, waren ungewöhnlich günstige Startbedingungen für das Experiment Soziale Marktwirtschaft gegeben. Der teilweise Fortfall dieser Bedingungen hatte denn auch seit dem Ende der fünfziger Jahre eine wirtschaftspolitische „Klimaverschlechterung" zur Folge, deren mangelnde politische Bewältigung zunächst einen Stilverfall der Sozialen Marktwirtschaft bewirkte und schließlich nach einer innenpolitischen Linksverschiebung eine Wendung in „wohlfahrtsstaatlicher" Richtung.

Daß diese Abkehr von den Grundsätzen der Sozialen Marktwirtschaft ihren Preis hat, dämmert spätestens seit 1981 auch dem nationalökonomisch Ahnungslosen.

„Der Mensch ist, was er ißt": er lebt vom Brot allein; und so schaut er auch aus: so lebt er tatsächlich zwischen der Elbe und dem Ussuri, der von den philosophischen Vegetariern in die verfaulende Welt des Kapitalismus gesetzte, statt mitleidig abgetriebene, Neue Mensch.

Herbert Eisenreich

„Für Kaltenbrunner gilt nicht, wenn ‚konservativ' mit altmodisch, reaktionär, einseitig vergangenheitsbezogen und faschismusanfällig interpretiert wird. Er ist auch nicht hinterwäldlerisch und verkauzt-romantisch. Er gibt die Herderbücherei INITIATIVE heraus, eine Art ‚Privat-Universität', wo Fachleute Spezialthemen unkonventionell und perspektivenreich durchleuchten."

Nordfriesisches Tageblatt, 30. 12. 1980

WILHELM WEBER

Der Unternehmer in sozialistischer Sicht

„Der Unternehmer – das unbekannte Wesen". Mit dieser Abwandlung eines bekannten Slogans könnte man die Unkenntnis breitester Kreise in unserer „aufgeklärten Gesellschaft" über eine der bedeutendsten Schlüsselfiguren unserer Wirtschaftsordnung wohl am treffendsten kennzeichnen.
In der öffentlichen Meinung herrschen, soweit es sie überhaupt gibt, über Aufgaben und Funktionen des Unternehmers die merkwürdigsten Vorstellungen. Der Grundzug aber, der sich durch diese Vorstellungen zieht, heißt: Unwissenheit. Und das nicht nur bei „Ungebildeten", sondern gerade auch bei Intellektuellen verschiedenster Couleur. Selbst für den größten Teil der industriellen Arbeitnehmerschaft in einem modernen Großbetrieb dürfte die Direktionsetage noch immer etwas sein, was auf einem anderen Planeten zu liegen scheint.
Nur so läßt sich auch der beinahe unglaubliche Befund einer Befragung aus den sechziger Jahren erklären. Arbeiter und Angestellte wurden damals gefragt: „Angenommen, Ihr Chef würde plötzlich für ein halbes Jahr ausfallen – was meinen Sie: Würde sich ein solcher Ausfall bemerkbar machen, oder würde alles so weiterlaufen wie sonst auch?" Die gleiche Frage wurde dann noch zweimal variiert, einmal mit der Annahme

einer einjährigen und dann einer zweijährigen Abwesenheit. Die Antwort: Etwa die Hälfte der Arbeiter und Angestellten war der Ansicht, selbst bei einer zweijährigen Abwesenheit des Chefs würde alles weiterlaufen wie sonst auch.
Wirtschaften, so kann man daraus schließen, erscheint demnach nicht als immanent schwierige Tätigkeit. Das läuft irgendwie wie von selbst. Wenn ein Unternehmer unter die Räder kommt, ist er folglich nicht so sehr Opfer seiner eigenen Unzulänglichkeiten, sondern eher ein Verlierer im „Glücksspiel" Wirtschaft.

Karl Marx und der Fehlstart der klassischen Nationalökonomie

Daß nicht der Unternehmer als Schlüsselfigur der westeuropäischen zunächst, dann der nordamerikanischen und später der japanischen Wirtschaftsentwicklung ins Bewußtsein der öffentlichen Meinung getreten ist, sondern der ausbeuterische „Kapitalist", der „Akkumulator von Kapital", beruht ganz wesentlich auf dem grandiosen Fehlstart der klassischen Nationalökonomie um die Wende vom 18. zum 19. Jahrhundert, ein Fehlstart, der – von Karl Marx getreulich nachvollzogen – zunächst auf ideologischem und später auch auf dem politischen Felde bedeutende Konsequenzen haben sollte.
Der Fehlstart bestand darin, daß – wie wir jetzt rückblickend klar erkennen können – die wichtigste und typischste Figur der modernen Wirtschaftsgeschichte, der Unternehmer, nicht ins Blickfeld dieser Nationalökonomie kam.
Dies ist um so erstaunlicher, als die Bedeutung des unternehmerischen Elements in der Wirtschaft schon Jahrhunderte vorher in der scholastischen Wirtschaftstheorie, die allerdings ein primär ethisches Interesse verfolgte, deutlich erkannt und formuliert worden war. Kein Geringerer als Joseph A. Schumpeter hat dies anerkennend bezeugt.
Auch war der „schöpferische Unternehmer", damals oft als projector = Projektemacher bezeichnet, schon geraume Zeit vor dem Aufstieg der klassischen Nationalökonomie wieder-

entdeckt worden. 1697 schrieb Daniel Defoe eine Studie „On Projectors", und Malachy Postlethwayt veröffentlichte in den Jahren 1751–1755 ein „Universal Dictionary of Trade and Commerce", in dem von „undertaker" und „adventurer" als Bezeichnung des Unternehmers die Rede ist. Jeremy Bentham, sonst ein Anhänger von Adam Smith, dem „Vater der klassischen Nationalökonomie", kritisierte in einem offenen polemischen Brief an den letzteren bereits den Fehlstart seiner ökonomischen Theorien, indem er ihm vorwarf, die Bedeutung des „Projektemachers", d.h. aber des schöpferischen Unternehmers, nicht erkannt zu haben.

Aber nicht nur den Unternehmer, sondern überhaupt den Menschen hatte die klassische Nationalökonomie übersehen. Man studierte nur die quantifizierbaren Zusammenhänge von Preisen, Löhnen, Renten und Profiten. Für diese verengte Sicht bot sich das die Realität verkürzende Gegensatzpaar „Kapital und Arbeit" – bis heute bezeichnenderweise die öffentliche Diskussion beherrschend, z.B. in der Mitbestimmungsfrage – als quantifizierbare „Produktionsfaktoren" (also nicht Menschen, sondern „Faktoren"!) an.

Soweit hinter dem Kapital überhaupt ein Mensch vermutet werden konnte, geschah das nicht unter wirtschaftlichen, sondern allenfalls unter juristischen Aspekten, indem hinter dem Kapital auf der einen Seite der „Arbeitgeber" (als Tarifvertragspartei) und auf der anderen Seite der „Kapitalist" (als „Ausbeuter", als „Akkumulator", als „Beherrscher der Proletarier") hervorschaute. Für den Unternehmer qua Unternehmer, d.h. als schöpferische dramatis persona im Wirtschaftsvollzug, war kein Platz vorhanden, man sah ihn gar nicht.

Als eine „List der Idee" kann noch folgendes vermerkt werden: Indem sich die frühe Industrieunternehmerschaft für ihre Wirtschaftsphilosophie des Manchesterliberalismus die Grundgedanken der klassischen Nationalökonomie dienstbar machte (möglichst „störungsfreier", d.h. aber vom Menschen unbeeinflußter Ablauf der ökonomischen Marktgesetze), hat sie selbst nolens volens dazu beigetragen, ihre eigene Bedeutung für den Wirtschaftsprozeß in Frage zu stellen, jedenfalls herunterzuspielen.

Es ist also für die Gesellschaftsepoche seit der industriellen Revolution und insbesondere für negative Einschätzung der wirtschaftlichen Schlüsselfigur in dieser Epoche, den Unternehmer, schicksalhaft geworden, daß ausgerechnet die nationalökonomische Theorie, auf die er selbst in der Frühzeit des modernen industriellen Unternehmertums setzte, den Menschen und damit auch den Unternehmer als primär handelnde Figur ausblendete. Diesen von dem bekannten Wiener Sozialwissenschaftler Johannes Messner mit Recht als Fehlstart bezeichneten Ansatz des klassischen nationalökonomischen Denkens machte Karl Marx zum Angelpunkt seiner Kapitalismuskritik, und damit wurde er zum Propheten der kommenden Dinge.

Daß allerdings die klassische Nationalökonomie und – in ihrem Gefolge – Karl Marx und der marxistische Sozialismus den Unternehmer nicht in den Blick bekamen, mit ihm nichts Rechtes anzufangen wußten, dafür gibt es plausible Gründe. Götz Briefs nennt vor allem zwei Gründe: Einmal stand am Beginn der industriellen Entwicklung wie in jeder wirtschaftlichen Aufbauphase das Problem der Kapitalbildung im Vordergrund. Ihm wandte sich daher das Interesse der klassischen Nationalökonomie zu. Die „Akkumulation von Kapital" erschien in der Frühzeit als der wichtigste wirtschaftliche Vorgang. Zum anderen – und damit spricht Briefs den Gedanken an, den wir schon weiter oben entwickelt haben – begriff die klassische Nationalökonomie die Wirtschaft als einen Prozeß, der von seinen eigenen Gesetzen beherrscht wird. Wenn das aber der Fall ist, dann ist der Faktor der menschlichen und damit auch der unternehmerischen Entscheidung im System der Wirtschaft nicht unterzubringen.

Karl Marx übernahm den Begriff des „Kapitalisten" von der klassischen Nationalökonomie und baute darauf seine Theorie der „kapitalistischen Wirtschaftsweise" auf, die er definierte als einen Prozeß der Ausbeutung des Proletariers durch Aneignung des „Mehrwerts" seitens des Kapitalisten.

Der Fehler von Marx bestand darin, daß er in stationären Kreislaufvorstellungen dachte. In einem stationären wirtschaftlichen Kreislauf ist der Gesamterlös eines Unternehmens – abgesehen von Monopolgewinnen, also Ausnutzung einer Machtstellung – gerade groß genug, um die Produktionsfaktoren entsprechend ihrem Beitrag zu entlohnen. Da aber die „Arbeit" des Arbeitnehmers, des Proletariers in Marxscher Terminologie, der allein Werte schaffende Produktionsfaktor ist („Arbeitswertlehre"), muß folglich der „Profit" des Eigentümers der Kapitalmittel als Ausbeutung, als Monopolrente des „Monopolisten von Kapital" (= Kapitalist) erscheinen und kann als solche denunziert werden.

Das ist nur eine andere – eben Marxens – Variante des Fehlstarts der klassischen Nationalökonomie. Marx brauchte nur den Profit der klassischen Nationalökonomie in Mehrwert umzutaufen, um ihn als „Aneignung unbezahlter Arbeit" erscheinen zu lassen und damit seine gesellschaftliche Anklage gegen den Kapitalismus und den Kapitalisten zu verbinden.

Auch die im 19. Jahrhundert einsetzende katholisch-soziale Bewegung und die höchstlehramtliche Sozialverkündigung seit Leos XIII. Enzyklika „Rerum novarum" (RN) von 1891 ist – wenigstens teilweise – Opfer des Fehlstarts der klassischen Nationalökonomie und, in deren Gefolge, der Marxschen (Arbeits-)Wertlehre und Ausbeutungstheorie geworden, und dies in gewissen Kreisen bis auf den heutigen Tag. Jedenfalls ist die einschlägige Stelle in RN (27) nicht völlig gegen mißbräuchliche Interpretation nach dieser Seite hin geschützt, wo es heißt, „daß es eine unumstößliche Wahrheit sei, nicht anderswoher als aus der Arbeit der Werktätigen entstehe Wohlhabenheit im Staate". Immerhin hat Pius XI. in „Quadragesimo anno" (QA; 1931) zwischen das die Realität verkürzende Gegensatzbegriffspaar „Kapital" *(res)* und „Arbeit" *(opera)* noch die „Intelligenz" *(intelligentia)* eingeschoben (QA 69), worunter man selbst bei restriktivster Interpretation das unternehmerische Element zu verstehen hat.

Das alte, bis ins 19. Jahrhundert zurückreichende Mißtrauen ist jedoch bis in die jüngste Zeit nicht vollständig verschwunden. Noch 1964 schockierte Papst Paul VI. ausgerechnet in einer Ansprache an den christlichen Unternehmerverband Italiens (UCID), nachdem er ihm freundliche Worte der Anerkennung für die Tüchtigkeit der „Männer der Wirtschaft" ge-

widmet hatte, mit der Frage: „Sagt man nicht von Euch, daß Ihr Kapitalisten und die einzig Schuldigen seid?"
Die Gemeinsame Synode der Bistümer in der Bundesrepublik Deutschland (1975) hat sich (im Synodendokument „Kirche und Arbeiterschaft") nicht dazu durchringen können, das verkürzende Begriffspaar „Kapital und Arbeit" durch Pius' XI. „Intelligenz" zu erweitern und damit zu einer realistischeren Einschätzung wirtschaftlicher Leistungserstellung zu kommen (unter Einschluß des Unternehmers).
In diesem Zusammenhang ist das offensichtliche Bemühen Johannes Pauls II. in seiner jüngsten Enzyklika „Laborem exercens" (LE; 14.9.1981) zu begrüßen, den Begriff der Arbeit aus der Verengung herauszuführen, in die er – die Eierschalen der Marxschen Arbeitswertlehre und Ausbeutungstheorie bis heute mit sich herumtragend – auch in Teilen des deutschen sozialen Katholizismus geraten ist. Der Papst erhebt die Arbeit – zwar in deutlicher Distanz zum Kapital – zum Schlüsselbegriff seiner Enzyklika, aber er verbindet sie mit allen Menschen, die arbeiten, d.h. ökonomisch etwas „leisten". Und das tun eben nicht nur die Proletarier des Karl Marx und auch nicht nur die „Arbeiter" *(opifices)* Leos XIII., sondern, so der Papst, „alle arbeitenden Menschen, und da zu arbeiten die Berufung aller ist ... alle Menschen" (LE 9).

Die Wiederentdeckung des Unternehmers durch Joseph A. Schumpeter und die moderne Wirtschaftswissenschaft

Widerlegung der klassischen und marxistischen Wirtschaftstheorie

Mehr als ein Jahrhundert nach der Blütezeit der klassischen Nationalökonomie und mehr als ein halbes Jahrhundert nach dem „Kapital" von Karl Marx mußten vergehen, bis neben dem Kapitalbesitzer und Arbeitgeber der Unternehmer als wichtigstes wirtschaftliches Agens wiederentdeckt wurde. Erst dem sowohl in der Wirtschaftstheorie wie Wirtschaftsgeschichte souverän versierten Joseph A. Schumpeter gelang es, eine saubere Trennung bzw. begrifflich-sachliche Unterscheidung zwischen Unternehmerfunktion und Eigentümerfunktion vorzunehmen und damit den Unternehmer als wirtschaftliche Pioniergestalt von der negativen Symbolfigur des Kapitalisten abzulösen.

Gerade der von Marx und vom Marxismus so inkriminierte Kapitalismus ermöglicht es, daß kreative Menschen als Unternehmer fungieren können, ohne selbst im Besitze von Kapitalmitteln zu sein. Schumpeter sagt daher mit Recht: „Wichtiger als Eigentümerschaft ist Führerschaft. Die Unfähigkeit, dies zu sehen und, als Folge davon, sich die unternehmerische Tätigkeit als eine eigene Funktion sui generis vorzustellen, ist der der wirtschaftlichen und soziologischen Analyse der Klassiker und Karl Marx' gemeinsame Fehler" (Konjunkturzyklen, I).

Die eigenständige Bedeutung des unternehmerischen Elements in der Volkswirtschaft wurde in den letzten Jahrzehnten zunehmend auch von der modernen Wirtschaftstheorie wiederentdeckt. Sie hat – auch empirisch abgestützt – die theoretischen Grundvoraussetzungen der Klassik und des Marxismus, insbesondere dessen Arbeitswertlehre, eindeutig widerlegt.

Marx und der marxistische Sozialismus, soweit sie ökonomisch argumentierten, sahen die wirtschaftliche Wertschöpfung unikausal auf die (ausführende) menschliche Arbeit bezogen. Das Kapital galt für sie nur als durch Monopolmacht von Kapitalisten an sich gebrachte „vorgetane" oder „geronnene Arbeit", worin der dem Proletarier vorenthaltene Mehrwert sich kristallisiert. Kapital ist also nur eine andere Form von Arbeit, eben zu oder in Kapitalgütern geronnene Arbeit, in Kapitalgütern objektivierter Mehrwert, den der Kapitalist vermöge seiner Monopolmacht (Monopolist von Kapital = Alleinanbieter von Arbeitsplätzen) den Arbeitnehmern vorenthalten hat.

Ähnliches galt auch für den bedeutenden deutschen sozialistischen, aber nicht-marxistischen Arbeiterführer Ferdinand Lassalle, für den der Gewinn des Unternehmers ebenfalls als vorenthaltener Lohn, als Schmälerung des Rechts auf den „vollen Arbeitsertrag" anzusehen ist.

Diese unikausale Rückführung der wirtschaftlichen Wertschöpfung auf (ausführende physische) Arbeit allein und auf Kapital als nur einer anderen Erscheinungsform von Arbeit führte dazu, daß sich für Marx und den marxistischen Sozialismus die Wachstumsgleichung (Produktionsfunktion) des Sozialprodukts wie folgt darstellte:

$$(1) \quad wSP = (f)m \cdot wA + n \cdot wK^*$$

Wenn diese Wachstumsgleichung (1) des Sozialprodukts der Realität entspräche, dann müßte per definitionem das Sozialprodukt (output) um den Betrag des zusätzlichen kombinierten Einsatzes (input) an Arbeit und Kapital wachsen, nicht mehr und nicht weniger.
Nun aber haben empirische Untersuchungen zur langfristigen Zunahme des Sozialprodukts sowohl in den Vereinigten Staaten als auch in anderen entwickelten Industrieländern ergeben, daß das reale, d. h. preisbereinigte Sozialprodukt in den vergangenen Jahrzehnten wesentlich stärker gestiegen ist als der (preisbereinigte) zusätzliche mengenmäßige Einsatz an Arbeit und Kapital. Die reale Wachstumsrate stellte sich nach diesen Untersuchungen zunächst wie folgt dar:

$$(2) \quad wSP > (f)m \cdot wA + n \cdot wK$$

Daraus folgt: Das Wachstum des Sozialprodukts konnte nicht mehr, wie Karl Marx und der marxistische Sozialismus es im Anschluß an die Klassik meinten, hinreichend aus einem vermehrten Einsatz von Arbeit und Kapital erklärt werden. Diese Erkenntnis ließ nur den einzigen Schluß zu: Auf der rechten Seite der Wachstumsformel (1) mußte ein wichtiger Faktor übersehen worden sein. Welches war nun dieser Faktor?
Man nannte diesen Faktor zunächst und undifferenziert einmal „technischen Fortschritt“, was immer sich dahinter im ein-

* Dabei ist:
wSP = Wachstumsrate des Sozialprodukts (in Währungseinheiten, DM, US-$ usw.)
wA = Wachstumsrate des Arbeitseinsatzes (in Arbeiterstunden zu geltenden Lohnsätzen)
wK = Wachstumsrate des Kapitals (in Preisen für Kapitalgüter)
m = Produktionselastizität der Arbeit
n = Produktionselastizität des Kapitals

zelnen verbergen sollte. Damit mußte die alte Wachstumsgleichung oder Produktionsfunktion um diesen Faktor – bezeichnen wir ihn mit T – wie folgt ergänzt werden:

$$(3) \quad wSP = (f)m \cdot wA + n \cdot wK + x \cdot wT$$

Dieser Faktor, der technische Fortschritt, hat sich im langfristigen Vergleich nicht nur als ein neben den beiden anderen Faktoren (A + K) zu berücksichtigender Faktor erwiesen, sondern er muß sogar als der eigentlich „tragende Faktor“ (G. Bombach) der wirtschaftlichen Entwicklung in den Industrieländern angesehen werden.

Allerdings ist der technische Fortschritt, auch Residualfaktor oder dritter Faktor benannt, ein hochgradig verflochtenes Bündel von vielen Einzelfaktoren, unter die subsumiert werden können:

- der technische Fortschritt i. e. S. (z. B. Ersatz älterer Maschinen durch neue und leistungsfähigere);
- Verbesserung der Betriebsorganisation und des Betriebsklimas;
- Typisierung der Produkte (kostendegressive Mengenauflagen);
- bessere Leistungs- und Erfolgskontrolle;
- bessere Bildung und Ausbildung der im Betrieb Tätigen (z. B. scientific management);
- Einführung neuer Produktionsfunktionen;
- Erschließung neuer Bezugs- und Absatzmärkte;
- Verbesserung der Standortverteilung;
- Strukturwandel zu leistungsfähigeren Sektoren und Branchen der Volkswirtschaft

  usw.

Die hier genannten Einzelfaktoren des Syndroms „technischer Fortschritt“ verteilen sich in der gesamtwirtschaftlichen und betrieblichen Wirklichkeit auf viele Schultern und Köpfe. Sie sind aber mit Bestimmtheit, wie leicht einzusehen sein wird, nur zum geringeren Teil und in den meisten Fällen auch dann nur bedingt dem Faktor „Arbeit“ ursächlich zuzuordnen, wie Marx, Lassalle und der spätere Sozialismus ihn definierten oder verstanden. Sie verteilen sich vielmehr in erster Linie auf

Ingenieure, Techniker, leitende Angestellte und – soweit letztere ihnen nicht ohnehin zuzuordnen sind, wie etwa die Vorstände von Kapitalgesellschaften – auf solche Personen, die man „Unternehmer" nennt oder die ihrer spezifisch wirtschaftlichen Funktion nach eben Unternehmer sind. Die letzteren sind es, die am Produktivitätsfortschritt, d.h. am Wachstum des Sozialprodukts sowohl in gesamtwirtschaftlicher als auch in betriebswirtschaftlicher Hinsicht maßgeblich beteiligt sind. Aus diesem Grunde könnte man den in der Produktionsfunktion (3) ausgewiesenen Faktor wT noch einmal unterteilen in: wT (i.e.S.) und wU = zusätzliche spezifisch unternehmerische Leistung.
Daß eine völlig exakte kausale Zurechnung des wirtschaftlichen Wachstums auf die einzelnen für das Wachstum verantwortlichen Personen und Faktoren nicht erfolgen kann, liegt auf der Hand. Damit ist auch die Frage nach einem objektiv „gerechten", d.h. am tatsächlichen Beitrag oder der Leistung des einzelnen gemessenen Entgelt niemals völlig zufriedenstellend zu beantworten. Wie die einzelnen Personen und Faktoren für ihren spezifischen Beitrag zum Wachstum abgegolten werden, dafür gibt es infolgedessen auch keine allgemeinverbindliche ethische Norm. Grundlage der Praxis sind im allgemeinen die Gesamtarbeitsverträge (Tarifverträge). Fest steht soviel, daß der Unternehmer sicher nicht allein das Wachstum der Wirtschaft ermöglicht; sicher ist aber ebenso, daß zahlreiche Unternehmer nach wie vor maßgeblich am Wachstum und an der Entwicklung der Wirtschaft beteiligt sind („Pionierunternehmer").
Die klassische Nationalökonomie und Karl Marx und die in ihren Spuren wandelnden Theoretiker sind vom ökonomischen Gesichtspunkt aus längst widerlegt, nicht dagegen die neue linke und z.T. neomarxistische Kritik an der Unternehmerwirtschaft bzw. am „Kapitalismus", die im Gewande neuer und nicht auf die leichte Schulter zu nehmender Argumente einherschreitet.

Die Kritik der „Neuen Linken“ an der Unternehmerwirtschaft

Auch Karl Marx ist natürlich nicht entgangen, daß die „Kapitalisten“, daß die „Bourgeoisie“ mit ihrer kapitalistischen Wirtschaftsweise stolze Erfolge aufzuweisen hatte. Aber dies lag seiner Theorie zufolge nicht so sehr in der typisch unternehmerischen kreativen Funktion der Kapitalisten begründet, die er, wie wir sahen, im Anschluß an die Klassik nicht in den Blick bekam, als vielmehr in der Akkumulation von immer größeren Kapitalaggregaten als Ausdruck angeeigneten Mehrwerts.

Die neuere Kritik am Kapitalismus, verkürzt oft als „neolinke“ Kritik bezeichnet, weiß demgegenüber längst, daß der Kapitalist qua Unternehmer und nicht ausschließlich als Kapitalakkumulator eine wichtige wirtschaftliche Funktion erfüllt. Daher zielt diese Kritik – abgesehen von Angriffen auf die Verteilung des Produktivvermögens – auf z. T. ganz andere Erscheinungsformen und Konsequenzen des Kapitalismus ab als auf die „private Aneignung“ von Mehrwert oder „Profit“.

a) Kritik am „Spätkapitalismus“

In der Schußlinie der Kritik steht nicht einfach mehr der hausbackene Kapitalismus aus der Zeit von Karl Marx, sondern das, was die linke Kritik im Anschluß an Schumpeter und Max Weber als „Spätkapitalismus“ zu bezeichnen pflegt. Ihm werden alle Unzulänglichkeiten unserer Gesellschaft angelastet. Nicht mehr so sehr der einzelne Kapitalist oder Unternehmer, sondern das ganze sie tragende oder von ihnen getragene „System“ ist Zielscheibe der Kritik geworden.

Im einzelnen wird diesem System folgendes angelastet:

- auch dem Spätkapitalismus ist es nicht gelungen, die von Karl Marx aufgedeckten „Widersprüche zwischen Kapital und Arbeit“ zu beseitigen; folglich steht der Klassenkampf weiter auf der Tagesordnung;
- der Spätkapitalismus erzeugt Zwänge, Anonymität hinsichtlich der Verantwortlichkeiten und Unkontrollierbarkeit in einer technokratisch gesteuerten Welt;

- der Bürger wird, statt mündig zu werden, zum passiven „Konsumenten" entwürdigt;
- eine wesentlich an der Leistung orientierte Gesellschaft vernachlässigt elementare Grundbedürfnisse des Menschen, verhindert die Realisierung einer besseren „Qualität des Lebens".

An dieser Kritik ist sicher vieles berechtigt und vieles einseitig oder schlicht falsch. Falsch ist vor allem, wenn diese Unzulänglichkeiten der privaten Unternehmerwirtschaft oder dem marktwirtschaftlichen System als solchem angelastet werden, obwohl es sich inzwischen bis in den letzten Winkel herumgesprochen hat, daß sie genau so und z. T. noch potenziert in den entwickelten sozialistischen Ländern auftreten.

Beginnen wir mit dem Vorwurf gegen die *Leistungsgesellschaft,* die über dem Streben nach immer mehr wirtschaftlichem Wachstum und immer mehr ausschließlich materiellem Erfolg angeblich Grundbedürfnisse des Menschen vernachlässigt und eine bessere Lebensqualität verhindert.

Zunächst steht einmal schlicht zu bezweifeln, ob wir überhaupt (noch) jene Leistungsgesellschaft sind, die die linke Kritik im Visier hat. Jedenfalls beobachten wir doch folgendes nicht zu bestreitende Faktum: In den letzten Jahren tritt bei uns – durch die sogenannte Bildungswelle als vorläufig letztem Glied in der Folge von „Wellen" nach der Währungsreform bedingt – der junge Mensch im Durchschnitt 2 bis 3 Jahre später in den volkswirtschaftlichen Leistungsprozeß ein. Bis dahin muß er von den anderen Erwerbstätigen mit unterhalten werden. Ferner ergibt sich ein im Durchschnitt immer früheres Ausscheiden aus dem Erwerbsleben – teils durch zunehmende Frühinvalidität, teils durch Herabsetzung der Altersgrenze bedingt. Die 6-Tage-Woche ist für fast alle Erwerbstätigen – mit Ausnahme derer in leitenden Positionen – inzwischen zur 5- und für nicht wenige bereits zur 4½-Tage-Woche geworden. Der Jahresurlaub ist erheblich verlängert worden, man kann sich vielfach einen Zweiturlaub gönnen. Endlich „nimmt man sich" auch häufiger und selbstverständlicher als früher die einem „zustehende" Zeit zum Krank-„Feiern"!

Der französische Zukunftsforscher Bertrand de Jouvenel weist für unsere fortgeschrittenen Gesellschaften darauf hin, „daß bereits heute die Zeit, die wir mit Arbeit verbringen, nur etwa 10% der Zeit ausmacht, über die alle Mitglieder unserer Gesellschaft verfügen. Jedesmal, wenn ich dies behaupte, stoße ich auf Verwunderung – doch es läßt sich leicht überprüfen: die jährliche Arbeitszeit – Fahrt zum Arbeitsplatz inbegriffen – beträgt etwa 2200 Stunden: doch gilt das nur für etwa 10% – die restlichen 90% werden – mit Ausnahme des Urlaubs – in der häuslichen Umgebung verbracht“ (jenseits der Leistungsgesellschaft)*.

Wenn dies Symptome einer inhumanen Leistungsgesellschaft sein sollen, dann scheint eine Verständigung mit den Kritikern nicht mehr aussichtsreich.

Das Ärgerliche an dieser ganzen Tatsache ist, daß Marktwirtschaft, d. h. aber Unternehmerwirtschaft, diese Entwicklung zu mehr Lebensqualität zustande gebracht hat; denn das Faktum, im Durchschnitt 90% der gesamten Lebenszeit, und die Entwicklung ist ja noch nicht am Ende, außerhalb der Erwerbstätigkeit zu mehr oder weniger freier Verfügung zu haben, dürfte doch wohl etwas mit Lebensqualität zu tun haben, wenn diese Leerformel überhaupt einen vernünftigen Inhalt haben soll. Nachdenkliche Menschen, die das Gras wachsen hören, sehen in nicht allzu ferner Zukunft Rivalitäten voraus zwischen solchen, die etwas mehr oder etwas länger arbeiten „dürfen“, und solchen, denen das verwehrt ist.

Da diese Zusammenhänge sich allmählich auch bei linken Kritikern herumzusprechen beginnen, dürfte das Argument Leistungsgesellschaft rapide an Seriosität verlieren. Da bietet sich dann als wertvoller Ersatz das Argument der tollgewordenen, entfesselten *Konsumgesellschaft* an. Sinnloser Leerlauf des Lebens im Konsumrausch – das ist die verabscheuungswürdigste Signatur des Spätkapitalismus.

---

* Man könnte es auch so ausdrücken: Unter den z. Z. gegebenen Verhältnissen muß ein heute geborener Bürger im Durchschnitt damit rechnen, daß er nur etwa 10% seiner gesamten Lebenszeit in wirtschaftliche, d. h. über den Markt zu erbringende Betätigung investieren muß, während er – immer als Durchschnittswert genommen – über etwa 90% seiner Lebenszeit in diesem Sinne mehr oder weniger „frei“ verfügen kann.

Nun scheint das Verhalten vieler Wohlstandsbürger diesem Argument immer wieder neue Nahrung zu geben. Daß z. T. gedankenlos gekauft und konsumiert wird, wer wollte es leugnen? Daß darüber anspruchsvollere Sinnhorizonte des Lebens, seien sie religiöser, humanistischer oder kultureller Art, verblassen können, ist ebenso unbestritten.
Aber wer darf sich denn anmaßen zu behaupten, er und nur er allein wisse ganz genau, was dem Menschen im Bereich des Konsums „zum Heile dient". Erhard Epplers Paradebeispiel von der Puppe mit eingebauter Sprechkonserve, die auf dem Gabentisch zu Weihnachten nicht nötig sei – nötig ist sie in der Tat nicht, wer wollte es leugnen? –, ist doch nicht mehr als ein publikumswirksamer Gag. Linke Kritiker an der Konsumgesellschaft sollten eines nicht vergessen: Wenn wir von der Generation der nach 1945 Geborenen absehen, unter denen – abgesehen von einigen ideologischen Ziehvätern wie Marx, Marcuse, Galbraith u. a. – im wesentlichen das „kritische" Potential zu suchen und zu finden ist, dann erinnert sich die andere Hälfte der Bevölkerung, deren Schweiß und Mühen der beispiellose wirtschaftliche Wiederaufbau nach 1945 wesentlich zu danken ist, noch sehr gut der z. T. kärglichen Verhältnisse, in denen sie selbst aufwuchs. Sie möchte zunächst einmal – wer wollte es ihr verdenken! – die Früchte ihrer Mühen genießen, und sie nimmt es daher mit Recht sehr übel, wenn ihr der nicht ohne Opfer erreichte Standard von superklugen Kritikern in arroganter Weise vermiest wird.
Insbesondere den Bewunderern östlicher Systeme unter den Kritikern der Konsumgesellschaft muß dringend angeraten werden, sich in Polen oder Ungarn oder in allen anderen Ländern des sozialistischen Blocks als aufmerksame Beobachter unters Käufervolk zu mischen und mitzuerleben, wie sich die „Kinder des Sozialismus" etwa an den Schaufenstern der staatlichen Automobilsalons (die eine Einheitsmarke fürs schnöde Käufervolk anbieten, soweit es nicht zu den Funktionären gehört) die Nase platt drücken mit dem für die meisten von ihnen niemals realisierbaren Wunsch, eines Tages – nach exotischen Lieferfristen – einen Kleinwagen zu besitzen, weil die von der zentralen Planbehörde administrierten Preise für

ein Auto ein Vielfaches des durchschnittlichen Jahreslohnes eines Arbeiters ausmachen. In den sozialistischen Ländern gibt es in der Tat noch nicht eine Konsumgesellschaft unseres Zuschnitts, aber nicht aus puritanischer Tugend und Askese, sondern aus Mangel, es sei denn, man sehe – wie offensichtlich viele linke Kritiker – in der Not bereits eine Tugend.

Was endlich die *Widersprüche des Spätkapitalismus* zwischen Kapital und Arbeit und die *Zwänge und Anonymitäten* dieses Systems betrifft, so sind sie erwiesenermaßen – soweit sie vorhanden sind, was nicht zu leugnen ist – keine ausschließlichen Kennzeichen einer Marktwirtschaft oder einer in wesentlichen Bereichen privaten Unternehmerwirtschaft.

Um dies zu erfahren, kann wiederum ein Besuch in einem sozialistischen Land sehr aufschlußreich sein – nur muß man entsprechende Gesprächspartner haben und darf sich nicht von offiziellen Reisebüros oder staatlichen Betreuern ausschließlich in potemkinsche Dörfer führen lassen.

Anläßlich eines sozialwissenschaftlichen Symposions in Breslau im Mai 1971 war der Verfasser dieser Zeilen Zeuge eines Panels, an dem der Chefredakteur einer angesehenen polnischen katholischen Wochenzeitung, ein bekannter katholischer Nationalökonom, ein Theologieprofessor und ein vierter Gesprächspartner teilnahmen. Es ging um das seit Jahrzehnten auf der Tagesordnung stehende Allerweltsthema „Der Mensch im Betrieb“. Dieses Gespräch hätte in Inhalt, Form und Ergebnis genauso hier im Westen ablaufen können. Die neuralgischen Punkte, die bei uns, im marktwirtschaftlichen System, Gegenstand der Diskussion und der Kritik im Verhältnis von Mensch und Betrieb sind, sind in den „volkseigenen“ Betrieben des sozialistischen Ostens offensichtlich spiegelbildlich die gleichen, z. T. nur etwas härter, weil es kein dem unseren vergleichbares Betriebsverfassungsgesetz und keine Mitbestimmung gibt.

Ähnliche Erfahrungen konnte der Verfasser anläßlich desselben Symposions in einem sozialistischen Schuhladen in Breslau machen. Sein polnischer Begleiter wollte sich ein Paar Schuhe kaufen. Es würde hier zu weit führen, das Drama dieses Schuhkaufs – anders kann man es kaum nennen – in allen

Einzelheiten zu schildern. Nur so viel sei vermerkt: Was hier dem Käufer („Kunden“ und „Kundendienst“ gibt es selbstverständlich nicht, wozu wohl auch!) an geballter sozialistischer Herrschaftsmacht in der Gestalt arroganter sozialistischer Verkäuferinnen entgegentritt – der Käufer muß sich als armseliger Supplikant vorkommen –, spottet jeder Beschreibung. Kein privater Unternehmer, kein kapitalistischer Schuhladeninhaber könnte sich eine solche Arroganz erlauben. Die Konkurrenz würde ihn in kürzester Zeit erledigt haben.

Damit mag es sein Bewenden haben!

Man darf nun nicht meinen, linke Kritiker würden eine solche Argumentation annehmen. Soweit sie nicht als offene Parteigänger die belegbare Gegenkritik am sozialistischen System ohne Gegenbeweis bestreiten, treten sie die Flucht nach vorn an, indem sie sowohl die Marktwirtschaft des Westens als auch die zentrale Verwaltungswirtschaft des Ostens als nicht akzeptabel verurteilen. An ihre Stelle setzen sie einen Edelsozialismus, der es nicht nötig hat, sich auf einen schnöden Vergleich mit seiner eigenen Realisierung einzulassen, da diese im Bereich frommer Erwartung liegt.

Karl Steinbuch hat diese Art von Kritik als „weltfremdes Getue“ sehr treffend gekennzeichnet: „Der größte Teil der bei uns gegenwärtig dominierenden Gesellschaftskritik ist dadurch gekennzeichnet, daß ein realisiertes politisches System (z. B. soziale Marktwirtschaft mit privatem Unternehmertum; Verf.) an einem theoretischen Ideal gemessen wird und hierbei schlecht abschneidet. Die Kritik lebt vielfach von der Illusion einer Gesellschaft, in der Menschen herrschaftsfrei zusammenarbeiten, in der sie nicht auf eigene Vorteile bedacht sind, nicht streiten und paradiesisch zusammenleben. In dieser heilen Hinterwelt braucht man dann keine hierarchischen Ordnungsstrukturen mehr, keine Autorität, kein Gericht und keine Polizei. – Diese Gesellschaftskritiker stört es nicht, daß bisher keine derartige Gesellschaftskonstruktion gelungen ist, sie konservieren ihre Idee so, als ob sie nicht längst durch die Praxis vielfach widerlegt worden wäre. Diese Pseudo-Gesellschaftskritik verbessert unsere Realität nicht und ist somit im schlechten Sinne konservativ. Ein derartig weltfremdes Getue ist nur möglich, weil es in eine dualistisch-idealistische Hinterwelt eingebettet ist, in welcher der Wert von Zukunftsentwürfen nicht an der Praxis gemessen wird" (Kurskorrektur).

b) Die Frage nach der Legitimation des Unternehmers und der unternehmerischen Entscheidungsgewalt

Die Frage „Wer soll Unternehmer sein?" oder „Wem soll die Aufgabe übertragen werden, Kapital und Arbeit zu einem Produktionserfolg zu kombinieren?" ist die Frage nach der Legitimation dessen, der in einer Gesellschaft die unternehmerischen Funktionen wahrnehmen und die unternehmerischen Entscheidungen fällen soll.

Daß diese Frage heute – auch etwa unter dem Schlagwort von der „Demokratisierung aller Lebensbereiche" – nachdrücklicher als früher gestellt wird, hat zunächst gar nichts mit einer stärkeren Schlagseite der gesellschaftspolitischen Diskussion zum Sozialismus zu tun.

Daß – um in der Terminologie von Max Weber zu sprechen – *traditionale* Begründungen von Legitimität, die auf dem Glauben an die Unverbrüchlichkeit überkommener (legalisierter) Traditionen oder doch des üblicherweise je praktizierten Herkommens ruhen, keine Überzeugungskraft mehr besitzen, liegt auf der Hand und ist auch kaum zu bedauern. Auch die mit dieser Vorstellung oft zusammenhängende Vorstellung, die unternehmerische Legitimation leite sich vom Eigentum an den Produktionsmitteln ab, ist wenig stichhaltig. Franz Böhm hat das in die allgemeinverständliche Formel gebracht, das Recht, Unternehmer zu sein, leite sich ebensowenig aus dem Eigentum ab wie das Recht, eine öffentliche Straße zu benutzen, sich aus dem Besitz von Schuhen oder eines Autos ableite. In beiden Fällen sei es nur leichter, das jeweilige Recht für sich zu realisieren.

Auch die *charismatische* Legitimation, die auf der gläubigen Hingabe an die Außeralltäglichkeit (Vorbildlichkeit, Kreativität) einer Person und der durch sie repräsentierten Institution ruht, überzeugt in den meisten Fällen nicht. Wenn der Großvater vielleicht einmal ein charismatischer Unternehmer war, so muß der Enkel, der das Unternehmen geerbt hat, keineswegs auch die charismatische Führernatur des Großvaters mitgeerbt haben.

Was allein überzeugen kann, ist eine *rationale* Legitimation, die sich aus unbestreitbaren ordnungspolitischen Gesichtspunkten ergibt. Unsere Rechtsordnung sieht die Legitimation des Unternehmers in seiner grundrechtlich gesicherten Privatautonomie im Bereich der Berufswahl und Berufsausbildung (Art. 12, Abs. 1 GG). Es ist äußerst wichtig, daß diese Freiheit zu den grundrechtlich ausdrücklich geschützten Freiheiten gehört. Daraus folgt, daß nach unserer Rechtsordnung die Legitimation des Unternehmers qua Unternehmers in seiner privatautonomen Entscheidung ruht, Unternehmer sein zu wollen. In nichts anderem!

Hier ist es nun, wo die neolinke Kritik einsetzt. Auf einen knappen Nenner gebracht, kann man diese Kritik als den immer massiver und immer ungeschminkter auftretenden Versuch bezeichnen, alle Privatrechte und der privaten Sphäre zugehörigen Institutionen grundsätzlich unter Verdacht zu stellen und auf ihre Beseitigung oder wenigstens Schwächung hinzuarbeiten (die legitimen Anliegen der Mitbestimmung sind damit nicht gemeint).

Daß diese Absicht von einer grundsätzlich politischen Willensentscheidung getragen wird, zeigen beispielsweise die Diskussionen um Rahmenrichtlinien für die Fächer Deutsch und Gesellschaftslehre in einigen Bundesländern. Hier soll ein monokausales gesellschaftliches Konfliktmodell selbst in die private Sphäre der Familie eingeschleust werden.

Daß eine solche Kritik das Privateigentum, die Familie, die freien gesellschaftlichen Gruppen (Kirchenpapier der F.D.P.) und – last but not least – den Privatunternehmer besonders ins Visier nimmt, wen wundert es? Der private Unternehmer dürfte sogar als erster auf der Abschußliste stehen. Da nämlich die anderen privaten Institutionen sich erfahrungsgemäß als stabiler und als resistenter gegenüber Auflösungserscheinungen erweisen, wird man versuchen, die Kette zunächst am schwächsten Gliede reißen zu lassen, d. h. dort, wo die öffentliche Meinung – wie es scheint – zunächst nicht so stark reagiert,

weil sie sich möglicherweise in dem Irrtum befindet, hier nicht so existentiell betroffen zu sein. Das heißt, man wird den Kampf gegen den privaten Unternehmer zunächst verstärkt fortsetzen.
Doch hier ist Vorsicht am Platze und immer wieder darauf hinzuweisen, daß die Freiheit nicht beliebig teilbar ist und daß die Erdrosselung eines Freiheitsrechts leicht eine Kettenreaktion auslöst, in die andere Freiheitsrechte und schließlich alle Freiheitsrechte hineingezogen werden. Nicht per Zufall herrscht ja in den Ländern des Ostens mit zentraler Verwaltungswirtschaft auch politisch und rechtlich die Unfreiheit.
Zum privatautonomen Unternehmer gehört die freie Marktwirtschaft, und zur Marktwirtschaft gehört der privatautonome Unternehmer, wie auch freie Gewerkschaften ohne ein freies Unternehmertum und ohne eine Marktwirtschaft keine Existenzgrundlage haben, sondern nur noch als Transmissionsriemen einer totalitären Ideologie dienen. Aus diesem Grund sollte die weitaus überwiegende Mehrheit aller Staatsbürger ein vitales Interesse am freien Unternehmertum haben.
Unsere Marktwirtschaft, unser sogenanntes „kapitalistisches System", wenn man das partout lieber hört, ist sicher alles andere als ein Idealzustand, es ist auch alles andere als „gerecht", wenn man Gerechtigkeit an höheren „metaphysischen" Normen von Gerechtigkeit mißt. Aber bisher ist keine operationable Alternative aufgewiesen worden – erst recht nicht von utopischen weltfremden Kritikern –, in der Freiheit und Effizienz in so überzeugender Weise kombiniert werden konnten wie in der Marktwirtschaft mit ihrem privatautonomen Unternehmertum.
Die Frage ist, welchen Grad an Ungleichheit im Einkommen und Vermögen wir hinzunehmen bereit sind als Preis für eine unbestritten erfolgreiche Wirtschaft, und zweitens, was getan werden kann, um eklatante Ungerechtigkeiten – etwa in der Vermögensverteilung – abzubauen. Wäre dies eine Utopie, dann müßten wir entweder vor der „Ungerechtigkeit" kapitulieren oder – eine andere Alterntive ist nicht in Sicht – wir müßten auf ein freies Unternehmertum und damit auf eines unserer wichtigsten Grundrechte verzichten. Nach allen Erfahrungen

müßten wir dann aber auch auf weitere Freiheiten verzichten, ohne gewiß sein zu können, ob wir mit mehr Gerechtigkeit rechnen könnten.
Zwischen den beiden Alternativen: Abschaffung der Marktwirtschaft, Beseitigung des privatautonomen Unternehmertums einerseits, Vergesellschaftung oder auch Syndikalisierung des gesamten wirtschaftlichen Geschehens andererseits gibt es nur noch eine Möglichkeit, die bei uns allerdings weitestgehend ausgeschöpft worden ist: Die soziale Domestikation der wirtschaftlichen Führungseliten, d.h. aber der privaten Unternehmer.

Exkurs:

Johannes Paul II.: Das Kapital als „Frucht der menschlichen Arbeit und deren Zeichen" („Laborem exercens" = LE 12)

Karl Marx hat, wie wir eingangs sahen, das Kapital, die produzierten Produktionsmittel, als Ergebnis „geronnener Arbeit" bezeichnet, d.h. als Frucht jenes Teiles der Arbeit des Proletariers, für den der „Kapitalist" keinen Lohn mehr zahlte, sondern den er als ausbeuterischen „Mehrwert" (kapitalistischer Profit) für sich selbst vereinnahmte und womit er sein Kapital „akkumulierte". Da der Kapitalist (worunter Marx in Bausch und Bogen alles vereinnahmte, was nicht Proletarier in seinem Sinne war) nach Marx nicht arbeitet, ist seine Theorie von der Ausbeutung und der Akkumulation des Kapitals *unter dieser Prämisse, aber auch nur unter ihr,* schlüssig. Daraus erwuchs konsequent die klassische sozialistische Reklamation des „Rechts auf den vollen Arbeitsertrag" im 19. Jahrhundert.
Indem nun der Papst, wie ebenfalls eingangs dargelegt, die marxistische Verengung des Arbeitsbegriffs überwindet, fällt damit auch die marxistisch-sozialistische Forderung in sich zusammen.
In gewisser Weise „sensationell", wenn auch in Kenntnis der Tradition päpstlicher Verlautbarungen nicht eigentlich neu, mag manchem der Nachdruck erscheinen, mit dem der Papst das Kapital als „Frucht der menschlichen Arbeit" bezeichnet.

„Alle Produktionsmittel, von den primitivsten bis zu den ultramodernen, sind nach und nach vom Menschen erarbeitet worden, von seiner Erfahrung und Intelligenz“ … „So ist alles, was zur Arbeit dient, alles, was beim heutigen Stand der Technik ihr immer vollkommeneres ‚Werkzeug‘ darstellt, eine Frucht der Arbeit“ (LE 12).

Dies ist, obwohl dem Wortlaut nach verwandt, dennoch nicht identisch mit der Marxschen Formel vom Kapital als „geronnener Arbeit“, weil für Marx die geronnene Arbeit im wesentlichen die des Proletariers ist, während der Papst, wie dargelegt, den Arbeitsbegriff wesentlich ausweitet und präzisiert.

Unbestreitbar ist jedoch der neuen Enzyklika zu entnehmen, daß Johannes Paul II. in der Arbeit im erweiterten Sinne den ursächlich primären und sittlich höchstrangigen Legitimationstitel für Erwerb und Eigentum (Vermögen) sieht, was immer auch eine historische Rechtsordnung (etwa die der Bundesrepublik Deutschland) an sonstigen legalen Rechtstiteln anerkennt und verfassungsmäßig garantiert.

Ohne sie ausdrücklich beim Namen zu nennen, rangieren für den Papst damit alle anderen legalen Erwerbs- und Eigentumstitel (wie Erbgang, Schenkung, Zinsen, Dividenden, Spekulationsgewinne, nicht erarbeitete Wertzuwächse usw.) moralisch hinter dem Titel der Arbeit als volkswirtschaftlicher Leistung im ausgeweiteten Sinne.

Der Papst folgert daraus jedoch nicht auf eine Aufhebung der genannten Erwerbs- und Eigentumstitel. Wohl aber begründet er damit und schärft noch einmal ein „die zahlreichen von den Fachleuten der katholischen Soziallehre und auch vom obersten kirchlichen Lehramt vorgebrachten Anregungen“ … „Unabhängig von der konkreten Möglichkeit, diese verschiedenen Anregungen zu verwirklichen, bleibt es offensichtlich, daß die Anerkennung der richtig verstandenen Stellung der Arbeit und des arbeitenden Menschen im Produktionsprozeß verschiedene Anpassungen des Rechtswesens auf dem Gebiet des Eigentums an Produktionsmitteln erfordert“ (LE 14). Was der Papst dann allerdings konkret aufzählt, geht nicht über das hinaus, was sich auch in früheren Dokumenten des Lehramtes finden läßt und wenigstens teilweise in der Bundesrepublik seit längerem praktiziert wird. („Miteigentum an den Produktionsmitteln, die Mitbestimmung, die Gewinnbeteiligung, die Arbeitnehmeraktien und ähnliches").

Übrigens ist der „Vorrang der Arbeit" als Erwerbs- und Eigentums- (Vermögens-)Titel nicht erst eine Erkenntnis der neueren katholischen Soziallehre (etwa seit Johannes XXIII. oder seit dem Konzil). Sie ist sachlich ebenso unbestreitbar wie im übrigen Gemeingut zahlreicher Gelehrter und Gelehrtenschulen seit dem Beginn der Neuzeit. Sie findet sich in des hl. Thomas Morus' „Utopia" (1517) ebenso wie bei dem englischen Staatsphilosophen John Locke (1632–1704), in der nationalökonomischen Schule der Physiokraten (18. Jahrhundert) ebenso wie bei dem Vertreter der klassischen Nationalökonomie David Ricardo (1772–1823) – auf dessen Gedanken Karl Marx seine „Arbeitswertlehre" und Ausbeutungstheorie gründete –, bei dem französischen Sozialtheoretiker Graf Claude Henri de Saint-Simon (1760–1825) und anderen. Sie hat ihren deutlichen Niederschlag, wie eingangs erwähnt, auch in der ersten Sozialenzyklika, in Leos XIII. „Rerum novarum" (1891) gefunden. – Diese „Wolke von Zeugen" für den „Vorrang der Arbeit" zeigt, daß es sich nicht um ein sozialistisches Theorem handelt, sondern daß sich darin das Selbstverständnis des neuzeitlichen Menschen seit der Renaissance ausdrückt.

Das Wort vom „Vorrang der Arbeit vor dem Kapital" und vor allen anderen Produktionsmitteln und Erwerbstiteln ist also in dem Sinne unbestreitbar richtig, daß Arbeit (immer im erweiterten Verständnis und nicht in marxistisch-sozialistischer Verengung verstanden) der sachlich primäre und sittlich höchstrangige Titel für Erwerb und Eigentum (Vermögen) ist.

Noch in einem anderen Sinne ist diese Formulierung ohne Zweifel bedenkenswert, daß nämlich der Mensch im Produktionsprozeß nicht als „Produktionsfaktor", sondern humano modo und somit pfleglicher zu behandeln ist als das Kapital. In einem Vortrag „Wirtschaft ohne Gott?" (Dr. Adolph Thomae zur Vollendung des 65. Lebensjahres gewidmet) hat Sepp Schelz dasselbe in die Worte gefaßt: „Auch der moderne Unternehmer hat es nicht in erster Linie mit Maschinen, sondern mit Menschen zu tun."

„Laborem exercens“: ein Plädoyer für den „Laborismus“?

„Laborismus“ (von lat. labor = Arbeit) ist, kurz gesagt, eine Unternehmensorganisation, bei der nicht mehr „das Kapital“ (daher „Kapitalismus“), sondern „die Arbeit“ das Sagen hat. Es handelt sich also um eine arbeitsorientierte Unternehmensverfassung, bei der die bisherigen Arbeitnehmer ein Unternehmen in die eigene Regie nehmen, sei es, daß sie das Unternehmen vom bisherigen Firmeninhaber pachten, dem sie eine Art Dividende oder einen Festzins zahlen, sei es, daß sie das Unternehmen – gegen Entschädigung – auch eigentumsmäßig übernehmen.

In den siebziger Jahren ist von einzelnen Vertretern im katholisch-sozialen Raum in der Bundesrepublik Deutschland wiederholt behauptet worden, Laborismus in diesem Sinne sei ein zwingendes Postulat der katholischen Soziallehre, da er allein dem Prinzip vom „Vorrang der Arbeit vor dem Kapital“ Rechnung trage.

Die jüngste Enzyklika hat dieser Diskussion, wie kaum anders zu erwarten, neue Nahrung gegeben.

Es würde in diesem Rahmen zu weit führen, die ganze Problematik des sogenannten Laborismus noch einmal im Detail vorzuführen. Sie beinhaltet eine große Zahl betriebswirtschaftlicher, unternehmens- und verfassungsrechtlicher Implikationen, ohne deren Kenntnis und ohne die Reflexion ihrer Konsequenzen jedes unbedachte Sprechen von Laborismus in unverantwortliches Geschwätz ausarten müßte. Ich kann hier nur auf meinen Festvortrag aus Anlaß des 90. Geburtstages von Oswald von Nell-Breuning S.J. am 8. März 1980 im Börsensaal in Köln verweisen*. Was ich dort ausgeführt habe, gilt auch nach LE weiterhin uneingeschränkt.

Zusammenfassend:

- Der Laborismus ist allenfalls eine Option der Sympathie, keineswegs ein zwingendes Postulat der katholischen Soziallehre;

---

* Wilhelm Weber: Übergang vom Kapitalismus zum Laborismus? In: Oswald von Nell-Breuning SJ. Dokumentation. Arbeitshilfen 18, Hrsg. v. Sekretariat der Deutschen Bischofskonferenz, Kaiserstraße 163, 5300 Bonn 1.

- grundsätzlich wird man von seiten der katholischen Soziallehre keine Einwendungen gegen ihn erheben können, vorausgesetzt, er wird nicht per gesetzlichen Zwang eingeführt, sondern auf der Basis ungeschmälerter Privatautonomie des bisherigen Kapitalbesitzers bzw. Unternehmers (in der Tat kann niemand es einem Unternehmer verwehren, wenn er sein Unternehmen seinen bisherigen Arbeitnehmern verpachten, gegen Entschädigung übereignen oder gar schenken möchte);
- „da aber“, so Oswald von Nell-Breuning, „bisher niemand einen gangbaren Weg gefunden hat, wie sich das erfolgreich verwirklichen ließe, kann die katholische Soziallehre eine solche Art, die Wirtschaft zu betreiben, nicht fordern, darf sie nicht einmal empfehlen (!), sondern muß sich darauf beschränken, ihre ‚Sympathie‘ dafür auszudrücken und zu wünschen, es möge gelingen, eine praktikable Lösung zu finden“ (aus dem Jahre 1978).

Daran hat sich auch mit LE grundsätzlich nichts geändert. Auch mit der neuen Enzyklika enthebt uns der Papst nicht der Mühe, die konkreten Folgerungen aus den grundsätzlichen Aussagen mit Bedacht zu ziehen, und zwar auf der Basis einer sauberen „wissenschaftliche(n) Analyse der eventuellen Auswirkungen solcher Änderungen auf das menschliche Zusammenleben“. Dies aber ist, so der Papst, „nicht Aufgabe der Kirche“ (LE 1).

WOLFRAM ENGELS

Moral und Geschäft

Über Theorien gesellschaftlicher Gerechtigkeit
und die moralische Unmöglichkeit des Sozialismus

„Der schwarze Anzug, den ein Unternehmer trägt, wenn er zuerst dem Amtsgericht, dann seinen Gläubigern mitteilt, daß er seinen Zahlungsverpflichtungen nicht mehr nachkommen kann, ist für die Funktionsfähigkeit einer Marktwirtschaft ungleich wichtiger als flexible Wechselkurse." Dieses Zitat von Wolfgang Stützel verdeutlicht den traditionellen ökonomischen Ansatz an ethische Probleme: Im Gegensatz zu den Moralphilosophen haben die Ökonomen nicht danach gefragt, was recht getan sei, sondern was ein bestimmter Moralkodex bewirkt. In Stützels Fall ist es für die Leistungsfähigkeit einer Wirtschaft wichtig, daß man einen Konkurs nicht absichtlich herbeiführt, daß ein absichtlicher Bankrott als unanständig, als unehrenhaft gilt. Als Vater dieses Ansatzes gilt Max Weber. Sein klassisches Stück ist die Analyse des Zusammenhanges zwischen protestantischer (calvinistischer) Ethik und dem Aufblühen des Kapitalismus. Bis zum Zweiten Weltkrieg war dieses Denken ein selbstverständlicher Teil des Lehrgebäudes der Wirtschaftswissenschaft. In der neueren, witgehend amerikanisch geprägten Wirtschaftstheorie ist die Fragestellung zum Schaden der Disziplin weitgehend verlorengegangen. Sie wird heute nur noch von den großen alten Männern wie Gunnar Myrdal und Friedrich von Hayek repräsentiert.

Dabei drängen sich Fragen an die Wissenschaft in der letzten Zeit geradezu auf: Die japanische Ethik mit dem Streben nach Harmonie *(„wa“)* hat eine ganz andere, überaus erfolgreiche Form des Kapitalismus hervorgebracht. In Indien wiederholt sich die europäische Erfahrung mit protestantischer und katholischer Ethik zwischen der kleinen Minderheit der Parsen und der übergroßen Mehrheit der Hindu. Die Leistungsunfähigkeit sozialistischer Planwirtschaft scheint nicht nur auf der Unmöglichkeit zentraler Planung, sondern auch auf einem Verfall der Arbeitsmoral zu beruhen. Einen zweiten Ansatz verdanken wir Kenneth Boulding *(Economics as a Moral Science).* Er dreht das Problem herum und fragt, welche Moral denn die Menschen haben müssen, damit sie in die gängigen ökonomischen Modelle passen. Sein Ergebnis, daß weder Neid noch Mitgefühl oder Liebe als Antriebskräfte vorkommen dürfen, hätte wiederum Forschungsimpulse geben sollen. Schließlich ist es klar, daß Neid und Liebe wichtige Handlungsmotivationen sind. Aber die Anregung wurde nicht aufgegriffen: Modelle, in denen solche Antriebe berücksichtigt werden, existieren nicht.

Adam Smith, zuerst Moralphilosoph und dann erst Ökonom, stand noch vor einer ganz anderen Aufgabe. Zu seiner Zeit war die Ökonomie noch eine Moralwissenschaft. Sie mußte sich erst von der Moralphilosophie lösen und als empirische Wissenschaft etablieren. Sein Problem wird in der „Theory of Moral Sentiments“ (zuerst 1759 erschienen) deutlich. Wir können glücklich sein, so Smith, wenn wir im Leben drei oder vier echte Freunde gewinnen. Wie also kann man die Wirtschaftsbeziehungen zum Bäcker, Schneider, Metzger auf Wohlwollen und Menschenliebe gründen? Sie müssen, wenn sie funktionieren sollen, auf das Eigeninteresse gebaut werden.

Von der Ökonomie als Moralwissenschaft bis zur bewußten Negierung aller ethischen Aspekte in der modernen Theorie war es ein langer Weg. Im letzten Jahrzehnt kam es zu einer Wiederbegegnung. In der Moralphilosophie verschob sich die Fragestellung. Nicht mehr die individuelle Moral, also das rechte Handeln des einzelnen, sondern die gerechte Gesellschaftsordnung war das Zentrum der Diskussion. Die Anregung dazu kam wohl aus dem Sozialismus. Die beiden bedeutendsten Werke waren jedoch John Rawls' „A Theory of Justice" (dt.: Eine Theorie der Gerechtigkeit. Suhrkamp 1979) und Robert Nozicks „Anarchy, State and Utopia" (dt.: Anarchie, Staat, Utopia. Moderne Verlags-Gesellschaft 1976). Untersucht wird die wirtschaftliche Ungleichheit, also die Frage, unter welchen Voraussetzungen wirtschaftliche Ungleichheit ethisch gerechtfertigt werden kann.

Drei Modelle gesellschaftlicher Gerechtigkeit

John Rawls befaßt sich nicht mit der konkreten Ordnung einer Gesellschaft, also ihren Institutionen und Gesetzen, sondern mit deren Ergebnissen. Sein Ausgangsmodell ist der Gesellschaftsvertrag (ähnlich wie bei Hobbes, Rousseau und Kant). In der hypothetischen Ausgangssituation schließen sich in „natürlicher Anarchie" lebende Menschen zusammen. Sie gründen einen Staat durch Gesellschaftsvertrag. In diesen Vertrag werden auch Regeln für eine gerechte Verteilung aufgenommen. Keines der Mitglieder der Urgesellschaft kann jedoch wissen, wie es selbst von diesen Regeln betroffen werden wird. Die Gesellschaftsgründer sind „unter dem Schleier des Nichtwissens" („under the veil of ignorance"). Es gibt also keine persönlichen Interessen, sondern nur Vorstellungen darüber, was als gerecht gelten soll. Das Ergebnis ist das berühmte „Differenzprinzip": Ökonomische Ungleichheit ist nur dann und in dem Maße ethisch gerechtfertigt, als sich durch die Ungleichheit auch das Los der Ärmsten in der Gesellschaft verbessert. Falls es also in der Realität gilt, daß die Menge der insgesamt verteilbaren Güter dadurch größer werden kann, daß man Ungleichheit zuläßt, dann ist Ungleichheit gerecht, wenn auch der Ärmste von dem Zugewinn, den die Gesellschaft insgesamt erzielt, einen möglichst großen Teil bekommt.
Das Differenzprinzip wird von Rawls nicht abgeleitet, sondern behauptet. Er glaubt, daß alle anständig und gerecht denkenden Menschen eine solche Regel akzeptieren würden, solange

sie selbst noch nicht wissen können, ob die Regel zu ihrem Vorteil oder Nachteil ausschlägt.

Nozick wählt (im zweiten Teil seines Buches) ein ganz ähnliches Ausgangsmodell. Auch hier leben die Menschen zunächst in „natürlicher" Anarchie. Nun treten mehrere Gesellschaftsgründer auf, die verschiedene Staatsmodelle anbieten. Jeder Mensch ist frei, sich der einen oder anderen oder gar keiner Gesellschaft anzuschließen. Das angenehmste Modell für einen Gesellschaftsgründer wäre natürlich das, in dem er selbst unumschränkter Diktator ist. Aber für dieses Modell wird er keine Mitglieder finden. Will er überhaupt Anhänger finden, so muß er ihnen Rechte gewähren. Nozick zeigt nun in einer scharfsinnigen Analyse, daß aus dieser freien Konkurrenz von Gesellschaftsordnungen ein „Minimalstaat" entsteht: Der Staat hat lediglich die Aufgabe, Leib, Leben und Eigentum zu schützen und Verträge durchsetzbar zu machen. Man kann innerhalb von Nozicks Modell leicht zeigen, daß der Staat auch öffentliche Güter, und zwar nach ganz bestimmten Regeln (Wicksell-Regel), finanzieren wird. Das Verteilungsergebnis, das aus diesem Modell entsteht, interessiert Nozick nicht. Wenn Ungleichheit entsteht, dann ist sie gerechtfertigt, wenn sie sich im Rahmen der Regeln, auf die sich alle freiwillig geeinigt haben, ergibt. Gerecht ist jedes Ergebnis, das auf gerechtem Wege zustande kommt. Das ist die „Entitlement-Theorie".

Nozick leitet also eine bestimmte Staats- und Wirtschaftsordnung ab, fragt aber nicht nach deren Verteilungsergebnissen. Rawls dagegen gibt ein Verteilungsergebnis als gerecht an, fragt aber nicht, in welcher Staats- und Wirtschaftsordnung dieses Ergebnis erreicht wird. Hier endet die Ethik und beginnt die Ökonomie: Welche Wohlstandsverteilung ist in Nozicks Minimalstaat zu erwarten, und welche Ordnung brauchen wir, um Rawls' Gerechtigkeit hervorzubringen?

Das höchstentwickelte ökonomische Modell, das Nozicks Minimalstaat entspricht, ist das sogenannte Arrow-Debreu-Modell des Totalgleichgewichts einer Marktwirtschaft. Die Verteilung in diesem Modell richtet sich nach der Grenzproduktivität: Jeder erhält von der Gesellschaft soviel an Werten, wie er selbst an Werten hinzufügt. Die Schwierigkeit der Grenzproduktivitätstheorie entsteht daraus, daß die Grenzproduktivität und das sogenannte Grenzwertprodukt abnehmen. Wenn ein Tomatenzüchter einen höheren Anteil am Volkseinkommen haben will, dann muß er mehr Tomaten züchten. Aber dadurch wird das Angebot an Tomaten erhöht und ihr Preis fällt. Unser Tomatenzüchter erhält nun einen geringeren Preis nicht nur für die zusätzlichen, sondern für alle Tomaten. Ein Investor, der Kapital produktiv investiert, erhält genau das Grenzwertprodukt seiner eigenen Investition. Da aber der Preis für Kapital (Zins, Rendite) sich am Markt ausgleicht, bekommen nun auch alle anderen (früheren) Investoren den niedrigeren Preis, den der letzte Investor erzielt. Kapital wird reichlicher und darum billiger. Arbeit wird – relativ zum Kapital – knapp und teuer. Im Falle einer Produktionsfunktion vom Cobb-Douglas-Typ, wie sie etwa für die Bundesrepublik Deutschland oder die Schweiz gelten dürfte, bedeutet das, daß alle Investoren (Kapitalisten) zusammen etwa ein Fünftel dessen bekommen, was sie insgesamt dem Sozialprodukt hinzufügen, während vier Fünftel dem Faktor Arbeit zugute kommen. Jede Ungleichheit der Renditen oder Lohnsätze zeigt an, daß die Produktivität von Arbeit oder Kapital in einer Verwendungsform größer ist als in einer anderen, und die Ungleichheit bewirkt, daß Produktionsfaktoren in den Bereich höherer Produktivität wandern.

Damit sind zumindest einige Bedingungen Rawlsscher Gerechtigkeit in Nozicks Modell erfüllt:

- Die Ungleichheit hat die Funktion, die Produktionsfaktoren zu lenken, also das Gesamteinkommen zu vermehren.
- Eine Umlenkung bewirkt, daß die bisher benachteiligten Faktoren teurer, die bevorzugten billiger werden. Sie ebnet tendenziell ein Wohlstandsgefälle ein.

Im Zeitverlauf nimmt die Ungleichheit der Wohlstandsverteilung ab. Gehen wir davon aus, daß es zu Beginn eine Klasse reicher Leute („Kapitalisten") und eine Klasse armer Leute („Arbeiter") gibt. Auf dem gleichgewichtigen Entwicklungspfad ist der Zins gleich der Wachstumsrate („golden path of accumulation"), also, bei konstanter Bevölkerung und unter der Annahme einer Cobb-Douglas-Produktionsfunktion auch gleich der Lohnsteigerungsrate. Dann verschlechtert sich die Verteilungsposition der „Kapitalisten" notwendigerweise, weil sie wenigstens einen Teil ihrer Kapitaleinkünfte konsumieren müssen. Ihr Kapitalstock wächst also langsamer als das Volkseinkommen. Er müßte aber, soll die Verteilungsposition gehalten werden, gleich schnell wachsen. Umgekehrt sammeln die Arbeiter langsam Kapital an und beziehen einen steigenden Teil ihrer Gesamteinkünfte aus Kapital. Bezeichnen wir als „Wohlstand" die diskontierte Summe aller zukünftigen Einkünfte, so läßt sich leicht ableiten, daß die Verteilung dieses Wohlstandes um so gleichmäßiger ist, je höher das Wachstum des Pro-Kopf-Einkommens wird (die Zinsen sinken, die Löhne steigen im Zeitablauf).

Das Arrow-Debreu-Modell hat aber noch eine weitere Eigenschaft, die auf Vergleichmäßigung der Wohlstandsverteilung hinwirkt. In diesem Modell sind die Märkte unbegrenzt in der Zeit. Durch die Terminmärkte des Modells wird nicht nur Sicherheit geschaffen, sondern auch umverteilt. Ein Vater eines neugeborenen Kindes kann noch nicht wissen, wie intelligent, tüchtig, geschickt dieses Kind einmal sein wird. Er wird – im wohlverstandenen Interesse des Kindes – dessen Arbeitskraft bereits heute per Termin verkaufen. Erweist es sich nun, daß das Kind als Erwachsener krank oder geistig zurückgeblieben ist, so wird sein tatsächliches Arbeitseinkommen weit geringer sein als das Durchschnittseinkommen. Es bezieht dann ein Zusatzeinkommen aus dem Terminvertrag. Wird das Kind umgekehrt als Erwachsener besonders tüchtig und bezieht ein weit überdurchschnittliches Einkommen, so erleidet es einen Verlust aus dem Terminkontrakt. Der Handel per Termin, der die Funktion hat, Risiken zu reduzieren, erweist sich, rückwirkend gesehen, als Umverteilungsmaßnahme. Das kennen wir aus dem Bereich der Versicherung: Ex post gesehen, ist jede Versicherung Umverteilung zwischen denen, die Glück, und denen, die Pech haben.

Das bedeutet, zusammengenommen, daß im Modell eines idealen Marktes – Arrow-Debreu-Modell – Nozicks Minimalstaat die Rawlsschen Gerechtigkeitspostulate vollständig erfüllt. Zwar ist die Begründung der Gerechtigkeit bei Rawls und No-

zick nach wie vor verschieden. Ihr Ergebnis ist jedoch gleich: Rawls müßte zur Realisierung seiner Gerechtigkeit den Minimalstaat wählen, und entsprechend verwirklicht Nozick in seinem Modell das Differenzprinzip.
Neben dem Sozialismus ist die wichtigste Gegenposition sowohl zu Rawls als auch zu Nozick das meritorische Modell. Danach ist eine Gesellschaftsordnung gerecht, in der jeder das verdient, was er „verdient". Das ist das Gerechtigkeitsmodell der calvinistischen Ethik. Wie tief dieses Modell verwurzelt ist, zeigt schon die Doppelbedeutung des Wortes „verdienen": Es bezeichnet sowohl das tatsächliche Einkommen als auch das, was einem Menschen gerechterweise zukommt („Er hat seine Strafe verdient"). Interessanterweise decken sich Rawls' und Nozicks Modelle im Ergebnis auch völlig mit dem meritorischen. Meritorisch gerecht ist eine Gesellschaft, in der jeder, der zum Wohle der Gesellschaft handelt, belohnt, jeder, der ihr Schaden zufügt, bestraft wird. Das ist aber nur eine andere Beschreibung für die Entlohnung nach der Grenzproduktivität.
So erhalten wir drei völlig verschiedene Begründungen für Gerechtigkeit. Für Rawls ist ein bestimmtes *Verteilungsergebnis* gerecht, für Nozick ist es ein bestimmtes *Verfahren* und für die Meritokraten ein bestimmtes *Zuteilungsprinzip*. Das Ergebnis, also die Rechts- und Wirtschaftsordnung, ist für alle ethischen Theorien gleich - eine *Marktwirtschaft*.

Modell und Realität

Die Frage muß gestellt werden, wie gut das ökonomische Totalgleichgewichtsmodell die Realität von Marktwirtschaften beschreibt oder umgekehrt, ob es Möglichkeiten gibt, reale Volkswirtschaften dem Modell anzunähern.
Zunächst beobachten wir eine Reihe von Modellergebnissen auch in der Realität. Wenn Kapital in einer Verwendungsform rentabler als in einer anderen ist, dann setzen Kapitalbewegungen ein. Wenn die Löhne in einer Beschäftigung höher als in einer anderen sind, dann kommt es zur Abwanderung aus der

geringer bezahlten Tätigkeit. Mit zunehmender Kapitalakkumulation hat sich die Relation von Lohn und Zins zugunsten des Lohnes verschoben. Die Arbeiter bilden tatsächlich Kapital. Es gibt eine Reihe von Untersuchungen der Entwicklung der Einkommensverteilung in langen Zeitreihen. Sie sind naturgemäß unzuverlässig, weil Statistiken fehlen. Indes deutet alles darauf hin, daß die Verteilung im Zeitablauf gleichmäßiger wird. Der beste Indikator – wenn zuverlässige Statistiken fehlen – ist der Anteil des Dienstpersonals an den Gesamtbeschäftigten. Ist dieser Anteil hoch, so bedeutet das, daß Wohlhabendere so viel verdienen, daß sie die Arbeitskraft mehrerer Menschen zu Konsumzwecken kaufen können. So hatte ein Regierungsrat um die Jahrhundertwende wenigstens zwei Hausbedienstete. Das Dienstpersonal – vor 100 Jahren rund 15 Prozent der abhängig Erwerbstätigen – hat dramatisch abgenommen. Heute haben oft nicht einmal Minister eine Haushälterin. Andere Modelleigenschaften dagegen beobachten wir in der Realität nicht. Es gibt keine zeitlich unbegrenzten Märkte, an denen ex ante Sicherheit geschaffen, ex post umverteilt wird. Die Allokation der Produktionsfaktoren folgt deshalb nicht allein der Grenzproduktivität, sondern auch der Sicherheit. In der Realität wird deshalb nicht nur weniger Wohlstand und weniger Sicherheit erreicht als im Modell – die Wohlstandsverteilung ist auch ungleichmäßiger. Die Gründe dafür sind in der Informations- und Vertragsökonomik untersucht worden. Die Grenzen der Versicherbarkeit (Versicherungen sind nichts anderes als ganz bestimmte Terminmärkte) liegen in der Gefahr der Selektion schlechter Risiken („adverse selection"), des subjektiven Risikos („moral hazard") und dem Fehlen potentieller Vertragspartner (sie sind, bei Intergenerationsverträgen, noch gar nicht geboren). Also kann das Arrow-Debreu-Modell nicht realisiert werden.

Die Konsequenz ist, daß Differenzprinzip, Entitlement-Theorie und meritorische Ethik – die im idealen Marktmodell zur Deckung gebracht werden – in der Realität auseinanderfallen. Rawls müßte eine Marktwirtschaft plus staatliche Umverteilung fordern (also eben nicht Nozicks Minimalstaat), und die Meritokraten können die Entlohnung nach der Grenzproduktivität nicht mehr als Zuteilungsprinzip anerkennen, sofern es unverschuldete Not und unverdientes Einkommen (z. B. Einkommen aus unvorhersehbaren Glücksfällen) gibt. Nach wie vor sind Rawlssche und meritorische Gerechtigkeit einander sehr nahe; sie differieren jedoch von der Entitlement-Theorie. Bei genauerer Untersuchung der Beweisführung Nozicks stellt sich allerdings heraus, daß sein Ergebnis, der Minimalstaat, auf demselben ökonomischen Fehler wie das Arrow-Debreu-Modell beruht. In beiden Fällen wird implizit vorausgesetzt, daß alle Verträge zum beiderseitigen Nutzen der Vertragspartner an Märkten auch zustande kommen. In der Nozickschen Urgesellschaft wäre es offenbar für alle Parteien vorteilhaft, sie würden einen Vertrag abschließen, nach dem diejenigen, die im Leben Glück haben, diejenigen entschädigen, die vom Unglück getroffen werden. Es wäre auch vorteilhaft für alle, die noch ungeborenen Kinder in den Vertrag einzuschließen, solange keiner der Betroffenen wissen kann, wie tüchtig und intelligent seine Kinder sein werden. Ein solcher Vertrag wäre für alle vorteilhaft, weil er die Lebensunsicherheit reduziert, die Einkommenserwartung aber nicht schmälert: Ex ante ist die Wahrscheinlichkeit, daß der Vertrag Einzahlungen bringt, ebenso groß, wie daß er zu Auszahlungen führt (genauer: die mathematische Auszahlungserwartung ist gleich der mathematischen Einzahlungserwartung). Wenn die Menschen risikoscheu sind – und das sind sie nach allen Ergebnissen der Wirtschaftswissenschaften –, dann gewinnen alle Partner des Vertrages. Trotzdem kommt er nicht zustande, in diesem Falle deshalb, weil die Vorväter ihre Nachkommen nicht vertraglich binden können. Sind die Nachkommen ihrerseits geschäftsfähig, dann wissen sie bereits, wie tüchtig oder intelligent sie sind. Der Vertrag kommt – wie jeder andere Versicherungsvertrag auch – nicht mehr zustande, weil der „Schadensfall" schon eingetreten ist. Hätte Nozick diese Zusammenhänge in seinem Modell berücksichtigt, so hätte sich nicht der Minimalstaat, also eine reine Marktwirtschaft, sondern vielmehr die Soziale Marktwirtschaft durchgesetzt. Die Individuen hätten sich also in freier Wahl einer Gesellschaft angeschlossen, in der ein Staat diejenigen Verträge substituiert, die den Interessen aller dienen, aber gleichwohl am Markt nicht zustande kommen. Wieder fallen Entitlement-Theorie, Differenzprinzip und meritorisches Prinzip zusammen. Der Staat hat nun jedoch über die Aufgaben hinaus, die Nozick ihm zubilligt, die Aufgabe, diejenigen Versicherungen, die am Markt nicht zustande kommen, durch hoheitlichen Akt herbeizuführen.

Das Wort „Wohlfahrtsstaat“ ist bisher vermieden worden, weil keiner der moralphilosophischen Ansätze das rechtfertigt, was wir heute als „Wohlfahrtsstaat“ in der Praxis vorfinden. Gerechtfertigt werden bloß einige staatliche oder staatlich beeinflußte Versicherungen (z. B. Arbeitlosenversicherung, Rentenversicherung), die sich am Markt nicht ergeben.

Gerechtfertigt wird das *Prinzip* der Umverteilung, nicht aber die gegenwärtigen Verfahren. Die berühmte „Trennung von Allokation und Verteilung“ läßt sich sowohl nach Rawls als auch nach dem korrigierten Modell von Nozick eindeutig ableiten. Anders ausgedrückt: Jede Umverteilung soll nur durch Transferzahlungen erfolgen. Für den sozialen Wohnungsbau oder die Studiengeldfreiheit an Universitäten gibt es *keine* ethische Rechtfertigung. Im Gegenteil – sie sind gerade unter moralischen Gesichtspunkten suspekt. Im sozialen Wohnungsbau werden all zuoft nicht nur die Armen, sondern vielfach auch diejenigen (meist nicht ganz so Bedürftigen) gefördert, die über gute Beziehungen zu Wohnungsbaugesellschaften verfügen, und zwar auch dann noch, wenn sie nicht mehr bedürftig sind. Die Subventionierung von Universitäten kommt nicht den Benachteiligten, sondern vielmehr den Begabten zugute.

Zum zweiten wird nicht jedes Maß an Umverteilung gerechtfertigt. Sobald Umverteilung dazu führt, daß die Belasteten lieber das Land verlassen oder die Leistungsantriebe so geschwächt werden, daß auch die Ärmeren in der Gesellschaft darunter leiden, gibt es dafür keine Rechtfertigung mehr.

Zum dritten schließlich ist nur diejenige Umverteilung gerecht, die Glück und Unglück (einschließlich des Unglücks, weniger kräftig, gesund oder intelligent geboren zu werden) ausgleicht. Das schließt eine Umverteilung zwischen Fleißigen und Faulen ebenso aus wie eine Umverteilung zwischen Sparsamen und Verschwendern. Unter dem Gebot sozialer Gerechtigkeit ergibt sich also nach allen Theorien genau dasselbe Umverteilungssystem, das unter dem Gesichtspunkt ökonomischer Effizienz gefordert wird: Die Konzentration sämtlicher Umverteilungsmaßnahmen in einem einzigen Instrument, und zwar einer *progressiven Steuer auf den Konsum mit negativem Tarifast* („Staatsbürgersteuer").

Gerechte Gesellschaft und individuelle Moral

Es sei einmal angenommen, eine vollkommen gerechte Gesellschaftsordnung sei möglich. Sie werde durch Institutionen und Gesetze geschaffen. Wir hätten dann eine Gesellschaft, in der jedes Handeln gegen die Interessen der Gesellschaft mittelbar bestraft und in der Glück und Unglück ausgeglichen wird. Nun ergibt sich die bemerkenswerte Folgerung, daß es keine individuelle Moral mehr gibt. Moralisches Handeln ist stets uneigennützig, also ohne Rücksicht auf die eigenen Interessen. In unserer vollkommen gerechten Gesellschaft gibt es aber keine Uneigennützigkeit mehr: jede gute Tat trägt ihren Lohn in sich, und zwar gleich und unmittelbar. Auch der finsterste Schurke wird durch diese Ordnung gezwungen, im eigenen Interesse ständig gute Werke zu tun. Der kategorische Imperativ wird verkürzt. Die Forderung „Handle stets so, daß das Prinzip deines Handelns zum allgemeinen Gesetz erhoben werden könnte" setzt unvollkommene Gesetzgebung voraus. Ist die Gesetzgebung aber – wie hier im Modell – vollkommen, so fallen Recht und Moral zusammen. Der Imperativ heißt nur noch: „Beachte die Gesetze." Selbst das ist nicht nötig, wenn die Durchführung des Gesetzes perfekt wäre, wenn also jeder Gesetzesbrecher sofort ertappt und bestraft würde. Kants Vorschrift wird nun geradezu verkehrt: „Handle in deinem eigenen Interesse." Familie und Freundschaft, gute Nachbarschaft und Wohltätigkeit werden zu rein ökonomischen Veranstaltungen.

Nun ist es in der Tat unmöglich, eine vollkommen „gerechte Gesellschaft" zu schaffen. Die Gesetzgebung kann nicht vollkommen sein; die Durchführung der Gesetze ebensowenig. Es ist unmöglich, die Ergebnisse wirtschaftlicher Tätigkeit in ihre leistungs- und glücksbedingten Bestandteile zu zerlegen. Es ist unmöglich, die Umverteilung zwischen Fleißigen und Faulen zu vermeiden, wenn man überhaupt umverteilt. Vor allem aber taucht der „moral hazard" bei staatlichen Versicherungen – einschließlich der Umverteilung – ebenso auf wie in privaten. Umverteilung kann die Leistungsantriebe schwächen, und zwar sowohl bei denen, die belastet, als auch bei denen, die begünstigt sind.
Die Moral der Selbstlosigkeit hat also nur dort Bedeutung, wo die gesellschaftliche Organisation den Anforderungen an eine gerechte Gesellschaft nicht genügt. Man braucht nur beliebige Leute zu fragen, was eine „intakte Familie", „wahre Freundschaft" oder „gute Nachbarschaft" seien. Man erhält dann Antworten wie: „In einer intakten Familie steht einer dem anderen bei, wenn es nötig ist." „Ein wahrer Freund hilft in der Not." „Auf gute Nachbarn kann man sich verlassen, auch wenn es nicht in ihrem eigenen Interesse ist." All diese Gemeinschaften werden also als Versicherungsvereine auf Gegenseitigkeit definiert, bei denen es, mangels eines genau definierten Schadenfalls zwar keinen Vertrag, hingegen aber eine moralische Verpflichtung gibt. So leben wir notwendigerweise in zwei verschiedenen moralischen Welten – der Welt der Uneigennützigkeit in Familie, Freundschaft, Nachbarschaft einerseits, der Welt des „pacta sunt servanda" im Geschäft andrerseits. Der Übergang aus der einen in die andere Welt bewirkt bei vielen jungen Leuten den moralischen Schock, der ihnen den „Sozialismus" als erstrebenswert erscheinen läßt – eine Welt, in der die Moral von Familie und Freundschaft ins Berufsleben gerettet wird (boshafter ausgedrückt: Sozialismus ist ein sympathisches Symptom mangelnder Reife bei jungen Leuten).
Aber die Welt des Geschäfts ist eben auch eine moralische Welt. In den letzten Jahren war viel von der „gesellschaftlichen Verantwortung des Unternehmers" zu lesen. Dabei ging man stets

davon aus, daß das Unternehmersein gewissermaßen ein privates Vergnügen sei, das mit der Gesellschaft nichts zu tun habe. Darüber hinaus müsse aber ein anständiger Unternehmer auch an die anderen denken und deshalb seine unternehmerischen Eigeninteressen „dem Ganzen" opfern. Das ist nach allen ethischen Theorien – mit Ausnahme des Sozialismus – ein grotesker Unsinn. Die erste und wichtigste soziale Verantwortung des Unternehmers in einer geordneten Marktwirtschaft ist es, ein guter Unternehmer zu sein. Wenn gesellschaftliches Interesse und Eigeninteresse des Unternehmers divergieren (was möglich ist), dann bedeutet das stets, daß die Wirtschaft nicht wohlgeordnet ist. Im Prinzip allerdings muß sich ein Unternehmer darauf verlassen können, daß er, wenn er als Unternehmer richtig handelt, auch gleichzeitig seinen Dienst an der Allgemeinheit leistet. Das moralische Urteil setzt nicht bei der *Gewinnerzielung,* sondern bei der *Gewinnverwendung* an. Es macht für das gesellschaftliche Wohl einen großen Unterschied aus, ob Gewinne wieder investiert oder dem Luxuskonsum zugeführt werden. Es hat nicht an Theorien gefehlt, die auch den Luxuskonsum gesellschaftlich rechtfertigen sollen. Der Satz „Wenn die Könige bauen, haben die Kärrner zu tun" stammt aus dem 18. Jahrhundert. Merkwürdigerweise hat er als sogenannte keynesianische Wirtschaftstheorie eine Wiederbelebung erfahren – um die Ausdehnung staatlicher Tätigkeit durch eher linksgerichtete Regierungen zu rechtfertigen. Tatsächlich trägt nur die Investition zum Gesamtwohl bei. Auch das war schon calvinistische Ethik: Der Unternehmer sollte persönlich ein bescheidenes Leben führen und seine Gewinne großenteils zur Schaffung von Arbeitsplätzen verwenden.

Eine reale Gesellschaft kann dem Modell einer vollkommen gerechten Gesellschaft sehr ferne stehen oder recht nahe kommen, erreichen kann sie das Modell nie. Die Frage bleibt, ob die vollkommen gerechte Gesellschaft ein schöner Traum oder ein Alptraum ist. Young („The Rise of Meritocracy") hat die perfekte Meritokratie eher als Alptraum beschrieben. Wer in dieser Gesellschaft die unteren Ränge der Hierarchie besetzt, hat nicht den Trost, daß er im Leben Pech hatte – er weiß, daß er nur den unteren Rang verdient hat. In der gerechten Gesellschaft gäbe es die Moral der Selbstlosigkeit, der Familie, der Freundschaft nicht mehr. Die „gerechte Gesellschaftsordnung" schafft eine amoralische (nicht unmoralische!) Welt. Die Möglichkeit, Glück von Leistung zu trennen und alles Glück oder Unglück auszugleichen, hätte merkwürdige Folgen. Alva Myrdal hat („Ungleichheit im Wohlfahrtsstaat") die Forderung erhoben, auch natürliche Nachteile müßten von der Gesellschaft ausgeglichen werden. Wer also dumm ist, müßte von einem staatlichen Intelligenzamt als Dummkopf offiziell anerkannt und registriert werden. Er bekäme dann eine „Dummheitsrente". Sein Einkommen wäre nun möglicherweise gleich groß wie das des intelligenten Menschen – aber um den Preis, daß er offiziell als „dumm" abgestempelt ist. Die Möglichkeit, daß die Welt ungerecht ist, kann für den Benachteiligten sogar tröstlich sein Die total gerechte Gesellschaft wäre trostlos.

Sozialistische Moral

Die drei Theorien – Entitlement-Theorie, Differenzprinzip und meritorisches Modell – sind als ethische Ansätze verschieden: Die Gerechtigkeit einer Gesellschaftsordnung wird unterschiedlich begründet. Sie erfordern jedoch die gleiche Gesellschaftsorganisation – eine (ganz bestimmte) Soziale Marktwirtschaft. Die Alternative ist der Sozialismus sowohl als ethische als auch als Wirtschaftstheorie. Die theoretischen Schriften des Sozialismus sind merkwürdig unklar in bezug auf die Wohlstandsverteilung. Marx' Verteilungsregel „Jedem nach seinen Bedürfnissen" läßt sich vernünftig nur als egalitär interpretieren. Denn wenn die Menschen gleich sind oder sein sollen, dann müssen sie auch dieselben Bedürfnisse haben. Der Sozialismus als ethische Theorie läßt also Ungleichheit überhaupt nicht zu.
Der Sozialismus ist aber darüber hinaus eine – wenngleich sehr lückenhafte – Wirtschafts- und Gesellschaftsordnungstheorie. Es gibt Arbeitsanweisungen („Jeder nach seinen Fä-

higkeiten"), Organisationsanweisungen („Abschaffung und Vergesellschaftung des Privateigentums an den Produktionsmitteln") und Prognosen („Absterben des Staates"). Die Brücke zwischen marxistischer Ethik und marxistischer Gesellschaftstheorie bildet die These, daß egoistisches Handeln eine Folge der Institution des Privateigentums sei. Also müsse mit der Abschaffung des Privateigentums auch dessen angebliche Frucht – der Egoismus – verschwinden. Die Analyse von Ursache und Wirkung ist gerade umgekehrt wie im klassischen Liberalismus. Dort wird der Egoismus als gegeben angenommen und damit die Notwendigkeit des Privateigentums gefolgert. Eigentum ist dasjenige Organisationsinstrument, das „private vices" (private Laster) in „public benefits" (öffentliche Wohltaten) verwandelt. Die Einheit des Sozialismus als Ethik *und* Wirtschaftstheorie beruht also auf einer widerlegbaren empirischen Hypothese. Wird sie widerlegt, so läßt sich entweder die Ethik oder die Wirtschaftstheorie nicht mehr halten.

Nun kann es gar keinen Zweifel daran geben, daß sie widerlegt ist. Das Privateigentum an den Produktionsmitteln wurde in ganz verschiedenen Gesellschaften unterschiedlicher Kultur, Tradition und Entwicklungsstandes abgeschafft, ohne daß sich das Verhalten der Menschen dadurch geändert hätte. Die Folge ist, daß der Sozialismus als Organisationsform Lebensumstände hervorgebracht hat, die denkbar weit von Marx' Hoffnung entfernt sind. Statt vollkommener Freiheit herrscht das perfekteste Unterdrückungssystem der Geschichte, statt Überfluß herrscht Armut, statt eines Absterbens des Staates ist der Staat übergroß und allgegenwärtig geworden, statt Gleichheit herrscht eine zunehmende, weitgehend funktionslose Ungleichheit. Damit ist eine sozialistische Ethik unmöglich geworden: Man kann entweder Freiheit und Gleichheit *oder* die Abschaffung des Privateigentums an den Produktionsmitteln fordern. Wer beides fordert, ist sich entweder der Unvereinbarkeit seiner Forderungen bewußt – dann ist er ein Betrüger. Das dürfte heute für den größeren Teil der Führungsschicht der sozialistischen Länder gelten. Ihr geht es um bloßen Machterhalt. Dagegen dürfte es viele gutgläubige Sozialisten in westlichen Ländern geben, die diese Unvereinbarkeit leugnen. Solche Menschen scheuen die Arbeit und die geistigen Mühen, die es kostet, gesellschaftliche Mechanismen zu verstehen.

Karl Marx konnte noch gutgläubig sein; ein heutiger Sozialist kann es nicht mehr. Für Marx gibt es aber noch eine zweite Rechtfertigung. Nach seiner Lehre soll der Übergang vom Kapitalismus zum Sozialismus erst erfolgen, wenn der Kapitalismus voll entwickelt ist. Voraussetzung des Sozialismus ist die „Entfesselung der Produktivkräfte" im Kapitalismus. Es ist also wiederum eine Sachfrage, in welchem Entwicklungsstadium sich der Kapitalismus eigentlich befindet. Die Sozialisten sprechen seit bald hundert Jahren vom „Spätkapitalismus"; sie pflegen eine säkularisierte Endzeithoffnung, hinter der das Paradies beginnt. Die Frage, wann denn der Kapitalismus am Ende sei (in einem stationären Zustand mündet) hat schon Alfred Marshall und besonders seinen Schüler John Maynard Keynes beschäftigt. Der Zustand ist erreicht, wenn es keine Anreize zur Kapitalakkumulation mehr gibt, wenn der Realzins Null geworden ist. Im vollentwickelten Kapitalismus ist die Produktivität und sind die Einkommen so hoch, daß alle Bedürfnisse befriedigt sind. Die Arbeitszeit ist so kurz geworden, daß die Menschen mit ebensolchem Vergnügen arbeiten, wie sie heute zum Beispiel Tennis spielen. Dann, so prognostiziert Keynes, wird es einen Wandel der Werte geben: „Wenn einmal die Ansammlung von Reichtum ihre soziale Bedeutung verliert, wird es im Kodex der Moral große Änderungen geben. Wir werden uns von pseudomoralischen Grundsätzen befreien können, die uns zweihundert Jahre lang beherrschten, Grundsätze, die einige der unangenehmsten menschlichen Eigenschaften zur höchsten Tugend machten. Wir werden es uns leisten können, das Geldmotiv nach seinem wahren Wert einzuschätzen. Doch Vorsicht! Die Zeit dafür ist noch nicht gekommen. Mindestens weitere hundert Jahre werden wir uns vormachen müssen, daß das Gute schlecht und das Schlechte gut ist – denn das Schlechte ist möglich und das Gute nicht. Geiz und Wucher und Vorsorge müssen noch für eine Weile unsere Götter bleiben. Nur sie können uns aus dem Dunkel

der wirtschaftlichen Notwendigkeit ans Licht führen" (Essays on Persuasion).
Anders ausgedrückt: *Die moralischen Hoffnungen der Sozialisten erfüllen sich – wenn überhaupt – nur in der als „kapitalistisch" verteufelten Sozialen Marktwirtschaft.* Evolution, nicht Revolution bringt uns dorthin.

„Ein Gespenst geht um in Europa": das haben vom Kommunismus, im Jahr 1848, nicht Pfaffen gesagt und von Pfaffen verängstigte Bauern und Kleinbürger, sondern die beiden Begründer des wissenschaftlichen Sozialismus, dem zufolge es, als der Wissenschaft nicht entsprechend, Gespenster nicht gibt. Also gibt es den Kommunismus nicht.
Sie haben's, natürlich, besser gemeint als gesagt. Und: etwas sagen ist immer Glückssache, ganz besonders bei Kommunisten, wie aus der Statistik der Todesursachen erhellt: ein Trotzki, ein Radek, ein Tuchatschewsky, ein Slansky, ein Nagy und Millionen andere könnten ein Lied davon singen (wenn sie noch könnten). Aber wie dem auch sei: das von Marx und Engels namhaft gemachte Gespenst gibt es wirklich nicht: die Sowjetunion ist ein total verrotteter, Polen ein total kaputter kapitalistischer Staat; die Gesellschaft streng feudalistisch organisiert, mit kräftigen Rückgriffen auf die antike Sklavenhaltergesellschaft; kurz: nicht der verfaulende Kapitalismus (wie in der Schweiz, in Amerika, Japan etc.), sondern der schon verfaulte Kapitalismus, auf neudeutsch: der real existierende Sozialismus. Und der ist nun wirklich durchaus kein Gespenst (wie der Ausdruck schon sagt) und auch insofern schon das blankeste Gegenteil also des Kommunismus.
Hingegen gibt es sehr wohl Kommunisten, allein auch diese bloß in den westdeutschen Redaktionen von Fernsehen, Funk und Presse: vielleicht in den selben Stübchen wie weiland Marx, und jedenfalls noch dessen Federstiel in der Hand. Kommunismus? Nein: Nibelungentreue.

Herbert Eisenreich

BETTINA HÜRNI

Kapitalismus international

Ideologie und Praxis
der bestehenden Weltwirtschaftsordnung

Die trockenen Statistiken der Weltwirtschaftsordnung lassen eindeutig den Schluß zu, daß deren Wachstum auf den Grundlagen und durch die Rahmenbedingungen, welche das „kapitalistische" oder marktwirtschaftliche System geschaffen hatte, erst ermöglicht wurde. Diese Grundlagen sind ebenfalls eindeutig im westlich-demokratisch-liberalen Gedankengut verwurzelt. In diesem Beitrag geht es deshalb darum, vorerst die liberalen Grundlagen der Weltwirtschaftsordnung, danach deren Anpassung an die weltwirtschaftlichen Zäsuren des letzten Jahrzehnts (1970–1980), und die dirigistischen Ansätze und Widersprüche in den Konzepten für die „Neue Weltwirtschaftsordnung" zu analysieren. Daraus können bestimmte Paradoxa oder Inkongruenzen zwischen Ideologie und Praxis abgeleitet werden. Vor allem zwei verschiedene Dimensionen der Weltwirtschaftsordnung, nämlich erstens der Ost-West-Gegensatz zwischen plan- und marktwirtschaftlicher Integration und zweitens das wirtschaftliche Nord-Süd-Gefälle mit seinen Abstufungen, sollen im Vordergrund stehen. Aus beiden Perspektiven ist klar ersichtlich, daß von den drei klassischen Produktionsfaktoren – Boden, Arbeit und Kapital – das Kapital – auch international – die höchste Mobilität besitzt.

Somit wurden die internationalen Kapitalströme zu einem Motor der weltwirtschaftlichen Entwicklung. Abschließend geht es um die Frage, ob die Soziale Marktwirtschaft, welche national in den wichtigsten Industrieländern angestrebt wird, sich auch international verwirklichen ließe.
Seit Ende des Zweiten Weltkriegs hat die Weltwirtschaft einen Aufschwung von nie gekanntem Ausmaß erlebt – und dies trotz der ökonomischen Zäsuren des letzten Jahrzehnts: Die durchschnittliche Wachstumsrate des BSP der sechzehn wichtigsten Industrieländer betrug in der Periode von 1949 bis 1972 jährlich 4,8%. Sie ist somit die höchste Wachstumsrate, die in einer Zeitspanne von zwanzig Jahren in diesem Jahrhundert je erreicht wurde und liegt weit über dem Durchschnitt des Jahrhunderts 1871–1976 von 2,9 %[1]. Dasselbe gilt auch für die Entwicklungsländer: Auch sie erreichten in der Nachkriegszeit ihre höchsten Wachstumsraten, welche mit einem Jahresdurchschnitt von 6 % jene der Industrieländer übertrafen.
Zugleich hat sich der Welthandel seit 1950 wertmäßig ungefähr verdreißigfacht: Er stieg von $ 57 Mia. (1950) auf $ 1625 Mia. (1979)[2] und wird 1980 auf $ 2000 Mia. geschätzt. Dabei nahm auch das Volumen stets zu und stieg selbst im konjunkturell eher schlechten Jahr 1980 im Vergleich zu 1979 noch um 4 % (*ohne* Erdöl)[3].Noch entfällt jedoch über 60 % des Welthandels auf die Industrieländer der OECD, welche über 80 % der Weltexporte von Industriegütern herstellen. Volumenmäßig verzeichnet auch jener Teil des Welthandels die größte Zunahme, der auf den Austausch von ähnlichen, also substituierbaren Industriegütern unter den Industrieländern entfällt. Dies bedeutet, daß der Welthandel nicht mehr, wie im praktischen Wirtschaftsliberalismus des 19. Jahrhunderts und der entsprechenden klassischen Wirtschaftstheorie, mehrheitlich auf dem Austausch von Rohstoffen gegen Industriegütern beruht. Der Anteil der der RGW-Staaten (Mitglieder des „Rates für gegenseitige Wirtschaftshilfe“ oder des COMECON), also des Ostblocks, am Welthandel ist weltweit gesehen gering; er beträgt nicht ganz 9 %. Als nächster Schritt geht es nun darum, im wesentlichen jene Grundlagen zu umreißen, welche für dieses Weltwirtschaftswachstum ausschlaggebend waren.

I. Die liberalen Grundlagen und Rahmenbedingungen der Weltwirtschaftsordnung (1946–1970)

Nach dem Zweiten Weltkrieg wurden parallel zur universalen politischen Ordnung der UNO die Rahmenbedingungen für die Weltwirtschaftsordnung durch Unterzeichnung des „Allgemeinen Zoll- und Handelsabkommens“ (GATT) und die Gründung der Institutionen von Bretton Woods, Internationaler Währungsfonds (IWF) und Weltbank (mit dem offiziellen Titel „International Bank for Reconstruction and Development“, IBRD) geschaffen. Diese drei Institutionen, GATT, IWF und Weltbank wurden hauptsächlich vom Wirtschaftsliberalismus der Angelsachsen, vom Konzept des Freihandels und des ungehinderten Kapitalverkehrs, geprägt. Während die Güterströme durch die Prinzipien des GATT-Vertrages geregelt werden sollten, oblag dem IWF die Aufsicht über ein funktionsfähiges Währungssystem mit festen Paritäten und dem Dollar als Leitwährung, also die Kontrolle über die Kapitalströme, während die Weltbank für die Freizügigkeit der Kapitaltransfers für Wiederaufbau und Entwicklung zu sorgen hatte. Die Weltwirtschaftsordnung wurde durch eine internationale Sozialordnung unter Ägide der ältesten, multilateralen Organisation, der aus dem Völkerbund übernommenen, 1919 gegründeten Internationalen Arbeitsorganisation (IAO) ergänzt.

Im folgenden soll die Ideologie dieser institutionellen Strukturen der Weltwirtschaft kurz umrissen werden.

Das *GATT („General Agreement on Tariffs and Trade“)* beruht auf drei Prinzipien des „kapitalistischen“ Denkens:

1. Die *Nichtdiskriminierung* der Partner im Welthandel, welche durch die Anwendung der Meistbegünstigungsklausel (Art. I des Allgemeinen Zoll- und Handelsabkommens) praktisch ermöglicht wird. Die Meistbegünstigungsklausel bedeutet – trotz des irreführenden Namens – keineswegs eine „Begünstigung“ im landläufigen Sinne einer Zoll- oder sonstigen Präferenz, sondern legt, ganz im Gegenteil, fest, daß jeder Vorteil, welcher einem Partner nach Verhandlungen zugestanden wird, *automatisch* allen anderen Vertragsparteien des GATT eben-

falls zugute kommt. Daraus läßt sich das zweite Prinzip, die Wahrung der Multilateralität der Welthandelsbeziehungen ableiten.

2. Diese *Multilateralität* wurde in der letzten Verhandlungsrunde des GATT, (Tokio-Runde, 1973–1979) besonders deutlich, weil 99 Staaten an dieser größten aller Wirtschaftsverhandlungen teilnahmen, wovon 29 nur provisorisch oder gar nicht zu den Vertragsparteien gehörten. Heute zählt das GATT 87 Mitglieder. Die Tokio-Runde war sozusagen auch ein greifbarer Beweis für die Anziehungskraft der Multilateralität in den Wirtschaftsbeziehungen: Es wurden sechs Kodices und verschiedene, weitere Abmachungen ausgehandelt und in Kraft gesetzt. Die Multilateralität, kombiniert mit der Meistbegünstigungsklausel bedeutet praktisch, daß normalerweise die für ein bestimmtes Produkt wichtigsten Handelspartner ihre gegenseitigen Konzessionen abmachen, welche danach automatisch auch den kleineren Partnern zugute kommen. Ferner ist die Multilateralität der Wirtschaftsbeziehungen ein Merkmal, welches das „kapitalistische" (oder marktwirtschaftliche) System von der Planwirtschaft grundlegend unterscheidet: Im RGW, von dessen Mitgliedern nur Ungarn, Jugoslawien und Rumänien Vertragsparteien des GATT sind, gilt ein strikter Bilateralismus im Güter- und Zahlungsverkehr, hauptsächlich wegen der Nichtkonvertibilität der östlichen Währungen, die auch innerhalb des osteuropäischen Integrationsraums nicht gegeben ist und jede Expansion des nationalen Außenhandels erschwert. Der Bilateralismus – beinahe schon die Rückkehr zum Tauschverkehr bei den Kompensationsgeschäften – wird auch innerhalb der Planwirtschaft als Hemmnis empfunden und kritisiert, insbesondere von Ungarn. Für die im Ost-West-Handel übliche Form der Kompensationsgeschäfte, bei welchen der Westen die Produktionsstätten schlüsselfertig nach dem Osten liefert und der Osten mit den dort produzierten Gütern bezahlt, welche jedoch immer schwieriger zu vermarkten sind, weil sie den westlichen Qualitätsnormen nicht entsprechen, wirkt sich der Bilateralismus besonders nachteilig aus, denn er zementiert sozusagen langfristig die Starrheit des planwirtschaftlichen Systems.

3. Das dritte Grundprinzip des GATT ist die *Reziprozität,* nach dem in der römischen Antike geltenden „do, ut des" (ich gebe, damit du mir gibst), in den bis heute sieben Verhandlungsrunden des GATT. Die Festlegung des *Wertes* der Reziprozität, d.h. die Gleichwertigkeit der gegenseitigen Konzessionen, bleibt jedoch im Ermessen der Vertragsparteien, denn das GATT legt dafür keine verbindlichen Regeln fest. Darin liegt vielleicht ein wesentlicher Grund, weshalb die Verhandlungsrunden wohl zäh, aber immer erfolgreich waren.
Ursprünglich ließ das GATT bereits in seinem Artikel XXIV zwei Ausnahmen von der Meistbegünstigung zu, nämlich die Wirtschaftsintegrationsformen der Zollunion und der Freihandelszone, unter der Bedingung, daß sie „l'essentiel des échanges" (den Hauptteil des Handels) der Integrationspartner umfassen müssen. Somit wurde im GATT-Vertrag auch der Grundstein für die Schaffung der Integrationsräume in Westeuropa (EG, EFTA), aber auch in der Dritten Welt (Andenpakt, ASEAN, zentralamerikanischer gemeinsamer Markt, karibische Gemeinschaft CARICOM usw.) gelegt. Lange vor Gründung der UNCTAD (Konferenz der Vereinten Nationen für Handel und Entwicklung) wurde dem GATT-Vertrag Teil IV angegliedert, in dem die Vorzugsbehandlung für Entwicklungsländer erstmals zugelassen wurde. Sie wurde durch die „Habilitations- oder Ermächtigungsklausel" der Tokio-Runde noch verstärkt: Diese läßt zu, daß die Industrieländer den Entwicklungsländern eine Vorzugsbehandlung, die größeren Nutzen bringt, als die Meistbegünstigung, zugestehen können, wobei noch eine besonders günstige für die ärmsten Entwicklungsländer vorgesehen ist. Unter sich wenden die Industrieländer weiterhin die Meistbegünstigung ohne „positive Diskriminierung" an.
Es ist den GATT-Verhandlungsrunden zu verdanken, daß die Zölle, welche noch um 1946 ein Haupthindernis im Welthandel waren, heute kein bedeutendes Hemmnis mehr darstellen. In der Tokio-Runde belief sich der Wert des Zollabbaus, d.h. der „konsolidierten" Zölle, auf rund $ 155 Mia. Auf den neuen Hauptmärkten für Industriegüter wurden die Zölle im Durchschnitt von 7 % auf 4,7 % gesenkt, wobei gemäß der sogenann-

ten „Schweizer Formel“ die höheren Zölle stärker abgebaut wurden als die bereits niedrigen. Auch die nichttarifären oder zollfremden Handelshindernisse (ihre Anzahl beläuft sich auf über 900 beim GATT notifizierte) konnten durch das GATT, insbesondere in der Tokio-Runde, erheblich abgebaut werden. Dies ist insofern von Bedeutung, als die nichttarifären Handelshindernisse heute eine weit größere Behinderung des Welthandels darstellen, als die Zölle. Haupt- und Endziel des GATT ist es, einen freien Welthandel zu schaffen.
Die Grundzüge der *Institutionen von Bretton Woods* lassen sich wie folgt umschreiben: Der IWF förderte nach dem Zweiten Weltkrieg vorerst die nicht mehr bestehende Konvertibilität der Währungen: Bei Annahme von Art. VIII der IWF-Statuten verpflichtet sich ein Mitglied auf die irreversible, freie Konvertibilität seiner Währung. Im Falle schwerwiegender Zahlungsbilanzschwierigkeiten werden zeitlich befristete Ausnahmen gewährt. Untersagt werden ferner die sogenannten „kompetitiven Abwertungen“, mit welchen ein Handelspartner einen anderen „unterbieten“ kann. Im Sinne einer echten Bank verfügen die heute 150 Mitglieder beim Währungsfonds über eingezahlte Guthaben, welche sie nach bestimmten Regeln „ziehen“ können.
Die Abstimmungsverfahren der beiden Institutionen von Bretton Woods richten sich – ähnlich wie in einem privatwirtschaftlichen Unternehmen und im Gegensatz zu allen anderen multilateralen Organisationen – nach dem Aktienbesitz, d.h. der Kapitaleinlage der einzelnen Mitglieder, so daß den Industrieländern eine stärkere Stimmengewichtung zukommt als den ärmeren Entwicklungsländer. Da jedoch wichtige Entscheidungen stets durch Konsens erreicht werden, ist kein Vetogewohnheitsrecht der kapitalkräftigen Mitglieder entstanden. Durch Kollektivvertretung von Ländergruppen bei der Stimmabgabe und andere Verfahrensregeln konnte die Politisierung der Institutionen von Bretton Woods bis heute weitestgehend vermieden werden; sie hat deren Arbeit nicht lahm legen können, wie in so manchen anderen Organisationen. So ist der IWF für die weltweite Wiederherstellung der Währungskonvertibilität im „kapitalistischen“ Wirtschaftsraum weitge-

hend verantwortlich. Auch die den Welthandel störenden Liquiditätskrisen konnten durch die vom IWF überwachte Schaffung von Sonderziehungsrechten vermieden werden. Der IWF ist heutzutage das wichtigste Instrument zur Überwindung nationaler Zahlungsbilanzkrisen und das einzige weltweite Forum für die Koordinierung der Arbeit von Finanzministerien und Zentralbanken.

Weltbank und internationale Arbeitsorganisation

Die Weltbank ihrerseits ist die wichtigste, multilaterale Investitionsbank und die größte Entwicklungsfinanzierungsinstitution. Sie ist maßgeblich am realen und finanziellen Ressourcentransfer von Norden nach Süden beteiligt. Ihr Kapital ($ 85 Mia.) gehört heute 140 Mitgliedstaaten. Von den RGW-Staaten sind nur Jugoslawien, als Gründungsmitglied, und Rumänien Mitglieder der Institutionen von Bretton Woods. Die Schweiz ist als einziges Industrieland nicht Mitglied. Weltwirtschaftlich gesehen, kann die Mitgliedschaft der Institutionen von Bretton Woods durchaus als universal und repräsentativ gelten, insbesondere, da jetzt auch die Volksrepublik China dabei ist. Die Konditionalität im IWF, d.h. die Auflagen für ein nationales Wirtschaftssanierungsprogramm vor Gewährung der Zahlungsbilanzhilfe, sowie die strenge Finanz- und Erfolgskontrolle der Weltbank nach Vergabe ihrer sehr „weichen" IDA-Entwicklungskredite und üblichen Darlehen, die Kosten-Nutzen-Analyse in der Projektarbeit und der gesamte Führungsstil entsprechen durchaus dem „kapitalistischen" Geist privatwirtschaftlicher Prägung, wobei besonders bei der Weltbank die Ideale einer protestantischen Wirtschaftsethik ebenfalls eine Rolle spielen. Zur Sanierung der Zahlungsbilanz folgt der IWF den Anschauungen der keynesianischen Neoklassik. Dabei bleibt festzuhalten, daß beide Organisationen weltweit sehr angesehen sind und ihre Mitglieder – mit Wirtschaftssystemen, die von straffer Zentralplanung (Rumänien, Tansania) bis zum völligen „Laissez-faire" des 19. Jahrhunderts (Brasilien, Mexiko, Korea) alle Nuancen umfassen – allgemein mit dieser „kapitalistischen" Ausrichtung grundsätzlich einverstanden und mit den Leistungen zufrieden sind.

Die weltweite „Sozialordnung“ wird seit 1919 von der Internationalen Arbeitsorganisation (IAO) getragen. Ihre „Sozialcharta“ ist, neben ihrer Verfassung, die „Erklärung von Philadelphia“ (1944), in der damals im Sinne von Grundrechten die heute sehr aktuellen Prinzipien[4] verankert wurden, deren wesentlichste wie folgt lauten:

„a) Arbeit ist keine Ware.

b) Freiheit der Meinungsäußerung und Vereinigungsfreiheit sind wesentliche Voraussetzungen beständigen Fortschritts.

c) Armut, wo immer sie besteht, gefährdet den Wohlstand aller.

d) Der Kampf gegen die Not muß innerhalb jeder Nation und durch ständiges, gemeinsames internationales Vorgehen unermüdlich weitergeführt werden, wobei die Vertreter der Arbeitnehmer und der Arbeitgeber sich gleichberechtigt mit den Vertretern der Regierungen in freier Aussprache und zu demokratischen Entscheidungen zusammenfinden, um das Gemeinwohl zu fördern.“

Klar geht aus diesem Text sowohl das Erbe der Französischen Revolution als auch das marktwirtschaftlich orientierte Gedankengut der nicht marxistischen westeuropäischen Sozialdemokratie hervor. Deshalb ist auch das wesentliche und einzigartige Merkmal der IAO, ihre Dreigliedrigkeit, d.h. die internationale Anerkennung der Sozialpartner als gleichberechtigte Verhandlungspartner gegenüber den Regierungen, von seiten der Ostblockstaaten in Frage gestellt worden, insbesondere nach der Suspendierung der Mitgliedschaft der USA. In der IAO sitzen also Vertreter der Gewerkschaften, der Arbeitgeber und der Regierungen und haben gemeinsam die über 155 internationalen Arbeits- und Sozialnormen in Form von verbindlichen Übereinkommen und nicht verbindlichen Empfehlungen ausgearbeitet, welche bis 1979 insgesamt 4766 Ratifizierungen von 144 Mitgliedstaaten auf sich vereinigen. Diese internationalen Urkunden stellen einen einheitlichen „corpus iurae“ dar, dessen Durchführung auf nationaler Ebene von der

Internationalen Arbeitskonferenz, dem „weltweiten Parlament der Arbeit", in einem besonderen Kontrollverfahren überwacht wird. Immer schon wurde von der Mehrheit der IAO-Mitglieder die echte, national-repräsentative Dreigliedrigkeit der Delegationen der sozialistischen Staaten angezweifelt, da mit Planwirtschaftssystem, nach westlicher Auffassung, Vertreter von Gewerkschaften und Arbeitgeber im Grunde genommen gleich wie die Regierungsvertreter Staatsbeamte sind. Die Konfrontation der Welt- und Wirtschaftsanschauungen zwischen Ost und West, aber auch zwischen dem mehrheitlich diktatorisch oder despotisch ausgerichteten Süden und dem demokratischen oder sozialdemokratischen Norden ist deshalb in der IAO tagtäglich besonders lebendig. Nach der Rückkehr der USA als Vollmitglied der IAO und der Ernennung von Lech Walesa als Delegationsleiter der Gewerkschaftsvertretung Polens an der 67. Internationalen Arbeitskonferenz (Juni 1981), an der die IAO auf diplomatischem Weg aktiv mitgewirkt hatte, scheint es, als ob auch hier der Einfluß der zentral gelenkten Volkswirtschaften auf die weltweite Sozialordnung abnähme.
Dies möge genügen, um die „kapitalistisch" orientierten Rahmenbedingungen der Weltwirtschaftsordnung abzustekken. Es soll im weiteren analysiert werden, wie sich die liberal ausgerichtete Weltwirtschaftsordnung an die radikalen Veränderungen der politischen und entsprechend ökonomischen Machtverhältnisse anpassen konnte.

II. Jüngste Zäsuren und entsprechende Anpassungen in der Weltwirtschaftsordnung (1970–1980)

Als Zäsuren gelten der Zerfall des Währungssystems von Bretton Woods sowie die beiden Erdölschocks von 1973/74 und 1978/79.
Die erste Zäsur war die Aufhebung der Konvertibilität des amerikanischen Dollar am 15. 8. 1971[5]. Ohne näher auf die Folgen des Übergangs zu den flottierenden Wechselkursen einzugehen, sei folgendes erwähnt: Erstens war diese Zäsur

eine Auswirkung der stetigen Abnahme der politischen und wirtschaftlichen Macht der USA und ihres bewußten Verzichts auf eine Führungsrolle in der Weltwirtschaft. Zweitens entspricht das gegenwärtige Währungssystem, mit in sich gebundenen „de facto"-Währungszonen (US-Dollarraum mit Karibik, EWS, arabischer Raum, Yen-Bindung in der ASEAN usw.), wie sie beispielsweise von führenden Währungspezialisten wie Grubel, Swoboda, Aschinger und andern vorausgesagt wurden, auch dem politischen und ökonomischen Pluralismus in der Weltwirtschaftsordnung. Drittens hat der IWF praktisch als Forum der heute wegen des gesteuerten Floatings völlig unerläßlich gewordenen, weltweiten Koordinierung der Finanz- und Währungspolitiken eine noch weit wichtigere Rolle zu spielen als unter dem Währungssystem mit festen Paritäten. Viertens haben die „Propheten des Untergangs" beim Floating, welche den Zusammenbruch der Weltwirtschaftsordnung wegen allzu heftiger Kursschwankungen voraussagten, nicht recht behalten: Das „kapitalistische" System hat diese Zäsur relativ gut verkraftet.
Dasselbe trifft für die zweite Zäsur, jene der ersten Erdölkrise (1973/74) zu. Sie verstärkte allerdings die vom Floating ausgelöste Unsicherheit in der Weltwirtschaftsordnung noch und hatte weit schwerwiegendere Folgen. Sie führte nämlich zu einer kollektiven Außenverschuldung ölimportierender Entwicklungsländer, aber auch Industrieländer, von nie gekanntem Ausmaße. Der IWF trug dem mit der Schaffung der verschiedenen Sonderfazilitäten[6] zur Überbrückung spezifischer Zahlungsbilanzdefizite und durch erhöhte Zuteilung von Sonderziehungsrechten gebührend Rechnung. Die beiden Institutionen von Bretton Woods nutzten ferner die zunehmende wirtschaftliche Bedeutung der Ölüberschußländer: So spielen sie heute neben dem privaten Eurokapitalmarkt als multilaterale Organisationen die wichtigste Rolle bei der Rückschleusung der Petrodollars. Insbesondere die Weltbank konnte durch verschiedene, neue Systeme der Kofinanzierung die Ölgelder multilateral nutzen und gewinnbringend anlegen.

„Neue Weltwirtschaftsordnung“ – Programm und Realität

Eine ideologisch besonders bedeutende Folge der ersten Ölkrise war die Proklamation der „Neuen Weltwirtschaftsordnung“ (NWWO), die einem neuen Machtgefühl der Gruppe der 77 im Fahrwasser der Kartellmacht der OPEC entsprang: Die Majorisierung der UNO durch die Dritte Welt kam nirgends deutlicher zum Ausdruck als in den dirigistischen Ansätzen dieser NWWO und den entsprechend extrem formulierten Forderungen der Entwicklungsländer[7].
Am provokativsten ist die vorrangige Forderung der „souveränen Gleichheit“ aller Staaten in der NWWO ausgelegt: Jeder Staat ist unumschränkter Herr über die eigenen Ressourcen. Mit anderen Worten bedeutet dies, daß jederzeit nach innerstaatlichem Recht – also *ohne* die im Völkerrecht geltenden Bestimmungen der angemessenen Entschädigung – enteignet und verstaatlicht werden darf, was oft einer absoluten Willkür gleichkommt.
Zweitens wird eine Indexierung der Preise für Exportgüter der Entwicklungsländer und ein „integriertes Rohstoffprogramm“ gefordert. Letzteres sollte eine Gesamtheit von 18 Rohstoffabkommen mit einem ausschließlich von den Industrieländern finanzierten Subventionierungsfonds für Ausgleichslager und eine zentrale Verwaltung umfassen.
Drittens sollten die Produktionskapazitäten für synthetische Substitutionsprodukte der Industrieländer, welche mit den Exporten der Entwicklungsländer konkurrieren, abgebaut und das „allgemeine Präferenzsystem“ erweitert und zugunsten der Entwicklungsländer verbessert werden. Damit werden auch die GATT-Regeln ausgehöhlt, ohne daß überhaupt erwähnt wird, daß die Weltwirtschaft unter diesen Regeln ein nie zuvor gekanntes Maß an Prosperität hat erreichen können. Die Ordnung wird vielmehr so präsentiert, als ob sie nur den Industrieländern zugute gekommen wäre, obschon die eingangs erwähnten Wachstumsraten diese Meinung widerlegen.
Gefordert wird ferner eine massive Erhöhung der Entwicklungshilfe der öffentlichen Hand, ein automatischer Schuldenerlaß durch unbegrenzte Zuteilung von Sonderziehungsrech-

ten ohne multilaterale Kontrolle von deren Verwendung, ferner eine allgemeine Entwicklungshilfesteuer in den Industrieländern. Unverkennbar wurden die Dokumente über die NWWO[8] von einem zentralgesteuerten Wirtschaftsdirigismus sozialistischer Provenienz geprägt: Es werden sogar „Wiedergutmachungsforderungen" an die „schwarzen Schafe" der weißen UNO-Minorität, wie Südafrika, Israel und Portugal, wegen Ausbeutung von natürlichen Reichtümern unter „Fremdherrschaft" gestellt, so daß auch das politische Vokabular der Kommunistischen Welt, nicht nur deren Wirtschaftsideologie, in diesen Dokumenten zum Ausdruck kommt.

Es sollen im folgenden kurz einige Widersprüche in der NWWO aufgegriffen werden: Einerseits ist die wichtigste Forderung das uneingeschränkte Verfügungsrecht über die natürlichen Ressourcen, einschließlich willkürlicher Verstaatlichung, andererseits werden mehr Investitionen und Entwicklungsfinanzierung verlangt. Ein Anleger ist jedoch nicht bereit, sein Kapital ohne garantierten Investitionsschutz anzulegen. So hat die Bundesrepublik Deutschland die höchste Anzahl (rund 50) und die Schweiz die zweithöchste Anzahl (32) an bilateralen Investitionsschutzabkommen getroffen, hauptsächlich mit den Staaten Afrikas südlich der Sahara[9]. Ein „GATT der Investitionen" gibt es jedoch auf multilateraler Ebene noch nicht. Immerhin sind die verschiedenen Kodices über die Rechte und Pflichten der transnationalen Gesellschaften, allen voran jener der OECD, doch bereits als Beginn einer solchen – wenn auch noch nicht verbindlichen – Investitionsordnung in der Weltwirtschaft zu sehen.

Es ist nämlich in der Praxis ein weiteres Paradoxon zu erkennen: Die Entwicklungsländer machen sich gegenseitig harte Konkurrenz, um die Direktinvestitionen, insbesondere der transnationalen Gesellschaften, möglichst in ihr eigenes Land anzuziehen. Vor allem die Schwellenländer schaffen zahlreiche Anreize, wie Produktionsfreizonen, Steuervergünstigungen und anderes mehr, um die „Multis" zu „gewinnen". Von der „souveränen Gleichheit" der Staaten in der Weltwirtschaftsordnung ist kaum etwas zu erkennen: Es sind im Gegenteil die Unterschiede, welche die komparativen Vorteile schaffen, auf welchen ein für alle nutzbringender Welthandel aufbaut. In der „Charta der wirtschaftlichen Rechte und Pflichten der Staaten“, dem extremsten Dokument der NWWO, wird ein „unveräußerliches Recht auf die freie Wahl des wirtschaftlichen Systems“ genannt. Hierin liegt ein weiterer Widerspruch: Erfahrungsgemäß wächst ein Wirtschaftssystem organisch, nach historischen und natürlichen Gegebenheiten – es kann kaum je „frei gewählt“ oder mit universellen Erklärungen geschaffen werden. Im Glauben an eine monolithisch-monopolistische oder kartellistische Macht von Produzentenverbänden nach dem Modell der OPEC wurde die Forderung nach „stabilen, lohnenden und gerechten Preisen“ für die Exporte der Entwicklungsländer erhoben. Der Widerspruch liegt darin, daß bei allzu starrer Stabilität die Preise bei Nachfragesteigerung nicht mehr „lohnend“ sein können. Die erfahrungsgemäß äußerst labilen Produzentenverbände können auch kaum entscheiden, *für wen* der Preis „gerecht“ sein soll, denn für *effiziente* Produzenten liegt dieser *unter* demjenigen, welchen ineffiziente, staatlich subventionierte Produzenten bekommen. Die Liste der Widersprüche ließe sich beliebig fortsetzen. Entscheidend für die Analyse sind jedoch vielmehr die Paradoxa, die sich in der Praxis beim Versuch der Durchführung der NWWO (1975–1981) ergaben: Beim „integrierten Rohstoffprogramm“ brachte jahrelanges Verhandeln das Ergebnis, daß ein Gesamtpaket von 18 Rohstoffabkommen, wie ursprünglich dirigistisch konzipiert, ganz einfach unrealistisch und deshalb undurchführbar war. Die völlig unterschiedlichen Bedingungen der einzelnen Weltrohstoffmärkte ließen die Zusammenfassung von 18 Rohstoffen in ein einziges Programm beim praktischen Verhandeln schon beinahe absurd erscheinen. Auch der gemeinsame Rohstoffonds wurde von den Industrieländern weniger großzügig als vorgesehen dotiert und mit der Auflage versehen, daß viel eher Diversifizierung in der Produktion als Preisstützungen zu subventionieren seien. Die Kartellmacht der Produzenten hat sich – sogar bei der OPEC – als Fata Morgana erwiesen. Ferner verlangen nicht nur der industrialisierte Westen, sondern – in völlig „kapitalistischer“ Manier – auch die Ostblockstaaten einen Investitionsschutz beim Kapital- und Technologietransfer sowie die Repatriierung der Gewinne. Auch bei „joint ventures" mit marktwirtschaftlichen Unternehmungen in Entwicklungsländern handeln die Außenwirtschaftsmonopole des Ostens völlig „kapitalistisch" im polemisch marxistischen Sinne dieses Wortes. Paradoxerweise haben die Institutionen von Bretton Woods oder die Multis oft ein ausgeprägteres „soziales Gewissen" bei ihren Investitionen[10] als der bilaterale Wirtschaftsimperialismus aus Ost und West oder die Wirtschafts- und Finanzeliten der Entwicklungsländer selbst. In linksgerichteten westeuropäischen Kreisen wurde die NWWO zuerst als „große Errungenschaft" gepriesen, heute aber als Mittel zum Zusammengehen der Eliten aus Norden und Süden auf Kosten der Armen und zugunsten einer privilegierten, internationalen Bürokratie kritisiert.

Attraktivität des „Kapitalismus" für Schwellenländer

Fest steht, daß bei der dritten und letzten Zäsur im Jahrzehnt von 1970 bis 1980, dem zweiten Erdölschock von 1978, die Weltwirtschaftsordnung sich noch rascher und besser erholen konnte als beim ersten. Weshalb? Es ist nicht zu verkennen, daß die „kapitalistische" Weltwirtschaftsordnung über mehr Anpassungsfähigkeit, Mobilität der Produktionsfaktoren, Innovationskapazität und echten Unternehmergeist verfügt als die planwirtschaftliche Ordnung des RGW. Überdies wurde offensichtlich, daß alle sich erfolgreich entwickelnden Schwellenländer (nach Definition der OECD: Brasilien, Mexiko, Korea, Hong-Kong, Taiwan, Singapore, Spanien, Griechenland, Portugal und Jugoslawien – oft werden noch Ägypten, Israel die Philippinen, Indien, Pakistan, Thailand und Argentinien dazugerechnet) – selbst wenn ihre Ausgangsbedingungen noch so unterschiedlich gewesen waren – ein „kapitalistisches" Modell der Ankoppelung an die bestehende, „liberale" Weltwirtschaftsordnung mit starker Außenhandelsorientierung verfolgt haben[11]. Die Beispiele der Abkoppelung andererseits – das reinste davon ist Albanien, aber auch Burma, Tansania oder (bis 1978) Sri Lanka gehören dazu – waren eindeutig

keine Wirtschafts- oder Wohlfahrtserfolge. Paradoxerweise scheint die „kapitalistische" Weltwirtschaftsordnung den Idealen der kommunistischen Ideologie – der besten Versorgung für die größtmögliche Zahl – bis anhin am nächsten gekommen zu sein. Das Schulbeispiel einer „erfolgreichen Abkoppelung", die Volksrepublik China, hat sich mit ihren ehrgeizigen Entwicklungsplänen in einer ideologischen Kehrtwendung auch in die bestehende Weltwirtschaftsordnung eingefügt – und sogar Produktionsfreizonen geschaffen, deren Entwicklung allerdings in jüngster Zeit vor allem aus ideologischen Gründen, d. h. aus Furcht, die „kapitalistische" Geschäftstüchtigkeit könne den „reinen Sozialismus" verderben – von der öffentlichen Hand verlangsamt wird. Der Beitritt der VR China zu den Institutionen von Bretton Woods stellt diesen Integrationswillen unter Beweis. So fällt auch dieses Schulbeispiel für die erfolgreiche Abkoppelung weg. Zu Ende des Jahrzehnts von 1970 bis 1980 verdient ein weiteres Paradoxon erwähnt zu werden: Als die „liberale" Weltwirtschaftsordnung der Nachkriegszeit konzipiert und aufgebaut wurde, vertraten die Industrieländer den Gedanken der „freien Marktwirtschaft" am deutlichsten. Die Entwicklungsländer drängten ihrerseits auf protektionistische Maßnahmen, wie den Schutz der jungen Industrien oder die nicht reziproken Konzessionen im GATT. Heute ist es genau umgekehrt: Es sind die Industrieländer, welche „geordnete Marktabsprachen", also eine Art weltweiten Wirtschaftsdirigismus, zum Schutze ihrer alternden – oder bereits veralteten – Industrien fordern, während insbesondere die Schwellenländer auf mehr freie Konkurrenz im Sinne des Wirtschaftsliberalismus drängen, weil sie durch und durch konkurrenzfähig geworden sind.
Auch im RGW gibt es verstärkt marktwirtschaftliche Tendenzen, welche sich nicht nur in der Gründung von unabhängigen Gewerkschaften, selbst für die Bauern, wie in Polen äußern, sondern auch in gewinnorientierten Anreizen zur Steigerung der individuellen Produktivität, teilweise sogar in einer „Reprivatisierung" von Staatsbetrieben und Dezentralisierung von Entscheidungsprozessen, wie sie von den neuen Investitionsgesetzgebungen in Jugoslawien angestrebt wird. Eine der auf-

fälligsten Inkongruenzen zwischen Ideologie und Praxis zeigt sich in der marxistischen Preisbildungstheorie, welche die Stabilität des gesamten Systems aller staatlich festgesetzten Preise vorsieht. Denn der Kollektivbesitz der Produktionsmittel sollte zu einer derartigen Steigerung der Produktivität führen, daß die Preise pro Produktionseinheit fallen und der Staat nach Festsetzung aller Preise den „Mehrwert" an die Bedürftigsten umverteilen kann. Diese marxistische Theorie der Preisbildung ist heute von der Praxis völlig überholt: In Tat und Wahrheit ist die Arbeitsproduktivität der Kollektivbetriebe überall gefallen, und der Schwarzmarkt für Konsumgüter so groß, daß die Preisstabilität zur Fiktion geworden ist. Auch folgen beispielsweise die Preise des sowjetischen Erdöls für die Partner im RGW in völlig „kapitalistischer" Weise den Erhöhungen der OPEC. So bleibt der Ostblock paradoxerweise selbst bei Inkonvertibilität der Währungen von der Inflation, welche die marxistische Wirtschaftstheorie als „Geisel des Kapitalismus" betrachtet, nicht verschont, ohne daß die weltwirtschaftliche Verflechtung der RGW-Staaten so bedeutend wäre, daß die Schuld der aus den „kapitalistischen" Ländern „importierten Inflation" zugeschoben werden könnte. Überdies hat sich seit 1945 gezeigt, daß – obschon in der nationalen Wirtschaftsplanung Fortschritte erreicht worden sind – das System der Fünfjahrespläne, welche zu nationalen Gesetzen erhoben werden, zu starr ist, um den wirtschaftlichen Gegebenheiten des RGW-Integrationsraums angepaßt zu werden, geschweige denn jenen des Weltmarkts. So klappt auch die vom RGW vorgesehene Koordinierung und Harmonisierung der einzelnen nationalen Wirtschaftsplanungen nicht. Als Korrektur werden nun *jährliche Anpassungen* der zentralen Wirtschaftspläne vorgesehen, welche eine entsprechende Revision der Wirtschaftsgesetzgebung erheischen. Damit sind jedoch selbst die genialsten Wirtschaftsplaner überfordert. Das marxistische Preisfestsetzungssystem, dessen Struktur sich nur in ganz geringem Maße nach Angebot und Nachfrage richtet, hat ferner dazu geführt, daß die staatlichen Außenhandelsmonopole nicht mehr in der Lage sind zu beurteilen, ob ihre Produkte auf dem Weltmarkt konkurrenzfähig sind oder nicht. So

stehen die RGW-Staaten, deren Wirtschaftstheorie maßgeblich zur Formulierung der dirigistischen Konzepte der NWWO beigetragen hat, heute in harter Konkurrenz zu den Schwellenländern der Dritten Welt, sowohl bei der Kreditvergabe von westlichem Kapital als auch für die Marktanteile auf den wichtigsten Absatzmärkten (EG – EFTA, USA, Japan), welche alle dem marktwirtschaftlichen System zuzuordnen sind. Selbstverständlich darf man hierbei nicht der Illusion einer „Konvergenztheorie" verfallen, welche eine Annäherung der Systeme von Ost und West voraussagt. Aber die von der Krise im RGW-Raum ausgelösten Reformansätze weisen doch deutlich in die Richtung einer eher marktwirtschaftlichen Orientierung, welche jedoch kaum im westlichen Sinne als „reines" Modell realisierbar ist, weder auf nationaler, noch auf regionaler, geschweige denn auf multilateraler Ebene.
Andererseits ist heute ebenfalls klar geworden, daß die lückenlose Verwirklichung der NWWO sich besonders für die Entwicklungsländer, aber auch für die Weltwirtschaftsordnung im allgemeinen nachteilig hätte auswirken können: Die Indexierung der Exportgüterpreise würde der Überproduktion von nicht mehr gefragten Gütern Vorschub leisten und durch Beschränkung des Wettbewerbs die zur Entwicklung unerläßliche Diversifizierung der Volkswirtschaften verhindern oder verlangsamen. Der automatische Schuldenerlaß könnte zu einer „Verschuldungsgewohnheit" oder einem von den Entwicklungsländern beanspruchten „Recht auf Verschuldung" und somit zu wirtschaftspolitischer Disziplinlosigkeit führen. Die Investitionsunsicherheit durch Pochen auf die nationale Souveränität, die ad absurdum *über* das geltende Völkerrecht und das internationale Privatrecht gestellt wird, hätte zweifellos die Investoren mehrheitlich abgeschreckt. Die Zentralisierung der weltwirtschaftlichen Entscheidungen in bekanntermaßen recht instabilen Produzentenverbänden oder internationalen Rohstoffräten würden die strukturellen Anpassungen verlangsamen und langfristig der gesamten Weltwirtschaftsordnung schaden. Doch eben diese Anpassungen gestatteten es, daß sich die ursprünglich „liberale" Weltwirtschaftsordnung gegen verstärkte, protektionistische Tendenzen noch hat durchsetzen

können. Damit sei keineswegs behauptet, daß die „kapitalistische“ Ordnung perfekt sei oder alles zum Besten stehe in der besten aller möglichen Welten. Vielmehr könnte Churchills Wort über die Demokratie so paraphrasiert werden: „Capitalism ist the worst of all systems, except all others.“

III. Auf dem Weg zu einer „Sozialen Weltmarktwirtschaftsordnung?“

Kein Wirtschaftsmodell, weder das „kapitalistische“ noch das „marxistische“, und kein Entwicklungsmodell, weder die volle Integration in die Weltwirtschaftsordnung noch die hermetische Abkoppelung, konnte jemals in reiner Form verwirklicht werden. Für beide, die Ost-West- und die Nord-Süd-Dimension ist deshalb die gegenwärtige Weltwirtschaftsordnung in dem Sinne als eine „gemischte“ zu bezeichnen, als Elemente plan- und marktwirtschaftlicher Ordnung in ihr vereinigt sind, wobei die „kapitalistischen“ Merkmale, selbst mit ihren protektionistischen Zügen (wie den freiwilligen Selbstbeschränkungsabkommen oder den nur theoretisch liberaleren Textilimportquoten der Industrieländer für die Schwellenländer) überwiegen. Zweifellos befinden sich der amerikanische und der westeuropäische Integrationsraum sowie die davon abhängigen Wirtschaftsräume der Dritten Welt in einer Stagnation. Doch zeigen sie sich bedeutend flexibler und weit weniger verwundbar als der Integrationsraum der Planwirtschaften im RGW, der sich in einer echten Krise befindet – und paradoxerweise neben dem sowjetischen vor allem auch auf *westliches* Kapital angewiesen ist. Die weltwirtschaftliche Ost-West-Dimension zeigt daher ein *Wirtschaftsgefälle zugunsten des „kapitalistischen“ Systems*. Im Außenhandel nehmen die planwirtschaftlichen Staatsmonopole eine völlig „kapitalistische“ Haltung ein, in dem sie beispielsweise beim Transfer von Kapital und Technologie in die Dritte Welt unmißverständlich Klauseln für die Repatriierung der Gewinne in ihren Verträgen haben. Auffallend ist ferner, daß sich die ideologischen Unterschiede zwischen Markt- und Planwirtschaft in der neuen in-

ternationalen Arbeitsteilung – einem Merkmal des ausgehenden 20. Jahrhunderts – *nicht* niedergeschlagen haben. Die internationale Arbeitsteilung hat vorwiegend eine Nord-Süd-, aber auch eine weniger wichtige Ost-West-Dimension, doch entfaltete sie sich in der Praxis sozusagen unabhängig von der wirtschaftsideologischen Ausrichtung. Die Anzahl der Schwellenländer steigt, die Verlagerung der Produktionsstätten richtet sich nicht mehr ausschließlich nach dem simplifizierenden Prinzip, daß aus den Industrieländer arbeitsintensive Produktionen in die Entwicklungsländer verlagert werden. Vielmehr sind bestimmte Entwicklungsländer technologisch sowie investitions- und innovationsmäßig durchaus gleichgestellte und konkurrenzfähige Partner der Industrieländer. Sie lagern nun ihrerseits Industrien in ärmere Nachbarländer aus, wie früher die „alten" Industrieländer – wobei die Partner mit marktwirtschaftlichen Systemen vorgezogen werden. Dies alles entspricht in der Praxis durchaus der „kapitalistischen" Theorie des freien Welthandels aufgrund der sich immer rascher verändernden komparativen Vorteile. Dabei hat der Ost-West-Gegensatz weltwirtschaftlich an Bedeutung verloren.
Die „gemischte" Weltwirtschaftsordnung wurde praktisch durch die neuen GATT-Regeln in zwei verschiedene Regimes gespalten: In den Wirtschaftsbeziehungen der Industrieländer unter sich gilt nach wie vor die Meistbegünstigung, in deren Beziehungen zu den Entwicklungsländer die zeitlich begrenzte Nichtreziprozität, welche auch in den Beziehungen der Entwicklungsländer unter sich gilt. In den Beziehungen der Industrieländer zu den Planwirtschaftsländern gilt der Bilateralismus bei den überwiegenden Kompensationsgeschäften. Das eher rückständige System des strengen Bilateralismus findet sozusagen „außerhalb" des GATT statt, während die Meistbegünstigung und die neu zugelassene Nichtreziprozität dem Rahmen des GATT zuzuordnen sind. Mit der künftigen „Graduierung" (dem wirtschaftlichen Aufstieg) der Schwellenländer, d.h. ihrer Integration als vollwertige Partner, besteht die berechtigte Hoffnung, daß immer mehr Länder eine Stufe der Wirtschaftsentwicklung erreichen, auf der sie als vollwertige Handelspartner ebenfalls die Meistbegünstigung anwenden

können und werden. Länder wie Korea, Brasilien, Mexiko und Singapore sind bereits ohne weiteres mit dem Entwicklungsstand der südeuropäischen Partner zu vergleichen. In der Nord-Süd-Dimension der Weltwirtschaftsordnung ist deshalb nicht mehr die simplifizierende Einkommenskluft zwischen Industrieländern und Entwicklungsländern beunruhigend, sondern viel eher jene zwischen Schwellenländern und der sogenannten „Vierten Welt“, welche wohl nur durch zeitlich begrenzte „Sozialhilfe“ zu überwinden ist. Diese „Sozialhilfe“ müßte sich am System der nationalen Kollektivhilfe für die ärmsten Bevölkerungsschichten orientieren, wie sie innerhalb zivilisierter Staaten üblich ist und als selbstverständlich akzeptiert wird. Die weltwirtschaftliche Erfahrung läßt hier einen gewissen Optimismus zu, wenn beispielsweise daran erinnert wird, daß Japan zu Beginn der Tätigkeit der Weltbank der größte Schuldner war, heute jedoch zu den fünf größten Gläubigern gehört. Solche „Erfolgsstories“ gibt es bis anhin *nur* im marktwirtschaftlichen System und unter der Bedingung politischer Stabilität und eines sozialen Gewissens der einheimischen Machteliten, gepaart mit einer landesweiten, wirtschaftlichen Eigenleistung, welche selbst im sozialdemokratisch ausgerichteten „Brandt-Bericht“ mit Nachdruck gefordert wird.

Die Rolle der „Multis“

Zur „Sozialen Weltmarktwirtschaftsordnung“ gehört noch ein weiterer Themenkreis: Der „Spätkapitalismus“ ist dadurch gekennzeichnet, daß die steigende Macht der Multis, auf die etwa 20% der Weltproduktion an Gütern entfällt, verstärkt ins Bewußtsein der Weltöffentlichkeit gedrungen ist. Die Multis können einen Anteil der Weltwirtschaft „internalisieren“, d.h. innerhalb des eigenen Konzerns abwickeln. Die Behauptung, daß sie auf kein Gegengewicht Rücksicht zu nehmen haben, ist jedoch überholt. Denn es waren nicht zuletzt die internationalen Berufssekretariate und die weltweiten Gewerkschaftsbünde liberaler und kommunistischer Ausrichtung, welche das inzwischen wieder abgeflaute Kesseltreiben gegen die transnationa-

len Gesellschaften erst in Gang brachten. Ferner sind letztere auch unter sich in Konkurrenz, und kennen das Gegengewicht der multilateralen Wirtschaftsorganisationen sowie der Regierungen ihrer Gastländer. Die verschiedenen Kodices mit – vorläufig noch unverbindlichen – Verhaltensregeln für die transnationale Wirtschaftstätigkeit bilden den Beginn eines ausgleichenden „multinationalen Gesellschaftsrechts“. Zu diesem Konzept gehört auch die Aufwertung der „panels“ (Expertenkommissionen) des GATT zur Schlichtung von Handelsstreitfällen durch die Ergebnisse der Tokio-Runde. Das „Internationale Zentrum zur Beilegung von Investitionsstreitfällen“ (International Centre for the Settlement of Investment Disputes“, ICSID) der Weltbank tendiert ebenfalls auf die Weiterentwicklung eines transnationalen Rechts[12] durch Schlichtung und Schiedsgerichtsbarkeit, welches als Corpus von „common law“ in der Weltwirtschaftsordnung angesehen werden darf. Der Internationalen Handelskammer in Paris kommt auf diesem Gebiet der transnationalen Schiedsgerichtbarkeit im Handelsrecht die höchste Bedeutung zu. Diese Erweiterung der sich aus der weltwirtschaftlichen Verflechtung der Völkergemeinschaft ergebenden, noch kaum kodifizierten Rechtsnormen, gemeinsam mit den von der Internationalen Arbeitsorganisation festgelegten „Arbeitsrechts- und Sozialnormen“, stellt eine zukunftsträchtige Ergänzung der – immer noch grundsätzlich liberalen – Weltwirtschaftsordnung dar.
So bestehen ökonomische, aber auch rechtliche Ansätze, welche als Schritte auf dem Weg zu einer „Sozialen Weltmarktwirtschaftsordnung“ gedeutet werden können. Sie beweisen die Anpassungs- und Innovationskapazität der „kapitalistischen“ Weltwirtschaftsordnung. Die Erholung nach den weltwirtschaftlichen Zäsuren des Jahrzehnts von 1970 bis 1980 hat auch weltweit die Widerstandskraft der Wirtschaftsordnung, die vorher geringer eingeschätzt worden war, verdeutlicht. Trotz erheblicher natürlicher Ressourcen zählt das sozialistisch-kommunistische Planwirtschaftssystem in der Weltwirtschaftsordnung kaum. Nach den Erfahrungen mit der NWWO ist auch nicht anzunehmen, daß ein zentralgelenktes Wirtschaftsmodell eine weltweite Bedeutung erlangen wird.

Abschließend sei nochmals betont, daß die Nachteile und Schattenseiten der „liberalen“ Weltwirtschaftsordnung nicht übersehen werden dürfen. Eines der negativsten Beispiele war die „Grüne Revolution“, die vielerorts zu einer Verelendung der Landbevölkerung und einer Bereicherung der Großbauern geführt hat. Dennoch darf relativierend darauf hingewiesen werden, daß die Planwirtschaft im Ostblock zu einer noch länger anhaltenden und ausgedehnteren Verarmung geführt hat als die „Grüne Revolution“ in den Entwicklungsländern. Auch ist es dem marktwirtschaftlichen System nicht abzusprechen, daß es offen, pluralistisch und ideologisch tolerant genug ist, um Korrekturen seiner Irrtümer und Unvollkommenheiten zuzulassen.
Die Zeitspanne von über dreißig Jahren seit dem Ende des Zweiten Weltkriegs dürfte u. E. ausreichen, um beim praktischen Vergleich der marktwirtschaftlichen mit den planwirtschaftlichen Erfahrungen in der Weltwirtschaftsordnung objektiv zum Schluß zu gelangen, daß der „Kapitalismus“ trotz aller Unvollkommenheiten, ideologischen Abweichungen und postindustriellen Anpassungen seine Überlegenheit unter Beweis gestellt hat. Und dies dadurch, daß er weltweit das einzige System ist, das funktioniert. Sarkastisch könnte man sagen, mehr schlecht als recht; aber immerhin: er funktioniert.

Anmerkungen

[1] Vgl. auch Jagdish Bhagwati: The World Economy: Trends and Issues. Referat gehalten am Jubiläums-Symposium der Bossard-Firmengruppe, Zürich, 26. 3. 1981.
[2] GATT-Jahresbericht: Le commerce international en 1979/80. Genf 1980, Tableau A 22.
[3] GATT: Communiqué de presse No. 1285, 10. 3. 1981, S. 2.
[4] Erklärung über die Ziele und Zwecke der Internationalen Arbeitsorganisation, Philadelphia, 10. 5. 1944, I a.–d. In: Verfassung der IAO, November 1977, S. 22. Die Erklärung von Philadelphia ist ein integraler Bestandteil der Verfassung der IAO.
[5] Für eine ausführliche Untersuchung vgl.: Jean-Louis Juvet: La Suisse face à la crise monétaire 1973–75. In: Hommage à Paul-René Rosset. Recueil de travaux en sciences sociales et en droit. Société Neuchâteloise de sciences économiques, Neuchâtel 1977, S. 75–101.

[6] Vgl. Bettina Hürni: Die Sonderfazilitäten im Internationalen Währungsfonds (IWF): Verwendung und Nutzen. In: Schweizerische Zeitschrift für Volkswirtschaft und Statistik, Heft I/1981, S. 55–74.

[7] Vgl. Bettina Hürni: Die neue internationale Wirtschaftsordnung: Forderungen der Entwicklungsländer. In: „Außenwirtschaft", Hochschule St. Gallen, Heft III/1975, S. 259–277.

[8] Vgl. UN General Assembly, Sixth Special Session, Resolution 3201 (S–VI): „Declaration on the Establishment of a New International Economic Order", 1. 5. 1974, und Resolution 3202 (S–VI), „Programme of Action on the Establishment of a New International Economic Order", 1. 5. 1974; UNCTAD: „An Integrated Programme for Commodities", TD/B/C. 1/166 und Suppl. 1–4, vom 9. 12. 1974; UN General Assembly Resolution 3281 (XXIX): „Charter of Economic Rights and Duties of States", 15. 1. 1975; UNCTAD: „Implementation of the Declaration and Programme of Action on the Establishment of a New International Economic Order", New Directions in International Trade and Development Policies, TD/B/530, 20. 1. 1975.

[9] Philippe Lévy, Heinrich Gattiker: Behandlung und Schutz der Auslandsinvestitionen: Konzepte im Wandel. In: „Außenwirtschaft", Hochschule St. Gallen, Heft I/1980, S. 53–77.

[10] Dies geht z. B. aus einer Fallstudie über die Tätigkeit der „Holderbank" in Costa Rica von Gerhard Schwarz (Ausländische Direktinvestitionen und Entwicklung – eine umfassende Evaluierung. Das Beispiel der Zementfabrik UNCSA in Costa Rica, 200 S., Verlag Rüegger, Diessenhofen, 1980) und einer weiteren über Nestlé in Indonesien, (Frederico Rampini), publiziert im eher kommunistisch orientierten italienischen Blatt „Rinascità", klar hervor. Ebenso hat die Weltbank in ihrer Armutsorientierung mit den Projekten „neuen Stils" mehr absolut Arme erfaßt und gefördert als andere Entwicklungsorganisationen (Bettina Hürni: Die Weltbank – Funktion und Kreditvergabepolitik nach 1970. Verlag Hüegger, Diessenhofen/Schweiz 1980, bes. S. 49–91).

[11] Vgl. auch Silvio Borner: Die Schwellenländer: Vorhut auf der Entwicklungsleiter oder weltwirtschaftliche Sonderfälle? In: Wirtschaft und Recht, Jg. 33, Heft 3/4, 1981, S. 70–89.

[12] Vgl. Eugen Langen: Transnationales Recht. Verlagsgesellschaft Recht und Wirtschaft, Heidelberg 1981.

„Kaltenbrunner will einen schöpferischen Beitrag zu einer neuen Ordnung leisten, die sich nicht selbst zerstört, sondern dem Leben verbunden ist. In diesem Sinne führt er selbst die Feder, auf dieser Grundlage sammelt er in der Reihe INITIATIVE Autoren, denen man zustimmen oder widersprechen kann, denen aber niemand den Vorwurf zu machen imstande ist, daß Opportunismus und das Schielen nach der Kassa oder dem Beifall der Menge die Triebfeder ihrer Wortmeldung sind. Die Bände der INITIATIVE seien deshalb allen jenen zur Lektüre und zum angeregten Studium empfohlen, die über die nächste Wegbiegung den Pfad in die Zukunft zu erkunden trachten und die über den heutigen Tag hinaus zu denken willens sind."

Kurt Skalnik, Österreichischer Rundfunk, Wien, 26. Oktober 1980

AYN RAND

Kapitalismus – das unbekannte Ideal

Ayn Rand, geboren 1905 in St. Petersburg (dem heutigen Leningrad), erlebte die russische Oktoberrevolution 1917 als Teenager und kam, nachdem sie in ihrer Heimat Geschichte studiert hatte, 1926 in die USA. Dort arbeitete sie zunächst als Drehbuchautorin für verschiedene Filmgesellschaften, dann wurde sie freie Schriftstellerin und Gastdozentin zahlreicher amerikanischer Universitäten. Sie ist Mitherausgeberin der Zeitschrift „The Objectivist" und Autorin einiger Romane, die in Millionenauflagen verbreitet sind.
Ayn Rand gehört zu den meistgelesenen, aber auch umstrittensten Sozialphilosophen der westlichen Welt. Sie vertritt einen radikalen Individualismus, der deutsche Leser an Max Stirner („Der Einzige und sein Eigentum", 1845) erinnern mag, und in wirtschaftlicher Hinsicht einen sozusagen chemisch reinen Kapitalismus, wie er nirgendwo existiert. Wahrscheinlich ist nur eine russische Intellektuelle, die sowohl den Zarismus als auch den Kommunismus aus eigener Erfahrung kennt und seit Jahrzehnten in den USA, einem Land ohne feudale Vergangenheit, durch

---

* Original: „What is Capitalismus?", in: Ayn Rand, *Capitalism, the Unknown Ideal,* New York (New American Library, Signet Books) 1967, S. 11–34.

ihre Bücher die einen begeistert, die andern schockiert, zu einer solchen vehementen Rechtfertigung des Kapitalismus imstande, welche in Europa nicht einmal die überzeugtesten Apologeten der Marktwirtschaft, des Privateigentums und der Unternehmerinitiative wagen würden. Niemand hat in unserer Zeit den Sozialismus, den Wohlfahrtsstaat und darüber hinaus die Moral des Altruismus, soweit sie das Gute auf Kosten anderer bewirken will, so schonungslos angeprangert wie diese leidenschaftliche Verfechterin eines als Verwirklichung des Ideals höchstmöglicher Freiheit verstandenen Kapitalismus.

Der folgende Beitrag, der zum ersten Mal in deutscher Sprache erscheint, ist eine Provokation. Er wird bei Liberalen, Christen und Sozialisten auf Widerspruch stoßen. Vielleicht werden aber auch einige Leser den Scharfsinn, die Kühnheit und Brillanz der Aussage bewundern. Obwohl es seit bald siebzig Jahren einen „real existierenden Sozialismus" in großen Teilen der Welt gibt, werden immer noch sozialistische Utopien entworfen. Sollte man nicht auch zur Abwechslung das intellektuelle Experiment wagen, dem unvollkommenen, inkonsequenten und oft wenig selbstbewußten Kapitalismus seine eigene Utopie aufzuzeigen?

Der Leser möge selbst entscheiden – sein Widerspruch wird nicht nur erwartet, sondern sogar erwünscht. Wie immer seine Entscheidung ausfallen möge: gleichgültig läßt Ayn Rand niemanden, und ihre Thesen verdienen, endlich auch im deutschen Sprachraum diskutiert zu werden.

Gerd-Klaus Kaltenbrunner

Der Niedergang der Philosophie im 19. Jahrhundert und ihr Zusammenbruch im 20. Jahrhundert zogen einen ähnlichen, doch viel langsamer und weniger augenfällig voranschreitenden Prozeß in der modernen Wissenschaft nach sich.

Die heute stattfindende rasante Entwicklung auf dem Gebiet der Technologie vollzieht sich in einer Weise, die an die Tage vor dem Wirtschaftskrach von 1929 erinnert: ein hektischer, fieberhafter Expansionsprozeß, der sich von der Antriebskraft der Vergangenheit und den uneingestandenen Relikten einer aristotelischen Erkenntnistheorie nährt, ungeachtet der Tatsache, daß sein Theorie-Konto seit langem überzogen ist – daß die Forscher im Bereich der Naturwissenschaften nicht mehr fähig sind, die Fülle der ihnen zur Verfügung stehenden Daten zusammenzufassen und auszuwerten, und somit dem Wiederaufleben eines primitiven Mystizismus Vorschub leisten. In den Humanwissenschaften hat der Krach indes bereits stattgefunden, Depression hat eingesetzt, und der Zusammenbruch der Wissenschaft ist fast vollkommen.

Am deutlichsten tritt diese Entwicklung in vergleichsweise jungen Wissenschaften wie der Psychologie oder der Nationalökonomie zutage. In der Psychologie läßt sich beobachten, wie versucht wird, das menschliche Verhalten zu studieren, ohne dabei zu berücksichtigen, daß der Mensch ein denkendes Wesen ist. In der Nationalökonomie kann man den Versuch beobachten, soziale Systeme zu untersuchen und auszudenken, ohne dabei auf den *Menschen* Bezug zu nehmen.

Die erkenntnistheoretischen Kriterien, die dem menschlichen Wissen und insbesondere den einzelnen Wissenschaften als Richtschnur dienen, werden von der Philosophie definiert und festgelegt. Die Nationalökonomie kam im 19. Jahrhundert auf, in der Ära des post-kantianischen Verfalls der Philosophie, und so ging niemand daran, ihre Voraussetzungen zu überprüfen und ihre Grundlagen in Frage zu stellen. Aus Nachlässigkeit übernahm die Nationalökonomie stillschweigend und kritiklos die grundlegenden Dogmen des Kollektivismus als ihre eigenen Axiome.

Die Nationalökonomen – eingeschlossen die Verfechter des Kapitalismus – definierten ihre Wissenschaft als das Studium der Verwaltung, Lenkung, Organisation oder Beeinflussung der einer „Gemeinschaft" oder einer Nation zur Verfügung stehenden „Ressourcen". Das Wesen dieser „Ressourcen" wurde nicht näher bestimmt: Ihr Gemeinschaftseigentum wurde als selbstverständlich angesehen, und die Aufgabe der Nationalökonomie sah man in der Untersuchung der Frage, wie diese „Ressourcen" für „das Allgemeinwohl" nutzbar zu machen wären.

Die Tatsache, daß die wichtigste „Ressource", um die es dabei ging, der Mensch selbst war, daß er ein Wesen von spezifischer

Eigenart mit besonderen Fähigkeiten und Bedürfnissen war, wurde, wenn überhaupt, nur äußerst oberflächlich beachtet. Der Mensch wurde einfach zu den Produktionsfaktoren gezählt, genauso wie der Boden, die Wälder oder die Bergwerke – und zwar als einer der weniger bedeutsamen Faktoren, denn mehr als *seiner* Rolle oder Eigenart galt das Studium dem Einfluß und der Qualität jener anderen Faktoren.

Die Nationalökonomie war praktisch eine Wissenschaft, die von der Strommitte aus startete: Sie beobachtete, daß die Menschen produzierten und Handel trieben, und hielt es für selbstverständlich, daß sie das immer getan hatten und immer tun würden – d. h., sie sah in dieser Tatsache etwas Gegebenes, das keiner weiteren Überlegung bedurfte –, und wandte sich stattdessen dem Problem zu, auf welchem Weg die „Gemeinschaft" am besten über die menschliche Leistung verfügen könnte.

Es gab viele Gründe für diese stammesgesellschaftliche Sicht des Menschen. Einer war die Moral des Altruismus; ein anderer der wachsende Einfluß des politischen Etatismus unter den Intellektuellen des 19. Jahrhunderts. Psychologisch gesehen, lag der Hauptgrund in der Leib-Seele-Dichotomie, von der die europäische Kultur durchdrungen war: Die materielle Produktion wurde als eine erniedrigende Aufgabe von untergeordnetem Rang angesehen, die zu dem, was den menschlichen Geist beschäftigt, keinen Bezug hat, zudem als eine Aufgabe, die seit Beginn der überlieferten Geschichte Sklaven oder Leibeigenen zugewiesen wurde. Die Institution der Leibeigenschaft hatte sich in der einen oder anderen Form bis gut in das 19. Jahrhundert hinein gehalten; erst mit Aufkommen des Kapitalismus wurde sie politisch abgeschafft – politisch, jedoch nicht verstandesmäßig.

Das Bild vom Menschen als einem freien, unabhängigen Individuum war der europäischen Kultur völlig fremd. Sie war bis in ihre Wurzeln eine Stammes-Kultur; im europäischen Denken war der Stamm die Einheit, die Entität, der Mensch dagegen war nur eine ihrer verbrauchbaren Zellen. Das galt für die Herrscher genauso wie für die Knechte: Man glaubte, daß die Herrscher ihre Privilegien nur dank der Dienste besaßen, die sie dem Stamm leisteten, und zwar dank Diensten wie der Bereitstellung von bewaffneter Streitmacht und der Gewährung militärischen Schutzes, denen adliger Rang zukam. Doch auch ein Adliger war genauso wie ein Knecht Leibeigener des Stammes: Sein Leben und sein Hab und Gut gehörten dem König. Es darf nicht vergessen werden, daß die Institution des Privateigentums in der vollen rechtlichen Bedeutung des Wortes erst durch den Kapitalismus ins Leben gerufen wurde. In den vorkapitalistischen Zeiten existierte Privateigentum zwar *de facto*, nicht aber *de jure*, d. h., es wurde aus Gewohnheit geduldet, existierte aber nicht aufgrund von Recht und Gesetz. Von Rechts wegen gehörte prinzipiell alles Hab und Gut dem Stammesoberhaupt, dem König, und es wurde nur mit seiner Erlaubnis als Lehen gehalten. Die Erlaubnis konnte er jedoch nach Belieben jederzeit widerrufen. (Durch die ganze europäische Geschichte hindurch hatte der König die Möglichkeit – und machte auch davon Gebrauch –, widerspenstige Adlige zu enteignen.)

Die europäischen Intellektuellen haben die amerikanische Philosophie der Menschenrechte nie völlig begriffen. Die in Europa vorherrschende Idee von Emanzipation lief darauf hinaus, daß die Vorstellung, der Mensch sei Sklave des durch einen König verkörperten, absoluten Staates, mit der Vorstellung vertauscht wurde, der Mensch sei Sklave des durch „das Volk“ verkörperten, absoluten Staates – d. h., die sklavische Abhängigkeit von einem Stammesoberhaupt wurde ersetzt durch die sklavische Abhängigkeit vom Stamm. Eine nichtstammesgesellschaftliche Sicht des Daseins fand keinen Eingang in eine Denkweise, die in dem Privileg, Produzenten materieller Güter durch physischen Zwang zu beherrschen, einen Ausweis für adligen Rang sah.

So nahmen die europäischen Denker keine Notiz davon, daß im Laufe des 19. Jahrhunderts die Galeerensklaven durch Erfinder von Dampfschiffen und die Dorfschmiede durch Eigentümer von Hochöfen ersetzt worden waren, vielmehr fuhren sie fort, in Kategorien (Widersprüchen in sich selbst) zu denken, wie „Lohnsklaverei“ oder „antisozialer Eigennutz von Industriellen, die der Gesellschaft so vieles wegnehmen, ohne ihr

dafür irgend etwas zu geben" – wobei sie von dem ungeprüften Axiom ausgingen, Wohlstand sei ein anonymes, soziales Produkt der Stammesgesellschaft in ihrer Gesamtheit.
Diese Vorstellung ist bis heute nicht in Frage gestellt worden; sie bildet vielmehr die stillschweigende Voraussetzung, auf der die zeitgenössische Nationalökonomie aufbaut.
Als ein Beispiel für diese Ansicht und ihre Konsequenzen werde ich den Artikel über „Kapitalismus" in der *Encyclopaedia Britannica*[1] zitieren. Der Artikel liefert keine Definition seines Themas; er beginnt wie folgt:

> KAPITALISMUS ist ein Terminus, mit dem man das Wirtschaftssystem kennzeichnet, welches seit dem Untergang des Feudalismus in der westlichen Welt vorherrschend ist. Grundlegend für jedes kapitalistisch genannte System sind die Beziehungen zwischen privaten Eigentümern von nicht-personellen Produktionsmitteln (Boden, Bergwerke, *Industrieanlagen*[2] etc., insgesamt bekannt als Kapital) und freien, aber kapitallosen Arbeitern, die ihre Arbeitsleistung an Arbeitgeber verkaufen ... Die sich daraus ergebenden Lohnverhandlungen legen das Verhältnis fest, nach dem sich die Arbeiterklasse und die Klasse der kapitalistischen Unternehmer in das Ergebnis der gesellschaftlichen Produktion teilen.

Hierzu zitiere ich aus Galts Rede in *Atlas wirft die Welt ab*[3], und zwar aus einer Passage, die das Credo des Kollektivismus veranschaulicht: „Ein Industrieller – so jemanden gibt es nicht. Eine Fabrik ist eine ‚natürliche Ressource', so wie ein Baum, ein Fels oder eine Lehmgrube."
Den Erfolg des Kapitalismus erklärt die *Britannica* wie folgt:

> Die besondere Tugend, die es dem Kapitalismus ermöglichte, alle vorhergehenden Wirtschaftssysteme zu überflügeln, bestand in der produktiven Verwendung des „sozialen Überschusses". Anstatt Pyramiden und Kathedralen zu bauen, wählten diejenigen, die über die Verwendung des sozialen Überschusses zu entscheiden hatten, die Investition in Schiffe, Lagerhäuser, Roh-, Fertigprodukte und andere materielle Formen des Wohlstandes. Auf diese Weise wurde der soziale Überschuß in erweiterte Produktionskapazität verwandelt.

Dies wird über eine Zeit gesagt, in der die Bevölkerung Europas in einer derartigen Armut lebte, daß die Kindersterblichkeit nahezu 50% erreichte und regelmäßig wiederkehrende Hungersnöte den „Überschuß" an Bevölkerung, den die vorkapitalistischen Wirtschaftssysteme nicht zu ernähren vermochten, auslöschten. Trotzdem behauptet die *Britannica,* ohne zwischen industriell produziertem und mittels Besteuerung enteignetem Wohlstand einen Unterschied zu machen, die frühen Kapitalisten hätten über die Verwendung des *Wohlstands-Überschusses* zu „entscheiden" gehabt und „sich entschlossen, ihn zu investieren" – und dieser Investitionsentscheidung sei der enorme Wohlstand des folgenden Zeitalters zu verdanken.

Was aber ist ein „sozialer Überschuß"? Der Artikel liefert keinerlei Definition oder Erklärung. Ein „Überschuß" impliziert das Vorhandensein einer Norm; wenn ein Leben auf dem Niveau chronischer Hungersnot über der implizierten Norm liegt, wo liegt dann diese Norm? Der Artikel gibt darauf keine Antwort.

So etwas wie einen „sozialen Überschuß" gibt es natürlich gar nicht. Aller Wohlstand wurde von jemandem produziert und gehört jemandem. Und „die besondere Tugend, die den Kapitalismus in Stand setzte, alle vorhergehenden Wirtschaftssysteme zu überflügeln", war die *Freiheit* (ein Begriff, der unter den in der *Britannica* berücksichtigten bezeichnenderweise fehlt), welche nicht zur Enteignung, sondern zur *Erzeugung* von Wohlstand führte.

Ich werde später noch mehr über diesen (aus vielen und darunter vor allem wissenschaftlichen Gründen) schimpflichen Artikel sagen müssen. An dieser Stelle habe ich ihn nur als ein prägnantes Beispiel für die stammesgesellschaftliche Sicht gebracht, die der heutigen Nationalökonomie als Prämisse zugrunde liegt.

In diese Prämisse teilen sich Gegner und Fürsprecher des Kapitalismus; sie versorgt die Argumente der Gegner mit einer gewissen inneren Konsistenz und entwaffnet die der Fürsprecher, indem sie ihnen einen leichten, jedoch vernichtenden Beigeschmack von moralischer Scheinheiligkeit verleiht, wie die Versuche beweisen, den Kapitalismus unter Hinweis auf „das Allgemeinwohl" oder „den Dienst am Konsumenten"

oder „die beste Allokation der Ressourcen" zu rechtfertigen. (*Wessen* Ressourcen?)
Wenn man den Kapitalismus verstehen will, dann muß man diese *stammesgesellschaftliche Prämisse* überprüfen – und in Frage stellen.
Die Menschheit ist keine Entität, kein Organismus, kein Korallenstock. Das Wesen, das sich mit Produktion und Handel beschäftigt, ist *der Mensch*. Nicht das Studium jenes lockeren Konglommerats, das unter der Bezeichnung „Gesellschaft" bekannt ist, sondern das Studium des Menschen gehört daher an den Anfang einer jeden Humanwissenschaft.

Dieser Sachverhalt verdeutlicht einen der erkenntnistheoretischen Unterschiede zwischen den Human- und den Naturwissenschaften und damit einen der Gründe für den wohlverdienten Minderwertigkeitskomplex der Humanwissenschaften gegenüber den Naturwissenschaften. Eine Naturwissenschaft würde es sich nicht (zumindest noch nicht) gestatten, das Wesen ihres Untersuchungsobjekts zu ignorieren oder links liegenzulassen. So etwas zu versuchen, das hieße in der Astronomie: in den Himmel zu gucken, aber sich zu weigern, einzelne Sterne, Planeten oder Satelliten zu betrachten – oder in der Medizin: Krankheit zu erforschen, ohne irgendeinen Maßstab für Gesundheit, und als Hauptuntersuchungsgegenstand ein Krankenhaus in seiner Gesamtheit zu wählen, ohne sich jemals mit einzelnen Patienten zu beschäftigen.
Durch Studium des Menschen läßt sich eine Menge über die Gesellschaft lernen; doch dieser Prozeß läßt sich nicht umkehren: Durch das Studium der Gesellschaft, d. h. das Studium von Wechselbeziehungen zwischen einzelnen Individuen, die man nie identifiziert oder definiert hat, kann man über den Menschen gar nichts lernen. Dennoch ist das die Methode, die die meisten Nationalökonomen anwenden. Ihre Haltung gipfelt praktisch in dem unausgesprochenen, impliziten Postulat: „Der Mensch ist das, was in ökonomische Gleichungen paßt." Da er aber offensichtlich nicht hineinpaßt, führt dies zu der kuriosen Situation, daß die Nationalökonomen trotz der praktischen Natur ihrer Wissenschaft seltsam unfähig sind, ihre ab-

strakten Begriffe zu den konkreten Tatsachen des wirklichen Lebens in Beziehung zu setzen.

Außerdem führt diese Methode bei der Betrachtung von Menschen und Ereignissen zu einer verblüffenden Art von Doppelmoral oder Doppelperspektive: Beobachten sie einen Schuster, haben sie keine Schwierigkeiten zu folgern, daß er arbeitet, um seinen Lebensunterhalt zu verdienen; doch als Nationalökonomen erklären sie auf dem Boden der stammesgesellschaftlichen Prämisse, sein Ziel (und seine Pflicht) sei die Versorgung der Gesellschaft mit Schuhen. Wenn sie die kommunistische Parole hören, alles Eigentum solle dem Staat gehören, lehnen sie sie nachdrücklich ab und haben das *aufrichtige* Gefühl, sie lieferten dem Kommunismus einen Kampf bis aufs Messer; aber in der Nationalökonomie sprechen sie von der Pflicht der Regierung, auf „eine angemessene Umverteilung des Wohlstands" hinzuwirken, und bezeichnen die Unternehmer als die besten und effizientesten Sachwalter des nationalen Bestandes an „natürlichen Ressourcen".

Das kann eine zugrundeliegende Prämisse (und philosophische Nachlässigkeit) anrichten; und das hat die stammesgesellschaftliche Prämisse angerichtet.

Will man diese Prämisse verwerfen und einen ganz neuen Zugang zur Nationalökonomie und zur Beurteilung verschiedener sozialer Systeme erhalten, muß man damit beginnen, die Natur des Menschen zu analysieren, d. h. jene essentiellen Merkmale aufzuzeigen, die ihn von allen anderen Lebewesen unterscheiden.

Essentielles Merkmal des Menschen ist seine Fähigkeit zu denken. Der Verstand ist für den Menschen die Grundlage zum Überleben – sein einziges Hilfsmittel zum Erwerb von Wissen.

> Der Mensch kann nicht wie die Tiere überleben, indem er sich lediglich durch wahrgenommene Gegenstände leiten läßt ... Ohne einen Denkprozeß kann er nicht einmal seine einfachsten physischen Bedürfnisse befriedigen. Er braucht einen Denkprozeß, um zu entdecken, wie er Nahrung anbauen und züchten oder wie er Jagdwaffen herstellen kann. Seine Wahrnehmungsfähigkeit mag ihn zu einer Höhle führen, falls eine vorhanden ist – aber um das einfachste Dach über dem Kopf zu bauen, braucht er einen Denkprozeß. Keine Wahrnehmung und kein „Instinkt" werden ihm

> sagen, wie man Feuer macht, wie man Tuch webt, wie man Werkzeuge schmiedet, wie man ein Rad konstruiert, wie man ein Flugzeug baut, wie man eine Blinddarmoperation ausführt, wie man eine Glühbirne, eine Radioröhre, einen Teilchenbeschleuniger oder eine Schachtel Streichhölzer herstellt. Doch von solchem Wissen hängt sein Leben ab – und nur ein willentlicher Akt seines Bewußtseins, d. h. ein Denkvorgang, kann es zur Verfügung stellen[4].

Ein Denkvorgang ist ein ungeheuer komplexer Prozeß des Identifizierens und Integrierens, den nur ein individueller Verstand ausführen kann. So etwas wie ein kollektives Gehirn gibt es nicht. Menschen können von einander lernen, doch Lernen setzt voraus, daß bei jedem einzelnen Lernenden ein Denkvorgang stattfindet. Menschen können bei der Entdeckung neuen Wissens zusammenarbeiten, doch eine solche Zusammenarbeit verlangt, daß jeder einzelne Forscher seine rationale Fähigkeit selbständig ausübt. Der Mensch ist die einzige lebende Spezies, die ihren Wissensvorrat von Generation zu Generation überliefern und ausweiten kann; doch eine solche Überlieferung verlangt einen Denkprozeß auf seiten der einzelnen Empfänger. Das bezeugen die Zusammenbrüche der Zivilisation, die dunklen Zeitalter in der Geschichte der Menschheitsentwicklung, als das über Jahrhunderte hinweg angesammelte Wissen aus dem Leben von Menschen verschwand, die nicht zu denken vermochten, nicht denken wollten oder nicht denken durften.

Um sich am Leben zu erhalten, muß jede lebende Spezies einem gewissen Handlungsablauf folgen, den ihr ihre Natur vorschreibt. Das zur Erhaltung menschlichen Lebens notwendige Handeln ist vor allem intellektueller Art: Alles, was der Mensch braucht, muß er mit seinem Geist entdecken und aus eigener Anstrengung produzieren. Produktion ist die Anwendung des Verstandes auf das Problem des Überlebens.

Wenn einige Menschen nicht denken wollen, können sie nur dadurch überleben, daß sie einen von anderen ausgedachten Arbeitsvorgang nachahmen und routinemäßig ausüben – aber jene anderen mußten ihn entdeckt haben, sonst hätte keiner überlebt. Wenn einige Menschen nicht denken und nicht arbeiten wollen, können sie nur – aber auch nur für eine gewisse Zeit

– überleben, indem sie Güter rauben, die von anderen hergestellt wurden – doch jene anderen mußten sie produziert haben, sonst hätte keiner überlebt. Unabhängig von der Entscheidung, die in diesem Zusammenhang von irgendeinem Menschen oder irgendeiner Anzahl von Menschen getroffen wird, und ohne Rücksicht darauf, wie blind, irrational oder schlecht der von ihnen eingeschlagene Weg auch sein mag, Tatsache ist, daß Verstand für den Menschen das Mittel zum Überleben ist und daß die Menschen entsprechend dem Grad ihrer rationalen Fähigkeiten Erfolg haben oder scheitern, überleben oder zugrunde gehen.

Da Wissen, Denken und rationales Handeln in individuellem Besitz sind und dem Individuum die Entscheidung obliegt, ob es seine rationale Fähigkeit ausübt oder nicht, erfordert das Überleben des Menschen, daß diejenigen, die denken, frei sind von Beeinträchtigungen durch jene, die nicht denken. Da Menschen weder allwissend noch unfehlbar sind, müssen sie die Freiheit haben, zuzustimmen oder abzulehnen, zusammenzuarbeiten oder ihren eigenen, unabhängigen Weg zu verfolgen, und zwar jeder entsprechend seinem eigenen rationalen Urteil. Freiheit ist die grundlegende Voraussetzung für menschliche Geisteskraft.

Ein rationaler Geist arbeitet nicht unter Zwang; er unterwirft seine Vorstellung von der Wirklichkeit nicht irgend jemandes Befehlen, Direktiven oder Kontrollen; er opfert sein Wissen, seine Ansicht von der Wahrheit nicht irgend jemandes Meinungen, Drohungen, Wünschen, Plänen oder „Wohlfahrt". Ein solcher Geist mag von anderen behindert werden, er mag zum Schweigen gebracht, verfolgt, eingekerkert oder vernichtet werden; er kann nicht gezwungen werden; eine Waffe ist kein Argument. (Beispiel und Symbol für diese Haltung ist Galileo Galilei.)

Von der Arbeit und der ungebrochenen Rechtschaffenheit solcher Köpfe – von den kompromißlosen Innovatoren – kommen alles Wissen und alle Errungenschaften der Menschheit[5]. Solchen Köpfen verdankt die Menschheit ihr Überleben[6].

Das gleiche Prinzip gilt für alle Menschen auf jeder Stufe des Könnens und Wollens. In dem Maß, wie sich ein Mensch von seinem rationalen Urteil leiten läßt, handelt er in Übereinstimmung mit dem Anspruch seiner Natur, und in dem Maß gelingt es ihm, eine menschliche Form des Überlebens und Wohlergehens zu erreichen; in dem Maß, wie er irrational handelt, handelt er als Zerstörer seiner selbst.

Die soziale Anerkennung der rationalen Natur des Menschen, d. h. des Zusammenhangs zwischen seinem Überleben und dem Gebrauch seiner Vernunft, kommt im Konzept der *Individualrechte* zum Ausdruck.

Ich muß an dieser Stelle daran erinnern, daß „Rechte" moralische Prinzipien sind, die die Freiheit menschlichen Handelns im sozialen Kontext definieren und sanktionieren, und daß sie von der rationalen Natur des Menschen abgeleitet und eine notwendige Bedingung für seine besondere Form des Überlebens sind. Ich muß auch daran erinnern, daß das Recht auf Leben Quelle allen Rechts, eingeschlossen des Rechts auf Eigentum, ist[7].

Im Hinblick auf die Nationalökonomie muß letzteres besonders hervorgehoben werden: Der Mensch hat zu arbeiten und zu produzieren, um sich am Leben zu erhalten. Er muß sein Leben kraft eigener Leistung und unter Führung seines eigenen Verstandes erhalten. Hat er kein Verfügungsrecht über das Produkt seiner Leistung, so kann er auch nicht über seine Leistung verfügen; kann er aber nicht über seine Leistung entscheiden, hat er kein Verfügungsrecht über sein Leben. Ohne Eigentumsrechte kann man keine anderen Rechte durchsetzen.

Während wir diese Tatsachen im Gedächtnis behalten, wollen wir uns nun mit der Frage befassen, welches soziale System für den Menschen geeignet ist.

Ein soziales System ist eine Sammlung moralisch-politisch-ökonomischer Prinzipien, welche durch die Gesetze, die Institutionen und die Regierung einer Gesellschaft verkörpert werden und die Beziehungen bzw. die Bedingungen für Beziehungen zwischen den in einer gegebenen geographischen Region lebenden Menschen festlegen. Es ist offensichtlich, daß diese Beziehungen von der jeweiligen Auffassung über die Natur des Menschen abhängen, d.h., daß sie in einer Gesellschaft rationaler Wesen anders aussehen würden als in einer Ameisenkolonie. Es leuchtet ein, daß sie große Unterschiede aufwiesen, je nachdem ob sich die Menschen ausgehend von der Prämisse, daß jeder Mensch bereits Zweck in sich ist, gegenseitig als freie, unabhängige Individuen behandeln, oder als Mitglieder einer Horde, in der jeder die anderen als Mittel für *seine* Zwecke und für die Zwecke der *„Horde als Ganzes“* ansieht.

Lediglich zwei grundlegende Fragen (genauer zwei Aspekte derselben Frage) sind notwendig, um irgendein soziales System in seiner Eigenart zu charakterisieren: Werden in dem sozialen System die Individualrechte anerkannt? – Und: Hat das soziale System die Anwendung physischen Zwanges aus den menschlichen Beziehungen verbannt? In der Antwort auf die zweite Frage liegt zugleich die praktische Verwirklichung der Antwort auf die erste.

Ist der Mensch ein souveränes Individuum, dem seine Person, sein Geist, sein Leben, seine Arbeit und seine Produkte gehören – oder ist er Eigentum des Stammes (des Staates, der Gesellschaft, des Kollektivs), der ganz nach Belieben über ihn disponieren, ihm seine Überzeugungen diktieren, seinen Lebensweg vorschreiben, seine Arbeit kontrollieren und seine Produkte enteignen kann? Hat der Mensch das *Recht* um seiner selbst willen zu leben – oder ist er in Knechtschaft geboren, als ein vertraglich verpflichteter Diener, der sein Leben ständig durch Dienste für den Stamm erkaufen muß, es jedoch niemals frei und unbelastet erwerben kann?

Dies ist die Ausgangsfrage, die es zu beantworten gilt. Alles weitere besteht aus Folgerungen und praktischer Anwendung. Das Entscheidende ist lediglich: Ist der Mensch frei?

In der Menschheitsgeschichte ist der Kapitalismus das einzige System, das die Frage mit ja beantwortet.

Der Kapitalismus ist ein soziales System, das auf der Anerkennung von Individualrechten unter Einschluß der Eigentumsrechte beruht und in dem alles Eigentum in privater Hand liegt.

Die Anerkennung von Individualrechten hat zur Folge, daß physischer Zwang aus menschlichen Beziehungen verbannt ist: Rechte können grundsätzlich nur durch Anwendung von

Zwang verletzt werden. In einer kapitalistischen Gesellschaft darf weder ein einzelner noch eine Gruppe mit der Anwendung von physischem Zwang gegenüber anderen *beginnen*. In einer solchen Gesellschaft hat die Regierung die alleinige Aufgabe, die Rechte des einzelnen zu sichern, d. h., ihn vor physischem Zwang zu schützen; die Regierung handelt stellvertretend für das Recht des Menschen auf Selbstverteidigung und darf Zwang nur als Vergeltungsmaßnahme und dann nur gegen jene anwenden, die mit der Ausübung von Zwang begonnen haben. Mittels der Regierung läßt sich somit der der Vergeltung dienende Gebrauch von Gewalt einer *objektiven Kontrolle* unterwerfen[8].

Das grundlegende metaphysische Faktum der menschlichen Natur, der enge Zusammenhang zwischen seinem Überleben und dem Gebrauch seines Verstandes – das ist es, was vom Kapitalismus anerkannt und geschützt wird.

In einer kapitalistischen Gesellschaft sind alle menschlichen Beziehungen *freiwillig*. Ob die Menschen zusammenarbeiten oder nicht, untereinander Handel treiben oder nicht, steht ihnen frei und hängt allein davon ab, was ihnen ihr eigenes Urteil, ihre eigene Meinung und ihr eigenes Interesse gebieten. Sie können miteinander nur auf geistiger Ebene verkehren, d. h. durch Diskussion, Überredung und *vertragliche* Übereinkunft, aus freiwilligem Entschluß zu wechselseitigem Vorteil. Das Recht auf Einverständnis mit anderen ist in keiner Gesellschaft problematisch, das Kernproblem liegt vielmehr im *Recht auf Meinungsverschiedenheit*. Geschützt und verwirklicht wird dieses Recht auf Meinungsverschiedenheit von der Institution des Privateigentums, die dadurch wegbereitend wirkt für das (persönlich, gesellschaftlich und objektiv) wertvollste Attribut des Menschen: den schöpferischen Geist.

Hierin liegt der entscheidendeUnterschied zwischen Kapitalismus und Kollektivismus.

Die Macht, die den Aufbau, den Wandel, die Evolution und die Zerstörung sozialer Systeme bewirkt, ist die Philosophie. Dabei spielen Glück, Zufall oder Tradition die gleiche Rolle, wie im Leben eines einzelnen: ihr Einfluß steht im umgekehrten Verhältnis zum Einfluß des philosophischen Rüstzeugs einer Kultur (oder eines Individuums) und nimmt in dem Maße zu, wie die Philosophie verfällt. Der Charakter eines Gesellschaftssystems muß deshalb in bezug auf die Philosophie definiert und beurteilt werden. Analog den vier Zweigen der Philosophie, der Metaphysik, der Erkenntnistheorie, der Ethik und der Politik bestehen die vier Ecksteine des Kapitalismus aus den Existenzbedingungen des Menschen, dem Verstand, den Individualrechten und der Freiheit.

Sie – und nicht der aus vorgeschichtlicher Überlieferung ererbte stammesgesellschaftliche Ansatz – sind im wesentlichen das Fundament für einen geeigneten Zugang zur Nationalökonomie und zum Verständnis des Kapitalismus.

Die „praktische" Rechtfertigung des Kapitalismus liegt nicht in der kollektivistischen Behauptung, er bewirke „die beste Allokation der nationalen Ressourcen". Der Mensch ist *keine* „nationale Ressource", und ebensowenig ist es sein Verstand, denn ohne die schöpferische Kraft der menschlichen Intelligenz bleiben Rohmaterialien lediglich ein Haufen nutzlosen Materials.

Die *moralische* Rechtfertigung des Kapitalismus liegt nicht in der altruistischen Behauptung, er sei der beste Weg zur Erzielung des „Allgemeinwohls". Es stimmt zwar, daß er es ist, sofern man diesem Schlagwort überhaupt eine Bedeutung beimißt, doch es handelt sich dabei um einen sekundären Effekt. Die moralische Rechtfertigung des Kapitalismus liegt in der Tatsache, daß er das einzige, mit der rationalen Natur des Menschen zu vereinbarende System ist, daß er ein Überleben des Menschen *als* Mensch garantiert und daß sein Lenkungsprinzip die *Gerechtigkeit* ist.

Jedes soziale System basiert explizit oder implizit auf irgendeiner ethischen Theorie. Die stammesgesellschaftliche Vorstellung des „Gemeinwohls" hat den meisten historischen Gesellschaftssystemen – vor allem allen Tyranneien – als moralische Rechtfertigung gedient. Das Ausmaß von Versklavung oder Freiheit in einer Gesellschaft entsprach dem Grad von Beachtung oder Nicht-Beachtung, der diesem stammesgesellschaftlichen Slogan zuteil wurde.

„Das Allgemeinwohl" (oder „das öffentliche Interesse") ist ein nicht-definiertes und nicht-definierbares Konzept: Eine Entität wie „der Stamm“ oder „die Öffentlichkeit“ gibt es nicht; der Stamm (oder die Öffentlichkeit oder die Gesellschaft) ist nur eine Anzahl einzelner Menschen. Etwas kann nicht für den Stamm als solchen gut sein; Begriffe wie „das Gute“ oder „der Wert“ beziehen sich *allein* auf einen lebendigen Organismus, und zwar auf einen einzelnen lebenden Organismus, nicht auf ein körperloses Aggregat von Beziehungen.

„Das Allgemeinwohl“ ist ein inhaltsloses Konzept, es sei denn, man nimmt es wörtlich. Dann kommt als einzig mögliche Bedeutung in Frage: die Summe des individuellen Wohls *aller* beteiligten Menschen. Doch in diesem Fall ist das Konzept als moralisches Kriterium bedeutungslos: Die Frage, was *ist* das individuelle Wohl eines Menschen und wie läßt es sich bestimmen, bleibt offen.

Im allgemeinen wird dieses Konzept jedoch nicht in seiner wörtlichen Bedeutung gebraucht. Vielmehr wird es gerade wegen seines elastischen, undefinierbaren, mystischen Charakters geschätzt, der nicht als moralische Richtschnur, sondern mehr als Rettung vor moralischem Anspruch dient. Da das Gute nicht auf Körperloses anwendbar ist, wird es zum moralischen Blankoscheck für jene, die es zu verkörpern suchen.

Sofern „das Allgemeinwohl“ einer Gesellschaft als etwas sich vom individuellen Wohl ihrer Mitglieder Unterscheidendes und es Überragendes angesehen wird, bedeutet das, daß das Wohl *einiger* Leute Vorrang hat vor dem Wohl anderer, wobei jenen anderen die Rolle von Opfertieren zugedacht wird. In solchen Fällen wird stillschweigend angenommen, „Allgemeinwohl“ bedeute „das Wohl der Mehrheit“ im Gegensatz zu dem der Minderheit oder des Individuums. Man beachte die bezeichnende Tatsache, daß die Annahme stillschweigend gemacht wird: Selbst in höchstem Maß kollektivistisch Gesinnte scheinen zu spüren, daß ihre moralische Rechtfertigung ein Ding der Unmöglichkeit ist. Doch auch „das Wohl der Mehrheit“ ist nur Lug und Trug: Da die Verletzung der Rechte eines Individuums in Wirklichkeit der Aufhebung aller Rechte gleichkommt, wird die hilflose Mehrheit der Macht irgendeiner Bande überantwortet, die sich selbst als „die Stimme der

Gesellschaft" proklamiert und solange mittels physischem Zwang regiert, bis sie von einer anderen Bande abgelöst wird, die dieselben Mittel anwendet.

Beginnt man mit der Definition dessen, was für einen einzelnen Menschen gut ist, wird man nur eine Gesellschaft als geeignet akzeptieren, in der dieses individuelle Wohl erreicht und *erreichbar* ist. Beginnt man jedoch, indem man „das Allgemeinwohl" als Axiom akzeptiert und das individuelle Wohl als seine mögliche, aber nicht (in jedem Fall) notwendige Folge ansieht, endet man bei einer solch schauerlichen Absurdität wie Sowjetrußland, d.h. bei einem Land, das sich erklärtermaßen dem „Allgemeinwohl" verschrieben hat, wo aber mit Ausnahme einer winzigen Führungsclique die gesamte Bevölkerung schon seit mehr als zwei Generationen in menschenunwürdigstem Elend leben muß.

Was veranlaßt die Opfer und, schlimmer noch, die Beobachter, diese und ähnliche historische Greuel zu akzeptieren und noch immer an dem Mythos vom „Allgemeinwohl" festzuhalten? Die Antwort liegt in der Philosophie, d. h. in den philosophischen Theorien über das Wesen moralischer Werte.

Es gibt im wesentlichen drei theoretische Lehrmeinungen über das Wesen des Guten: die intrinsische, die subjektive und die objektive. Die *intrinsische* Theorie behauptet, das Gute sei gewissen Dingen oder Handlungen als solchen inhärent, ohne Rücksicht auf deren Zusammenhang oder Auswirkungen, ohne Rücksicht auf etwaigen Nutzen oder Schaden, der den Akteuren oder Betroffenen entstehen könnte. Indem sie behauptet, das Gute sei in, durch und aus sich selbst gut, macht sie eine Trennung zwischen „gut" und den Nutznießern des Guten, zwischen „Wert" und dem als wertvoll angesehenen Zweck.

Die *subjektivistische* Theorie ist der Ansicht, das Gute habe keinen Bezug zu den wirklichen Tatsachen, es sei das aus Gefühlen, Wünschen, „Intuitionen" oder Marotten hervorgebrachte gedankliche Produkt eines Menschen, und es sei lediglich ein „willkürliches Postulat" oder eine „emotionale Verpflichtung".

Während die intrinsische Theorie behauptet, das Gute existiere in einer vom menschlichen Bewußtsein unabhängigen

Form der Realität, behauptet die subjektivistische Theorie, das Gute existiere im Bewußtsein des Menschen, unabhängig von der Realität.

Die *objektive* Theorie behauptet, das Gute sei weder ein Attribut von „Dingen an sich" noch von emotionalen Zuständen des Menschen, sondern *eine Bewertung* realer Tatsachen durch das menschliche Bewußtsein in bezug auf einen rationalen Wertmaßstab. (Rational bedeutet in diesem Zusammenhang: abgeleitet von den realen Fakten und bewertet durch einen Denkvorgang). Die objektive Theorie behauptet, *das Gute sei ein in Relation zum Menschen gesetzter Aspekt der Realität* und müsse daher vom Menschen nicht erfunden, sondern entdeckt werden. Grundlegend für eine objektive Werttheorie ist die Frage: Wertvoll für wen und für was? Eine objektive Theorie verbietet das „Aus-dem-Zusammenhang-Reißen" und „Konzepte-Stehlen"; sie verbietet die Trennung von „Wert" und „wertvollem Zweck", von „gut" und „Nutznießern des Guten", sowie von menschlichem Handeln und Denken.

Von allen sozialen Systemen in der Menschheitsgeschichte *ist der Kapitalismus das einzige, das auf einer objektiven Werttheorie beruht.*

Die intrinsische Theorie und die subjektivistische Theorie (oder eine Mischung aus beiden) sind die notwendige Basis für jede Diktatur, Tyrannis oder Variante des absoluten Staates. Diese Theorien, ob sie nun bewußt oder unbewußt vertreten werden, in der expliziten Form einer philosophischen Abhandlung oder implizit als deren wirres Echo in den Gefühlen des Durchschnittsmenschen, gestatten dem Menschen zu glauben, das Gute sei vom menschlichen Geist unabhängig und könne durch physischen Zwang erreicht werden.

Wenn ein Mensch glaubt, das Gute sei bestimmten Handlungen inhärent, wird er nicht zögern, andere zu ihrer Ausführung zu zwingen. Wenn er glaubt, dem durch solche Handlungen verursachten Nutzen oder Schaden sei keine Bedeutung beizumessen, wird er ein Blutbad für unerheblich ansehen. Wenn er glaubt, die Nutznießer solcher Handlungen seien ohne Belang (oder gegeneinander auswechselbar) wird er Massenmorde als seine moralische Pflicht im Dienste eines „höheren" Zwecks ansehen. Es ist die intrinsische Werttheorie, die einen Robespierre, einen Lenin, einen Stalin oder einen Hitler hervorbringt. Wenn ein Mensch glaubt, das Gute sei eine Angelegenheit willkürlicher, subjektiver Wahl, wird für ihn die Frage nach gut oder böse zur Frage nach: *meine* Gefühle oder die der *anderen?* Brücken der Verständigung oder der Kommunikation sind für ihn nicht möglich. Nur der Verstand ermöglicht eine Kommunikation der Menschen untereinander, und eine objektiv erkennbare Realität ist ihr einziger gemeinsamer Bezugsrahmen; wird beides auf dem Gebiet der Moral entkräftet (d.h. für belanglos angesehen), wird Zwang zum einzigen Weg für die Menschen, miteinander umzugehen. Wenn der Subjektivist irgendein eigenes soziales Ideal verfolgen will, hält er sich für moralisch ermächtigt, Menschen „zu ihrem eigenen Besten" zu zwingen, da er *fühlt,* daß er im Recht ist und dem nichts als die fehlgeleiteten Gefühle der anderen entgegen steht.

So kommt es, daß die intrinsische und die subjektivistische Schule sich in der Praxis treffen und ineinander übergehen. (Auch in psychologisch-erkenntnistheoretischer Sicht gehen sie ineinander über: denn nicht anders als durch ihr Gefühl, d.h. durch besondere, irrationale Offenbarungen entdecken die Moralisten der intrinsischen Schule das alles überragende „Gute".) Es ist zweifelhaft, ob man eine dieser Theorien überhaupt, und sei es irrtümlich, als aktuelle Überzeugung vertreten kann. Dennoch dienen beide als rationale Begründung für den Machthunger und die Herrschaft roher Gewalt, indem sie die Macht des potentiellen Diktators entfesseln und seine Opfer entwaffnen.

Die objektive Werttheorie ist die einzige moralische Theorie, die mit einer Zwangsherrschaft unvereinbar ist. Der Kapitalismus ist das einzige System, dem implizit eine objektive Werttheorie zugrunde liegt. Das historisch Tragische daran ist, daß dieser Zusammenhang niemals aufgedeckt wurde.

Wenn man weiß, daß das Gute *objektiv* ist, d.h., durch das Eigentümliche der Realität bestimmt, jedoch durch den menschlichen Geist zu entdecken, weiß man, daß ein Versuch, das Gute mittels physischem Zwang zu erreichen, ein ungeheurer Widerspruch ist, der die Moralität von Grund auf negiert, indem er die menschliche Fähigkeit, das Gute zu erkennen und somit ein Werturteil abzugeben, zerstört. Zwangsgewalt, die von einem Menschen eine seinem eigenen Urteil zuwiderlaufende Handlung verlangt, schwächt und lähmt seine Urteilskraft und macht ihn auf diese Weise moralisch impotent. Ein Wert, den man unter Zwang und um den Preis der geistigen Selbstaufgabe akzeptiert, ist für niemanden von Wert; denn der gezwungenermaßen Geistlose kann weder urteilen, noch wählen, noch werten. Ein Versuch, das Gute durch Zwang zu erreichen, kommt dem Versuch gleich, jemandem um den Preis seines Augenlichts eine Gemäldegalerie einzurichten. Werte können nicht außerhalb des Gesamtzusammenhangs von Leben, Bedürfnissen, Zielen und *Wissen* eines Menschen existieren bzw. bewertet werden.

Die objektive Sicht der Werte durchdringt die gesamte Struktur einer kapitalistischen Gesellschaft.

Die Anerkennung von Individualrechten beinhaltet die Anerkennung der Tatsache, daß das Gute keine erhabene Abstraktion in irgendeiner übernatürlichen Dimension, sondern ein zur Wirklichkeit, zu dieser Erde und zum Leben individueller menschlicher Wesen gehörender Wert ist (wie z. B. das Recht auf das Streben nach Glück). Das bedeutet, daß das Gute nicht von den Empfängern der Wohltaten getrennt werden kann, daß Menschen nicht als auswechselbar angesehen werden dürfen und daß kein Mensch oder Stamm versuchen darf, das Wohl einiger weniger um den Preis der Aufopferung anderer zu erreichen.

Das Marktsystem verkörpert die *soziale* Anwendung einer objektiven Theorie der Werte. Da Werte vom menschlichen Geist zu entdecken sind, müssen die Menschen die Freiheit haben, sie zu entdecken, d. h., zu denken, zu studieren, ihr Wissen in gegenständliche Form zu übersetzen, ihre Produkte zum Tausch anzubieten, sie zu beurteilen und auszuwählen, seien es nun materielle Güter oder Ideen, ein Brotlaib oder eine philosophische Abhandlung. Da Werte innerhalb eines Bezugsrahmens festgelegt werden, hat jeder Mensch selbständig im Rahmen seines eigenen Wissens, seiner Ziele und Interessen zu urteilen. Da Werte vom Wesen der Wirklichkeit determi-

niert werden, dient die Realität dem Menschen als letzter Schiedsrichter: Ist das Urteil eines Menschen richtig, erhält er die Belohnung; ist es falsch, ist er das einzige Opfer.
Das Verstehen der Unterscheidung zwischen intrinsischer, subjektiver und objektiver Sicht der Werte ist vor allem im Hinblick auf einen Marktprozeß von Bedeutung. Der Marktwert eines Produkts ist *kein* intrinsischer Wert, kein im luftleeren Raum schwebender „Wert an sich". Ein Marktprozeß verliert nie die Frage: „wertvoll für *wen*?" aus den Augen. Der Marktwert eines Produkts ist im weiten Feld der Objektivität nicht das Abbild seines *philosophisch-objektiven*, sondern allein seines *sozial-objektiven* Wertes.
Mit „philosophisch-objektiv" meine ich einen Wert, der vom Standpunkt des für den Menschen Bestmöglichen, d.h. mit dem Maßstab des intelligentesten, mit dem größten Wissen ausgestatteten Geistes, innerhalb einer gegebenen Kategorie, einer gegebenen Periode und einem abgegrenzten Zusammenhang (denn nichts kann in einem undefinierten Kontext bewertet werden) bewertet worden ist. Man kann zum Beispiel rational beweisen, daß das Flugzeug, *objektiv* gesehen, für den Menschen von unermeßlich größerem Wert ist als das Fahrrad, und daß die Werke Victor Hugos objektiv weitaus wertvoller sind als Groschenromane. Aber wenn die intellektuellen Fähigkeiten eines bestimmten Menschen ihm kaum gestatten, sich an Groschenromanen zu erfreuen, gibt es keinen Grund, warum er seinen mageren Verdienst, das Produkt seiner Leistung, für Bücher ausgeben sollte, die er nicht lesen kann, oder für die Subvention der Flugzeugindustrie, wenn seine eigenen Transportbedürfnisse nicht über den Radius eines Fahrrads hinausgehen. Ebensowenig gibt es einen Grund, warum die übrige Menschheit auf dem Niveau seines literarischen Geschmacks, seiner technischen Fähigkeiten und seines Einkommens niedergehalten werden sollte. Werte werden weder durch Befehl noch durch Mehrheitsbeschluß festgelegt.
So wie die Zahl der Anhänger kein Beweis für Wahrheit oder Unwahrheit einer Idee, die Zahl der Bewunderer kein Beweis für Wert oder Unwert eines Kunstwerks oder die Zahl der Käufer kein Beweis für die Wirksamkeit oder Unwirksamkeit

eines Produkts ist, so repräsentiert der Marktwert von Gütern oder Dienstleistungen nicht notwendigerweise ihren philosophisch-objektiven Wert, sondern nur ihren sozial-objektiven Wert, d.h. die Summe der individuellen Werturteile aller am Marktprozeß Beteiligten zu einer gegebenen Zeit und damit die Summe dessen, was *sie*, ein jeder im Rahmen seines eigenen Lebenszusammenhangs, wertschätzen.

So mag ein Lippenstift-Fabrikant sehr wohl ein größeres Vermögen machen als ein Produzent von Mikroskopen, obgleich rational dargelegt werden kann, daß Mikroskope wissenschaftlich wertvoller sind als Lippenstifte. Jedoch – wertvoller für *wen?*

Ein Mikroskop hat für eine kleine, sich für ihren Lebensunterhalt abzappelnde Stenotypistin keinen Wert; ein Lippenstift hat ihn; ein Lippenstift kann für sie den Unterschied zwischen Selbstvertrauen und Selbstzweifel, zwischen Glamour und Plackerei ausmachen.

Das bedeutet jedoch nicht, daß die den freien Markt beherrschenden Werte *subjektiv* sind. Wenn die Stenotypistin all ihr Geld für Kosmetik ausgibt und nichts übrigbehält, um den Gebrauch eines Mikroskops (d.h. den Besuch eines Arztes) dann zu bezahlen, *wenn sie seiner bedarf,* wird sie lernen, ihr Einkommen besser einzuteilen; der Markt dient dabei als ihr Lehrer: Sie hat keine Möglichkeit, andere für ihre Fehler zu bestrafen. Wenn sie vernünftig einteilt, steht das Mikroskop immer für ihre eigenen speziellen Bedürfnisse zur Verfügung, *für nicht mehr und nicht weniger;* sie wird nicht besteuert, um ein ganzes Krankenhaus, ein Forschungslabor oder die Reise eines Raumschiffs zum Mond zu unterstützen. Im Rahmen ihrer eigenen produktiven Kraft zahlt sie einen Teil der Kosten für wissenschaftliche Errungenschaften, wenn und insofern sie sie benötigt. Sie hat keine „soziale Verantwortung", ihr eigenes Leben ist ihre einzige Verantwortung – und das einzige, was ein kapitalistisches System von ihr verlangt, entspricht dem, was auch ihre *Natur* fordert: Vernunft, d.h., daß sie so lebe und handle, wie es ihr eigenes Urteil für das Beste ansieht.

Innerhalb jeder Kategorie von am Markt angebotenen Gütern oder Dienstleistungen macht derjenige den größten finanziellen Gewinn in der Branche, der das beste Produkt zum niedrigsten Preis liefert, allerdings nicht automatisch, nicht sofort und auch nicht auf Befehl, sondern kraft des freien Marktes, der jeden Marktteilnehmer lehrt, innerhalb seines eigenen Kompetenzbereichs nach dem *objektiv* Besten zu suchen, und jene straft, die aus irrationalen Erwägungen handeln.

Man beachte, daß ein freier Markt die Menschen nicht auf einen gemeinsamen Nenner bringt, – daß die intellektuellen Kriterien der Mehrheit einen freien Markt oder eine freie Gesellschaft nicht beherrschen –, und daß die außergewöhnlichen Menschen, die Innovatoren, die intellektuellen Riesen, von der Mehrheit nicht klein gehalten werden. In Wirklichkeit sind es die Mitglieder dieser außergewöhnlichen Minderheit, die die Gesamtheit einer freien Gesellschaft auf das Niveau ihrer eigenen Errungenschaften heben, während sie selbst weiter und weiter emporsteigen.

Ein freier Markt ist ein *kontinuierlicher,* unaufhaltsamer *Prozeß,* eine Aufwärtsbewegung, die von jedem das Beste (das Vernünftigste) fordert und ihn entsprechend belohnt. Während die Mehrheit noch kaum den Wert des Automobils erfaßt hat, führt die kreative Minderheit bereits das Flugzeug ein. Die Mehrheit lernt durch praktisches Beispiel, die Minderheit hat die Freiheit, Beispiel zu geben. Der „philosophisch objektive" Wert eines neuen Produkts dient als Lehrer für diejenigen, die ihre Verstandeskräfte im Rahmen ihrer Fähigkeiten einsetzen wollen. Die es nicht wollen, bleiben unbelohnt, genauso wie jene, die mehr verlangen, als ihr Können einbringt. Die Stagnierenden, die Irrationalen und die Subjektivisten besitzen keine Macht, die ihnen Überlegenen zu stoppen.

Die kleine Minderheit unter den Erwachsenen, die zur Arbeit eher *unfähig* als unwillig ist, ist auf freiwillige Wohltätigkeit angewiesen; Unglück ist kein Rechtsanspruch auf Sklavenarbeit; so etwas wie das *Recht,* diejenigen auszusaugen, zu kontrollieren und zugrunde zu richten, ohne die man lebensunfähig wäre, gibt es nicht. Was Depressionen und Massenarbeitslosigkeit angeht, so sind sie nicht auf das Marktsystem, sondern auf Eingriffe der Regierung in das Marktsystem zurückzuführen.

Die geistigen Schmarotzer, d.h. die Imitatoren, die zu liefern suchen, wovon sie meinen, es entspreche dem bekannten Geschmack der Öffentlichkeit, werden laufend von Innovatoren überflügelt, deren Produkte das Wissen und den Geschmack der Leute auf ein immer höheres Niveau heben. So ist es zu verstehen, wenn man sagt, das Marktsystem werde nicht von den Konsumenten, sondern von den Produzenten regiert. Die Erfolgreichsten sind diejenigen, die neue Produktionsbereiche entdecken, Bereiche, deren Existenz vorher unbekannt war.
Es kann sein, daß ein bestimmtes Produkt nicht sofort Anklang findet, besonders dann, wenn es eine zu radikale Neuerung darstellt; aber, abgesehen von belanglosen Zufällen, setzt es sich dann auf lange Sicht doch durch. So ist es zu verstehen, daß das Marktsystem nicht von den intellektuellen Kriterien der Mehrheit regiert wird, die jeweils nur im und für den Augenblick Geltung haben, sondern von denen, die zu weitsichtigem Denken und Planen fähig sind, und zwar zu um so weitsichtigerem, je klüger sie sind.
Der ökonomische Wert der Arbeit eines Menschen wird auf einem freien Markt durch ein einziges Prinzip bestimmt: durch die freiwillige Übereinkunft jener, die im Austausch dafür ihre eigene Arbeit und ihre Produkte zu geben gewillt sind. Darin liegt die moralische Bedeutung des Gesetzes von Angebot und Nachfrage; es verkörpert die vollkommene Verwerfung zweier heimtückischer Doktrinen: der stammesgesellschaftlichen Sicht und des Altruismus. Es repräsentiert die Anerkennung der Tatsache, daß der Mensch weder Eigentum noch Sklave des Stammes ist, daß ein Mensch arbeitet, um sein eigenes Leben zu erhalten – so wie er es aufgrund seiner Natur tun muß –, daß er sich von seinem eigenen vernünftigen Selbstinteresse leiten lassen muß und daß er, wenn er mit anderen Handel treiben will, keine hingebungsvollen Opfer erwarten kann, d.h., daß er nicht erwarten kann, Werte zu erhalten, ohne dagegen vergleichbare Werte einzutauschen. Einziges Kriterium für das in diesem Zusammenhang Vergleichbare ist das freie, freiwillige, nicht erzwungene Werturteil der Handeltreibenden.
Die stammesgesellschaftlichen Vorstellungen greifen dieses Prinzip aus zwei anscheinend gegensätzlichen Richtungen an:

Sie behaupten, der freie Markt sei „unfair" sowohl zum Genie wie zum Durchschnittsmenschen. Der erste Einwand äußert sich gewöhnlich in einer Frage wie: „Warum sollte Elvis Presley mehr Geld verdienen als Albert Einstein?" Die Antwort lautet: weil Menschen arbeiten, um ihr eigenes Leben zu erhalten und zu genießen, und wenn ihnen Elvis Presley als wertvoll erscheint, sind sie berechtigt, ihr Geld für ihr eigenes Vergnügen auszugeben. Presleys Vermögen wurde weder von jenen genommen, denen sein Werk nichts bedeutet, noch von Einstein; auch steht er Einstein nicht im Wege, und Einstein entbehrt in einer freien Gesellschaft auch nicht der ihm gebührenden Anerkennung und Unterstützung auf dem ihm angemessenen intellektuellen Niveau.

Was den zweiten Einwand angeht, die Behauptung, ein Mensch mit durchschnittlichen Fähigkeiten leide auf dem freien Markt unter einer „unfairen" Benachteiligung – dazu noch einmal eine Passage aus Galts Rede[9]:

> „... Versucht über den nächsten Augenblick hinauszuschauen, ihr, die ihr schreit, daß ihr euch vor dem Wettbewerb mit wesentlich intelligenteren Menschen fürchtet, daß deren Verstand eure wirtschaftliche Existenz bedrohe, daß der Starke dem Schwachen auf dem freien Markt keine Chance lasse... Da ihr aber doch in einer rationalen Gesellschaft lebt, in der die Menschen die Freiheit haben, Handel zu treiben, genießt ihr einen unschätzbaren Vorteil: der materielle Wert eurer Arbeit wird nicht nur durch eure eigene Leistung bestimmt, sondern auch durch die Leistung der besten kreativen Köpfe, die in eurer Umgebung leben und wirken...
>
> Die Maschine, der zur Form geronnene menschliche Intellekt, ist die Kraft, die eure Lebensmöglichkeiten erweitert, indem sie die Produktivität eurer Zeit erhöht... Es steht jedem Menschen frei, so hoch zu steigen, wie er kann und will, doch allein das Niveau seines Denkens bestimmt den Rang, zu dem er aufsteigen wird. Körperliche Arbeit als solche kann nicht über den Augenblick hinauswirken. Der Mensch, der nur körperliche Arbeit leistet, verzehrt den materiellen Gegenwert seines eigenen Beitrags zum Produktionsprozeß und läßt weder für sich selbst noch für andere einen darüber hinausgehenden Wert übrig. Doch der Mensch, der auf irgendeinem Feld intellektueller Anstrengung eine Idee hervorbringt, d.h., der Mensch, der neues Wissen entdeckt, ist der bleibende Wohltäter der Menschheit... Nur der Wert einer Idee kann mit einer unbegrenzten Anzahl von Menschen geteilt wer-

> den, wobei alle Beteiligten reicher werden, ohne daß jemand Opfer bringen oder Verluste einstecken müßte, und wobei die Produktivität einer jeden Arbeit ansteigt …
> Gemessen an der geistigen Energie, die der Erfinder einer Neuerung einbringt, erhält er nur einen kleinen Teil des von ihm geschaffenen Wertes in Form materieller Vergütung, gleichgültig ein wie großes Vermögen, wie viele Millionen seine Erfindung ihm einbringt. Doch der Mann, der als Pförtner in der Fabrik arbeitet, die diese Erfindung produziert, erhält eine enorm hohe Bezahlung, gemessen an der geistigen Anstrengung, die sein Posten von *ihm* fordert. Und dies gilt auch für alle Menschen auf den dazwischenliegenden Ebenen der Anstrengung und des Könnens. Der Mensch an der Spitze der intellektuellen Pyramide steuert zu allen unter ihm das meiste bei, erhält aber selbst nichts als seine materielle Bezahlung, dagegen keinerlei geistigen Vorteil von anderen, der den Wert seiner Zeit vergrößern könnte. Der Mensch auf der untersten Stufe, der, wäre er sich selbst überlassen, infolge seiner hoffnungslosen Unfähigkeit verhungern müßte, trägt nichts bei, was den anderen über ihm nützen könnte, hat aber selbst Teil an dem Vorteil, den alle jene intelligenten Köpfe einbringen. So sieht die Wirklichkeit der angeblich ‚ruinösen Konkurrenz' zwischen Starken und Schwachen des Intellekts aus. Nach diesem Muster vollzieht sich die sogenannte ‚Ausbeutung', die ihr den Starken zum Vorwurf macht."

Und solcherart ist das Verhältnis des Kapitalismus zu Verstand und Überleben des Menschen.

Der gewaltige Fortschritt, den der Kapitalismus in einer kurzen Zeitspanne herbeigeführt hat, die aufsehenerregende Verbesserung der menschlichen Existenzbedingungen auf der Erde – sind eine historisch belegte Tatsache. Keine von Gegnern des Kapitalismus verbreitete Propaganda kann sie verheimlichen, übergehen oder wegdefinieren. Besonders hervorgehoben werden muß die Tatsache, daß dieser Fortschritt *ohne Opfer* erreicht wurde.

Fortschritt kann nicht durch erzwungene Entbehrungen, durch das Herauspressen eines „sozialen Überschuß" aus darbenden Opfern erreicht werden. Fortschritt kann nur aus *individuellem Überschuß* heraus erwachsen, d. h. aus der Arbeit, der Energie, aus der schöpferischen Über-Fülle jener Menschen, deren Können mehr produziert, als sie zum persönlichen Verbrauch benötigen, und die intellektuell und finanziell fähig sind, Neues zu entdecken, Bekanntes zu verbessern und eben Fortschritte zu machen. In einer kapitalistischen Gesellschaft, in der solche Menschen die Freiheit haben, ihre Tätigkeit auszuüben und ihre eigenen Risiken zu tragen, ist Fortschritt keine Frage des Sich-Aufopferns für irgendeine ferne Zukunft, sondern er ist Teil der lebendigen Wirklichkeit, er ist das Normale und Natürliche und wird erreicht, indem und während Menschen leben und sich ihres Lebens *erfreuen*.

Man betrachte nun die Alternative: die Stammesgesellschaft, in der alle Menschen ihre Leistung, ihre Werte, ihre Bestrebungen und Ziele in einen gemeinsamen Topf werfen und dann hungrig wartend um ihn herumsitzen, während der Anführer einer Clique von Köchen in ihm herumrührt, mit einem Bajonett in der einen und einem Blankoscheck auf ihrer aller Leben in der anderen Hand. Das konsequenteste Beispiel für ein solches System ist die Union der Sozialistischen Sowjetrepubliken.

Vor einem halben Jahrhundert befahlen die sowjetischen Herrscher ihren Untertanen, geduldig zu sein, Entbehrungen zu ertragen und der „Industrialisierung" des Landes Opfer zu bringen, wobei sie versprachen, das sei nur vorübergehend notwendig, die Industrialisierung werde ihnen dann den Überfluß bringen, und der sowjetische Fortschritt werde den kapitalistischen Westen überflügeln.

Heute ist Sowjetrußland immer noch unfähig, seine Bevölkerung zu ernähren, während die Regierenden sich abmühen, die technologischen Errungenschaften des Westens zu kopieren, auszuleihen oder zu stehlen. Industrialisierung ist kein statisches Ziel; sie ist ein dynamischer Prozeß, der alles in raschem Tempo veralten läßt. Während daher die unglücklichen Sklaven einer stammesgesellschaftlich organisierten Planwirtschaft bisher hungernd auf elektrische Generatoren und Traktoren warteten, hungern sie nun für Atomkraft und Weltraumfahrt. So ist wissenschaftlicher Fortschritt in einem „Volksstaat" eine Bedrohung für das Volk, denn jeder Schritt voran geht auf Kosten einer weiteren Auszehrung der ohnehin schon ausgemergelten Bevölkerung.

Die Geschichte des Kapitalismus sah nicht so aus.

Amerikas Überfluß erwuchs nicht aus allgemeinen Opfern für

das „Gemeinwohl", sondern aus dem produktiven Genius freier Menschen, die ihr persönliches Interesse und die Ansammlung eines privaten Vermögens im Auge hatten. Sie ließen das Volk nicht darben, um Amerikas Industrialisierung zu finanzieren. Sondern mit jeder neu erfundenen Maschine, mit jeder wissenschaftlichen Entdeckung und jedem technologischen Fortschritt gaben sie den Leuten bessere Arbeitsplätze, höhere Löhne und billigere Güter, und auf diese Weise machte das ganze Land Fortschritte und Gewinne und keine Verluste.
Man begehe jedoch nicht den Fehler, Ursache und Wirkung zu verkehren: Das Wohl des Landes kam gerade deshalb zustande, weil es niemandem als moralisches Ziel oder moralische Pflicht aufgezwungen wurde; es war lediglich die Wirkung; die Ursache lag im Recht des Menschen, sein individuelles Wohl anzustreben. Dieses Recht – nicht seine Folgen – liefert die moralische Rechtfertigung des Kapitalismus.
Doch dieses Recht ist mit der intrinsischen oder der subjektiven Theorie der Werte, mit der altruistischen Moral und der stammesgesellschaftlichen Vorstellung unvereinbar. Es ist offensichtlich, welches menschliche Attribut man ablehnt, wenn man Objektivität ablehnt; und angesichts der Erfolge des Kapitalismus ist es offensichtlich, gegen welches menschliche Attribut sich die altruistische Moral und die stammesgesellschaftliche Sich vereint wenden: gegen die Intelligenz des Menschen, und zwar besonders gegen die auf die Probleme des menschlichen Weiterlebens, d. h. die produktiven Fähigkeiten gerichtete Intelligenz.
Während der Altruismus darauf aus ist, der Intelligenz ihr Verdienst abzusprechen, indem er behauptet, es sei moralische Pflicht der Fähigen, den Unfähigen zu dienen und sich für die Bedürfnisse irgendwelcher Leute aufzuopfern, geht die stammesgeschichtliche Sicht noch einen Schritt weiter: sie leugnet das Vorhandensein der Intelligenz und ihrer Rolle bei der Erzeugung von Wohlstand.
Es ist moralisch unredlich, Wohlstand als ein anonymes Produkt des Stammes anzusehen und über seine „Umverteilung" zu sprechen. Die Ansicht, Wohlstand sei das Resultat eines undifferenzierten, kollektiven Prozesses, in dem wir alle etwas ge-

leistet hätten, in dem es aber unmöglich sei, zu sagen, wer was tat, weshalb irgendeine Art von „Gleichverteilung" notwendig sei – mag in einem urzeitlichen Dschungel auf eine wilde Horde gepaßt haben, die in harter physischer Arbeit Felsbrokken vom Fleck bewegte, obgleich auch da erst jemand die Arbeit in die Wege leiten und organisieren mußte. Diese Ansicht aber in einer Industriegesellschaft zu vertreten, in der individuelle Errungenschaften öffentlich belegt sind, ist ein so krasses Vergehen, daß es bereits unredlich ist, ihr durch bloßes In-Zweifel-Ziehen Beachtung zu schenken.

Jeder, der jemals Arbeitgeber oder Angestellter war, Menschen bei der Arbeit beobachtete oder selbst einen Tag mit ehrlicher Arbeit zubrachte, kennt die entscheidende Rolle, die dem konzentrierten, kompetenten Verstand bei jeder Art von Arbeit zukommt, sei es auf unterster oder höchster Ebene. Er weiß, daß das Können oder der Mangel an Können (sei der Mangel angeboren oder absichtlich verursacht) in jedem Produktionsprozeß über Gedeih und Verderb entscheiden. Diese Tatsache tritt theoretisch wie praktisch, logisch wie „empirisch", in den historischen Ereignissen wie in jedermanns täglicher Plackerei so überwältigend klar zutage, daß niemand behaupten kann, er habe davon keine Kenntnis. Fehler diesen Ausmaßes werden nicht aus Harmlosigkeit begangen.

Wenn große Industrielle auf einem *freien* Markt, d. h. ohne Gebrauch von Zwang und ohne staatliche Hilfe, ihr Vermögen machten, dann *schufen* sie neuen Reichtum; sie nahmen ihn nicht denen weg, die ihn nicht geschaffen hatten. Wer dies bezweifelt, sollte sich den Lebensstandard jener Länder ansehen, in denen solche Menschen nicht existieren dürfen.

Man beobachte, wie selten und wie unzulänglich die Frage der menschlichen Intelligenz in den Schriften von Theoretikern diskutiert wird, die stammesgesellschaftlich, dirigistisch und altruistisch ausgerichtet sind. Man beobachte ferner, wie vorsichtig heutige Verfechter eines „Mischsystems" jedwede Bemerkung über Intelligenz oder Fähigkeit vermeiden, wenn es um wirtschaftspolitische Sachverhalte geht oder um die zahllosen Forderungen der Interessengruppen in ihrem Kampf um einen Anteil am „Sozialprodukt".

Oft wird gefragt: Warum wurde der Kapitalismus trotz seiner unvergleichlich wohltätigen Ergebnisse zerstört? Die Antwort liegt in der Tatsache, daß ein soziales System von der in seiner Kultur vorherrschenden Philosophie gespeist wird, daß aber der Kapitalismus niemals eine philosophische Grundlage gehabt hat. Er war das allerletzte und (theoretisch) unfertig gebliebene Produkt des aristotelischen Einflusses. Als die Philosophie im 19. Jahrhundert von einer wiederansteigenden Flut des Mystizismus überspült wurde, riß der Kontakt zum Versorgungssystem ab und der Kapitalismus geriet in ein intellektuelles Vakuum. Weder seine moralische Natur noch seine politischen Grundsätze waren je voll verstanden und definiert worden. Seine angeblichen Verfechter hielten ihn für vereinbar mit staatlichen Kontrollen, d.h. mit Eingriffen der Regierung in den Wirtschaftsablauf, wobei sie Bedeutung und Auswirkungen des Konzepts des Laissez-faire völlig außer acht ließen. Daher gab es im 19. Jahrhundert praktisch kein rein-kapitalistisches System, sondern ein aus verschiedenen Systemelementen zusammengesetztes Mischsystem. Da Kontrollen notwendigerweise weitere Kontrollen nach sich ziehen, führte das in der Mischung enthaltene dirigistische Element schließlich zum Zusammenbruch des ganzen Systems; die Schuld dafür nahm jedoch das freie, kapitalistische Element auf sich.

Der Kapitalismus konnte in einer von Mystizismus und Altruismus, von der Leib-Seele-Dichotomie und der stammesgesellschaftlichen Auffassung beherrschten Kultur nicht am Leben bleiben. Kein soziales System, überhaupt keine menschliche Einrichtung oder Tätigkeit kann ohne moralische Basis auskommen. Auf der Grundlage der altruistischen Moral mußte der Kapitalismus von Anfang an zum Scheitern verurteilt sein, und er war es auch[10].

Jenen, die die Rolle der Philosophie in wirtschaftspolitischen Angelegenheiten nicht ganz verstehen, bringe ich als deutlichstes Beispiel für den derzeitigen intellektuellen Stand einige weitere Zitate aus dem Artikel über Kapitalismus in der *Encyclopaedia Britannica*[11].

„Einige wenige Beobachter meinen, an der Ansicht, der Kapitalismus sei der Motor der Produktion, etwas aussetzen zu müssen. Kritik erwächst gewöhnlich entweder aus *moralischer* oder aus *kultureller*[12] Abneigung gegen gewisse Züge des kapitalistischen Systems oder aus dem kurzfristigen Auf und Ab, den Krisen und Depressionen, mit denen die langfristige Aufwärtsentwicklung durchsetzt ist."

Die „Krisen und Depressionen" wurden durch Eingriffe der Regierung, nicht durch das kapitalistische System verursacht. Doch worin lag das Wesen der „moralischen oder kulturellen Abneigung"? Der Artikel sagt es uns nicht explizit, gibt aber einen bezeichnenden Hinweis:

„Absicht und Verwirklichung [des Kapitalismus] trugen so, wie sie waren, den unübersehbaren Stempel kaufmännischen Interesses und mehr noch kaufmännischer Geisteshaltung. Darüber hinaus trugen nicht nur die Politik, sondern auch die sich mit Problemen der individuellen und staatlichen Existenz beschäftigende Philosophie und das System kultureller Werte diesen Stempel. Sein materialistischer Utilitarismus, sein naives Vertrauen in eine gewisse Art von Fortschritt, seine tatsächlichen Errungenschaften im Bereich der reinen und angewandten Wissenschaft, das Naturell seiner künstlerischen Schöpfungen lassen sich alle auf den *Geist des Rationalismus*[13] zurückführen, der dem Kontor des Kaufmanns entströmt."

Der Autor des Artikels, der nicht „naiv" genug ist, an die kapitalistische (oder *rationale*) Art von Fortschritt zu glauben, ist offensichtlich Anhänger eines anderen Glaubens:

„Am Ende des Mittelalters stand Westeuropa ungefähr dort, wo viele unterentwickelte Länder im 20. Jahrhundert stehen. [Das heißt, daß die Kultur der Renaissance ungefähr der Situation im heutigen Kongo gleichkomme; oder es heißt auch, daß die intellektuelle Entwicklung eines Volkes nichts mit seiner ökonomischen Entwicklung zu tun habe.] In unterentwickelten Volkswirtschaften liegt die schwierige staatsmännische Aufgabe darin, einen kumulativen ökonomischen Entwicklungsprozeß in Gang zu bringen, denn wenn erst einmal ein bestimmtes Tempo erreicht ist, scheinen weitere Fortschritte mehr oder weniger automatisch zu folgen."

Irgendeine derartige Vorstellung liegt jeder planwirtschaftlichen Theorie zugrunde. Aus irgend so einem „weltlichen" Glauben heraus haben zwei Generationen von Russen darbend auf den *automatischen* Fortschritt gewartet.

Die klassischen Ökonomen unternahmen eine stammesgesellschaftlich geprägte Rechtfertigung des Kapitalismus, indem sie davon ausgingen, er sorge für die beste „Allokation" der einer Gesellschaft zur Verfügung stehenden „Ressourcen". Hier sind die von ihnen ausgebrüteten Ideen, die einen Platz im Theoriegebäude suchen:

„Die Markttheorie der Allokation von Ressourcen innerhalb des privaten Sektors ist das zentrale Thema der klassischen Wirtschaftstheorie. Das Kriterium für eine Allokation zwischen dem öffentlichen und dem privaten Sektor entspricht formal demjenigen für jede andere Ressourcenallokation, nämlich: der Grenzertrag der in öffentlicher oder privater Verwendung eingesetzten Ressourcen muß der Gesellschaft den gleichen Nutzen stiften... Viele Nationalökonomen haben geltend gemacht, es gäbe begründete, möglicherweise sogar überwältigende Beweise dafür, daß zum Beispiel die Gesamtwohlfahrt in den kapitalistischen Vereinigten Staaten erhöht werden könnte, wenn man eine Umlenkung von Ressourcen in den öffentlichen Sektor vornähme, d.h. mehr Klassenzimmer und weniger Einkaufszentren, mehr öffentliche Bibliotheken und weniger Autos, mehr Krankenhäuser und weniger Bowlingbahnen bereitstellte."

Das heißt, daß sich einige Menschen ihr Leben lang abplagen müssen ohne geeignete Transportmittel (Autos), ohne eine ausreichende Zahl von Plätzen, wo sie die Güter kaufen können, die sie brauchen (Einkaufszentren), ohne vergnügliche Erholungsmöglichkeiten (Bowlingbahnen) – damit andere Menschen mit Schulen, Bibliotheken und Krankenhäusern versorgt werden.
Wenn man erfassen will, was die stammesgesellschaftliche Sicht von Wohlfahrt in letzter Konsequenz und in vollem Umfang bedeutet, nämlich die Auslöschung jeglichen Unterschieds zwischen privatem Handeln und Handeln der Regierung, zwischen Produktion und Zwang, sowie die vollständige Austilgung des Konzepts der „Rechte" und der Existenz eines individuellen menschlichen Wesens, und seine Ablösung durch eine Sicht der Menschen als austauschbare Lasttiere oder „Produktionsfaktoren" – dann studiere man das folgende:

„Der Kapitalismus hat aus zwei Gründen ein Vorurteil gegen den öffentlichen Sektor. Erstens: alle Produkte und alle Einkommen

entstehen [?] ursprünglich im privaten Sektor, während Ressourcen den öffentlichen Sektor durch den schmerzhaften Prozeß der Besteuerung erreichen. Öffentliche Bedürfnisse werden nur durch Opfer von Konsumenten befriedigt, die sie in ihrer Rolle als Steuerzahler bringen [was ist mit den *Produzenten*?]. Deren politische Repräsentanten sind sich der empfindlichen [!] Einstellung ihrer Wähler zu Fragen der Besteuerung deutlich bewußt. Ansprechender als die Auffassung, das Volk wisse besser als die Regierung, was mit seinem Einkommen zu tun sei, ist die entgegengesetzte Ansicht, das Volk erhalte für seine Steuergelder mehr als für andere Arten des Geldausgebens [Nach welcher Werttheorie? Nach wessen Urteil?]...
Zweitens: der Angebotsdruck des privaten Unternehmertums führt zu der ansehnlichen Sammlung moderner Marketingmethoden, die die Kaufentscheidung beeinflussen und die Vorliebe der Konsumenten auf den privaten Konsum lenken... [Das heißt, der Wunsch, das selbstverdiente Geld lieber auszugeben, als sich wegnehmen zu lassen, sei eine bloße *Vorliebe*.] So fließen viele private Ausgaben in Bedürfnisse, die gemessen an den Grundbedürfnissen, nicht sehr dringlich sind. [Dringlich – für wen? Was sind „Grund"-Bedürfnisse jenseits von Höhle, Bärenfell und rohen Fleischbrocken?] Die natürliche Folge davon ist, daß viele öffentliche Bedürfnisse vernachlässigt werden, weil diese oberflächlichen, künstlich erzeugten privaten Bedürfnisse erfolgreich um dieselben Ressourcen konkurrieren [*Wessen* Ressourcen?]...
Ein Vergleich der Ressourcenallokation zwischen öffentlichem und privatem Sektor im Kapitalismus mit der in einem sozialistischen Kollektivismus ist aufschlußreich. [In der Tat!] In einer Kollektivwirtschaft arbeiten alle Ressourcen im öffentlichen Sektor und stehen zur Verfügung für Erziehung, Verteidigung, Gesundheitswesen, soziale Wohlfahrt und andere öffentliche Bedürfnisse, ohne irgendeinen Transfer mittels Besteuerung. Die private Konsumtion ist auf die *erlaubten* [von wem?] Ansprüche an das *Sozialprodukt*[14] begrenzt, ebenso wie öffentliche Dienste in einer kapitalistischen Wirtschaft auf die erlaubten Ansprüche gegen den privaten Sektor begrenzt sind. In einer Kollektivwirtschaft erfreuen sich die öffentlichen Bedürfnisse der gleichen Art von eingebauter Priorität, die die private Konsumtion in einer kapitalistischen Wirtschaft genießt. In der Sowjetunion gibt es Lehrer in Hülle und Fülle, doch Autos sind knapp, in den Vereinigten Staaten gelten dagegen die umgekehrten Bedingungen."

Hier nun die Schlußfolgerung jenes Artikels:

„Voraussagen im Hinblick auf das Überleben des Kapitalismus sind zumindest zum Teil eine Frage der Definition. Überall in den kapitalistischen Ländern zeigt sich eine Verlagerung der ökono-

> mischen Aktivität vom privaten in den öffentlichen Bereich... Zu gleicher Zeit [nach dem 2. Weltkrieg] schien in den kommunistischen Ländern der private Konsum im Ansteigen begriffen zu sein. [Etwa wie der Konsum von Weizen?] Wandlungen, die sich auf beiden Seiten vollzogen, schienen darauf hinzudeuten, daß sich die beiden Wirtschaftssysteme einander annäherten. Dennoch gab es immer noch bedeutende Unterschiede in den wirtschaftlichen Strukturen. Es schien vernünftig, anzunehmen, daß der Gesellschaft, die mehr in das Volk investierte, der raschere Fortschritt und damit die Zukunft gehören würde. Unter diesem bedeutsamen Aspekt arbeitet der Kapitalismus in den Augen einiger Nationalökonomen mit einem grundlegenden, doch nicht unüberwindlichen Handikap im Wettbewerb mit dem Kollektivismus."

Die Kollektivierung der sowjetischen Landwirtschaft wurde durch staatlich eingeplante Hungersnöte erreicht – absichtlich geplant und durchgeführt, um die Bauern in die Kolchosen zu zwingen; Feinde Sowjetrußlands behaupten, daß in dieser Hungerkatastrophe fünfzehn Millionen Bauern umgekommen seien; die sowjetische Regierung gesteht sieben Millionen ein.
Am Ende des 2. Weltkriegs behaupteten die Feinde Sowjetrußlands, dreißig Millionen Menschen verrichteten Zwangsarbeit in sowjetischen Konzentrationslagern (und stürben an der planmäßig herbeigeführten Mangelernährung, so daß das Leben von Menschen einen geringeren Wert hatte als Nahrung). Diejenigen, die Sowjetrußland in Schutz nehmen wollen, geben eine Zahl von zwölf Millionen Menschen zu.
Darauf bezieht sich die *Encyclopaedia Britannica*, wenn sie von „Investition in das Volk" spricht.
In einer Kultur, in der eine solche Feststellung intellektuell ungestraft und mit einer Aura der moralischen Berechtigung gemacht wird, sind nicht die Kollektivisten die Schuldigsten; die Schuldigsten sind vielmehr jene, denen der Mut fehlt, Mystizismus und Altruismus in Frage zu stellen, und die versuchen, Fragen der Vernunft und der Moral zu umgehen und den Kapitalismus – das einzige rationale und moralische System der Menschheitsgeschichte – überall, nur nicht auf dem Boden von Vernunft und Moral zu verteidigen.

Ins Deutsche übersetzt von Wendula Gräfin von Klinckowstroem

Anmerkungen

[1] Encyclopaedia Britannica, 1964, Vol. IV. S. 839–845.
[2] Kursivsetzung vom Verf.
[3] Ayn Rand: *Atlas Shrugged.* New York (New American Library) 1957, 1084 S. Dt. Übers.: *Atlas wirft die Welt ab.* Baden-Baden (Holle Verlag) 1959, 493 S.
[4] Ayn Rand: „The Objectivist Ethics". In: Ayn Rand: *The Virtue of Selfishness.* New York (New American Library) 1964.
[5] Vgl. Ayn Rand: *The Fountainhead,* New York (New American Library) 1943. – Dt. Übers.: *Der ewige Quell.* München (Goldmann) 1978.
[6] Vgl. Ayn Rand: *Atlas Shrugged,* a.a.O.
[7] Für eine ausführlichere Diskussion der Rechte vgl. Ayn Rand: „Man's Rights". In: Ayn Rand: *Capitalism the Unknown Ideal.* New York (New American Library) 1967, 337 S. und Ayn Rand: „Collectivized ‚Rights'". In: *The Virtue of Selfishness,* a.a.O.
[8] Für eine eingehendere Diskussion dieses Themas vgl. Ayn Rand: „The Nature of Government". In: *Capitalism, the Unknown Ideal,* a.a.O.
[9] Vgl. Ayn Rand: *Atlas Shrugged,* a.a.O.
[10] Zur Diskussion über die Versäumnisse der Philosophie vgl. Ayn Rand: *For the New Intellectual.* New York (New American Library) 1961.
[11] Ecyclopaedia Britannica, 1964, Vol. IV, S. 839–845.
[12] Kursivsetzung vom Verf.
[13] Kursivsetzung vom Verf.
[14] Kursivsetzung vom Verf.

„Ganz glücklich, in der Gegenwart, hat sich noch kein Mensch gefühlt", sagt Schopenhauer, und jeder weiß es; „er wäre denn betrunken gewesen." Auch das weiß jeder; und deshalb trinkt man ja. Deshalb trinkt man ja über den Durst.
Nur, wenn man die Menschen glücklich sehen, ja glücklich machen will – und das wollen seit mindestens zweihundert Jahren, und insbesondere seit Karl Marx, die Politiker, statt Politik zu machen –: dann darf man ihnen, den Menschen, partout nicht ihr Rauschgift entziehen. Man bietet zwar Ideologie als Ersatz dafür; aber nach dem ersten davon verursachten Kater kehren die Menschen reumütig wieder zu Wodka und Whisky zurück.
An diesem Punkt, wie an keinem sonst, offenbart sich der Utopismus sämtlicher weltimmanenter Heils- und Erlösungslehren. In vino veritas.

Herbert Eisenreich

Weiterführende Literatur

Abendroth, Wolfgang (Hrsg.): Faschismus und Kapitalismus. Europäische Verlagsanstalt, Frankfurt a. M. 1967, 185 S.

Albert, Hans: Marktsoziologie und Entscheidungslogik. Ökonomische Probleme in soziologischer Perspektive. Luchterhand, Neuwied – Berlin 1967, 531 S. (Soziologische Texte 36).

Altmann, Rüdiger, Alfred Müller-Armack u. a. (Hrsg.): Ludwig Erhard. Beiträge zu seiner politischen Biographie. Festschrift zum 75. Geburtstag. Propyläen, Berlin 1972, 674 S.

Altvater, Elmar, Jürgen Hoffmann, Willi Semmler: Vom Wirtschaftswunder zur Wirtschaftskrise. Ökonomie und Politik in der Bundesrepublik. Olle & Wolter, Berlin 1979, 430 S.

Arndt, Helmut: Markt und Macht. Mohr (Siebeck), Tübingen 1973, VIII, 195 S.

Arndt, Helmut: Gegenwartsfragen der Wirtschaftstheorie. Bd. 2: Kapitalismus, Sozialismus, Konzentration und Konkurrenz. Mohr (Siebeck), Tübingen 1976, X, 211 S.

Arndt, Helmut: Wirtschaftliche Macht. Tatsachen und Theorien. Beck, München 1977, 221 S.

Arndt, Helmut: Irrwege der Politischen Ökonomie. Beck, München 1979, 262 S.

Baader, Franz von: Schriften zur Gesellschaftsphilosophie. Hrsg., eingeleitet und erläutert von Johannes Sauter. Verlag Gustav Fischer, Jena 1925, XIV, 939 S., 3 Bildnisse (Die Herdflamme 14).

Baader, Franz von: Gesellschaftslehre. Hrsg. von Hans Grassl. Kösel, München 1957, 332 S.

Baader, Franz von: Vom Sinn der Gesellschaft. Schriften zur Social-Philosophie. Hrsg. von Hans A. Fischer-Barnicol. Hegner, Köln 1966, 334 S.

Baran, Paul A.: Politische Ökonomie des wirtschaftlichen Wachstums. Luchterhand, Neuwied - Berlin 1966, 470 S. (soziologische Texte 42).

Baran, Paul A., Paul M. Sweezy: Monopolkapital. Ein Essay über die amerikanische Wirtschafts- und Gesellschaftsordnung. Suhrkamp, Frankfurt a. M. 1967, 414 S.

Baran, Paul A.: Zur politischen Ökonomie der geplanten Wirtschaft. Suhrkamp, Frankfurt a. M. 1968, 136 S. (edition suhrkamp 277).

Beckerath, Erwin von: Lynkeus. Gestalten und Probleme aus Wirtschaft und Politik. Mohr (Siebeck), Tübingen 1962, 354 S.

Bell, Daniel, Irving Kristol (Hrsg.): Kapitalismus heute. Herder & Herder, Frankfurt - New York 1974, 256 S.

Bell, Daniel: Die nachindustrielle Gesellschaft. Campus, Frankfurt a. M. - New York 1975, 392 S.

Bellinghausen, Paul: Unsoziale Marktwirtschaft? Zu einem Fernsehinterview des Bundeskanzlers. In: Rheinischer Merkur, Nr. 30, 23. Juli 1976, S. 24.

Berle, Adolf A.: The Modern Corporation and Private Property. Harcourt, Brace & World, New York 1968, XLVI, 380 S.

Berle, Adolf A.: Power. Harcourt, Brace & World, New York 1969, XV, 603 S.

Bernholz, Peter: Grundlagen der politischen Ökonomie. Mohr (Siebeck), Tübingen 1972–1979, 3 Bde. (Uni-Taschenbücher 192, 493, 815).

Bethlen, Stefan Graf: Die Ethik der sozialen Marktwirtschaft. In: Zeitbühne, September 1979, S. 25–29.

Beyme, Klaus von: Sozialismus oder Wohlfahrtsstaat? Piper, München 1977, 144 S.

Blum, Reinhard: Soziale Marktwirtschaft. Wirtschaftspolitik zwischen Neoloberalismus und Ordoliberalismus. Mohr (Siebeck), Tübingen 1969, X, 318 S. (Schriften zur Angewandten Wirtschaftsforschung 18).

Böhler, Eugen: Der Mythus in Wirtschaft und Wissenschaft. Rombach, Freiburg i. Br. 1965, 580 S. (Beiträge zur Wirtschaftspolitik 3).

Böhm, Franz: Wirtschaftsordnung und Staatsverfassung. Mohr (Siebeck), Tübingen 1950, 70 S. (Recht und Staat in Geschichte und Gegenwart 153 / 154).

Böhm, Franz: Reden und Schriften über die Ordnung einer freien Gesellschaft, einer freien Wirtschaft und über die Wiedergutmachung. Hrsg. von Ernst-Joachim Mestmäcker. Müller, Karlsruhe 1960. 340 S.

Böhm, Franz: Wirtschaftsordnung und Geschichtsgesetz. Mohr (Siebeck), Tübingen 1974, 32 S. (Walter Eucken Institut. Vorträge und Aufsätze 45).
Böhm, Franz: Die Aufgaben der freien Marktwirtschaft. Ungelöste Fragen, insbesondere das Monopolproblem. Topos, Vaduz 1978, 61 S. (Univeränd. Neudruck der Ausgabe: München 1951).
Böhm, Franz: Freiheit und Ordnung in der Marktwirtschaft. Hrsg. von Ernst-Joachim Mestmäcker. Nomos, Baden-Baden 1980, 651 S. (Wirtschaftsrecht und Wirtschaftspolitik 60).
Böhm-Bawerk, Eugen von: Gesammelte Schriften. Hrsg. von Franz Xaver Weiß. Hölder, Wien – Leipzig 1924, XIX, 515 S.
Böhm-Bawerk, Eugen von: Kapital und Kapitalismus. 2 Bde. Wagner, Innsbruck 1884–1889.
Borner, Silvio, Werner Meyer (Hrsg.): Was meint der Ökonom dazu? Beiträge zu wirtschaftspolitischen Fragen der Gegenwart, Buchverlag Basler Zeitung, Basel 1979, 196 S.
Boulding, Kenneth E.: Economics as a Science. McGraw-Hill, New York 1970, VII, 157 S.
Boulding, Kenneth, E.: Economic Imperialism. University of Michigan Press, Ann Arbor 1972, XVIII, 338 S.
Brinkmann, Carl: Der wirtschaftliche Liberalismus als System der britischen Weltanschauung. Junker & Dünnhaupt, Berlin 1940, 50 S. (Das Britische Reich in der Weltpolitik 7).
Brinkmann, Carl: Wirtschaftsformen und Lebensformen. Gesammelte Schriften zur Wirtschaftswissenschaft und Wirtschaftspolitik. Mohr (Siebeck), Tübingen 1950, 549 S.
Brinkmann, Carl: Wirtschaftstheorie. Vandenhoeck & Ruprecht, Göttingen [2]1953, 211 S. (Grundriß der Sozialwissenschaften 1).
Brinkmann, Carl: Wirtschafts- und Sozialgeschichte. Vandenhoeck & Ruprecht, Göttingen [2]1953, 194 S. (Grundriß der Sozialwissenschaften 18).
Brinkmann, Carl: Die Wirtschaftsgeschichte des Kapitals und die Lehrgeschichte des Kapitalbegriffs. In: Die Unternehmung im Markt. Festschrift für Wilhelm Rieger zum 75. Geburtstag. Stuttgart – Köln 1953, S. 9–13.
Brittan, Samuel: Die Ökonomie der Freiheit. Plädoyer für eine liberale Wirtschaft. Aus dem Englischen von Heinzgeorg Neumann. Campus, Frankfurt a.M. – New York 1976, 213 S.
Bucharin, Nikolai: Die politische Ökonomie des Rentners. Die Wert- und Profittheorie der österreichischen Schule. Verlag für Literatur und Politik, Wien – Berlin 1926, 194 S.
Bucharin, Nikolai: Der Imperialismus und die Akkumulation des Kapitals. Caro, Heidelberg 1970, 103 S. (Dokumente zur Imperialismustheorie 1).
Bücher, Karl: Die Entstehung der Volkswirtschaft. Vorträge und Aufsätze. Laupp, Tübingen [17]1926, VIII, 475 S.

Bülow, Friedrich: Wörterbuch der Wirtschaft. Kröner, Stuttgart 1962, 610 S. (Kröners Taschenausgabe 114).
Burghardt, Anton: Allgemeine Wirtschaftssoziologie. Eine Einführung. Verlag Dokumentation, Pullach bei München 1974, 231 S. (Uni-Taschenbücher 349).
Burnham, James: Revolution der Manager. Union, Stuttgart 1951, 348 S.
Cassel, Gustav: Theoretische Sozialökonomie. Deichert, Leipzig [5]1932, XI, 657 S.
Chamberlain, John: The Enterprising Americans: A Business History of the United States. Harper & Row, New York 1967, XVIII, 286 S.
Chamberlain, John: The Roots of Capitalism. Liberty Press, Indianapolis 1976, 293 S.
Christentum und demokratischer Sozialismus. Mit Beiträgen von Adolf Arndt u.a. Zink, München 1958, 320 S. (Studien und Berichte der Katholischen Akademie in Bayern 3).
Claessens, Dieter, Karin Claessens: Kapitalismus als Kultur. Entstehung und Grundlagen der bürgerlichen Gesellschaft. Diederichs, Düsseldorf – Köln 1973, 256 S.
Dobb, Maurice: Entwicklung des Kapitalismus. Vom Spätfeudalismus bis zur Gegenwart. Kiepenheuer & Witsch, Köln – Berlin 1970, 397 S.
Dobb, Maurice: Organisierter Kapitalismus. Fünf Beiträge zur politischen Ökonomie. Suhrkamp, Frankfurt a.M. 1974, 167 S. (edition suhrkamp 166).
Dobb, Maurice: Wert- und Verteilungstheorien seit Adam Smith. Suhrkamp Frankfurt a.M. 1977, 321 S. (edition suhrkamp 765).
Drucker, Peter F.: The Future of Industrial Man. A Conservative Approach. Day, New York [4]1942, 298 S.
Drucker, Peter F.: Das Großunternehmen. Econ, Düsseldorf – Wien 1966, 330 S.
Drucker, Peter F.: The End of Economic Man. The Origins of Totalitarism. Harper & Row, New York 1969, XXX, 271 S.
Drucker, Peter F.: Die unsichtbare Revolution. Die Mitarbeiter-Gesellschaft und ihre Probleme. Econ, Düsseldorf – Wien 1977, 288 S.
Eberle, Josef: Die Überwindung der Plutokratie. Vierzehn Aufsätze über die Wiederverchristlichung von Volkswirtschaft und Politik. Tyrolia, Wien – Innsbruck 1918, XV, 360 S.
Edwards, Richard C., Michael Reich, Thomas Weisskopf: The Capitalist System. A Radical Analysis of American Society. Prentice Hall, Englewood Cliffs, N.J. [2]1978, XIV, 546 S.
Ehrlicher, Werner: Geldkapitalbildung und Realkapitalbildung. Mohr (Siebeck), Tübingen 1956, VII, 296 S.
Eick, Jürgen: Wie man eine Volkswirtschaft ruinieren kann. Die wirtschaftspolitischen Irrtümer unserer Tage. Societäts-Verlag, Frankfurt a.M. 1974, 172 S.

Eigentum und Eigentümer in unserer Gesellschaftsordnung. Hrsg. von der Walter-Raymond-Stiftung. Bachem, Köln 1960, XII, 239 S.
Eigentum – Wirtschaft – Fortschritt. Zur Ordnungsfunktion des privaten Produktiveigentums. Hrsg. von der Walter-Raymond-Stiftung. Bachem, Köln 1970, 356 S.
Eigentumsordnung und katholische Soziallehre. Hrsg. von dem Katholisch-sozialen Institut der Erzdiözese Köln. Bachem, Köln 1970, 157 S.
Eisenstadt, Shmuel Noah: Die protestantische Ethik und der Geist des Kapitalismus. Westdeutscher Verlag, Opladen 1971, 58 S.
Engels, Friedrich: Der Ursprung der Familie, des Privateigentums und des Staates. Im Anschluß an Lewis H. Morgans Forschungen. Verlag Marxistische Blätter, Frankfurt a. M. 1978, 263 S.
Engels, Wolfram: Rentabilität, Risiko und Reichtum. Mohr (Siebeck), Tübingen 1969, VIII, 209 S.
Engels, Wolfram: Soziale Marktwirtschaft. Verschmähte Zukunft? Seewald, Stuttgart 1973, 80 S.
Engels, Wolfram: Mehr Markt. Soziale Marktwirtschaft als politische Ökonomie. Seewald, Stuttgart 1976, 160 S.
Engels, Wolfram, Hans H. Wenkebach: Die Verteilung des Wohlstandes. Eine Betrachtung über die Bedeutung von Vermögen und Einkommen. Deutscher Instituts-Verlag, Köln 1976, 71 S.
Engels, Wolfram: Eine konstruktive Kritik des Wohlfahrtsstaates. Mohr (Siebeck), Tübingen 1979, 44 S. (Walter Eucken Institut. Vorträge und Aufsätze 69).
Erhard, Ludwig: Wohlstand für alle. Econ, Düsseldorf – Wien 1957, 382 S.
Erhard, Ludwig: Deutsche Wirtschaftspolitik. Der Weg der Sozialen Marktwirtschaft. Econ, Düsseldorf – Wien; Knapp, Frankfurt a. M. 1962, 638 S.
Euchner, Walter, Alfred Schmidt (Hrsg.): Kritik der politischen Ökonomie heute – 100 Jahre „Kapital“. Referate und Diskussionen vom Frankfurter Colloquium im September 1967. Europäische Verlagsanstalt, Frankfurt a. M. 1968, 360 S.
Eucken, Walter: Wettbewerb, Monopol und Unternehmer. Vita-Verlag, Bad Nauheim 1953, 26 S.
Eucken, Walter: Kapitaltheoretische Untersuchungen. Mohr (Siebeck), Tübingen [2]1954, XXVII, 336 S.
Eucken, Walter: Die Grundlagen der Nationalökonomie. Springer, Heidelberg [8]1965, XVII, 279 S.
Eucken, Walter: Grundsätze der Wirtschaftspolitik. Hrsg. von Edith Eucken und K. Paul Hensel. Mohr (Siebeck), Tübingen; Polygraphischer Verlag, Zürich [4]1968, XIX, 396 S.
Eulenburg, Franz: Phantasie und Wille des wirtschaftenden Menschen. Mohr (Siebeck), Tübingen 1931, 47 S. (Recht und Staat in Geschichte und Gegenwart 83).

Eynern, Gert von: Grundriß der politischen Wirtschaftslehre. Westdeutscher Verlag, Köln - Opladen 1968, 307 S. (Die Wissenschaft von der Politik 14).
Fack, Fritz Ullrich: Soziale Marktwirtschaft. Eine Einführung. Ploetz, Freiburg - Würzburg 1979, 69 S.
Fine, Bob, Richard Kinsey u.a. (Hrsg.): Capitalism and the Rule of Law. Hutchinson, London 1979, 200 S.
Fisher, Irving: The Nature of Capital and Income. New York 1927, 425 S.
Föhl, Carl: Geldschöpfung und Wirtschaftskreislauf. Duncker & Humblot, München - Leipzig 1937, XI, 408 S., 65 Abb. ([2]1955).
Frey, Bruno S.: Moderne Politische Ökonomie. Piper, München - Zürich 1977, 203 S.
Freyer, Hans: Theorie des gegenwärtigen Zeitalters. Deutsche Verlags-Anstalt, Stuttgart 1956, 260 S.
Fried, Ferdinand: Das Ende des Kapitalismus. Diederichs, Jena 1931, 264 S.
Friedman, Milton: Kapitalismus und Freiheit. Seewald, Stuttgart 1971, 258 S.
Friedman, Milton, Rose Friedman: Chancen, die ich meine. Ein persönliches Bekenntnis. Ullstein, Berlin - Frankfurt a.M. - Wien 1980, 344 S.
Fusfeld, Daniel R.: Geschichte und Aktualität ökonomischer Theorien. Vom Merkantilismus zur Gegenwart. Campus, Frankfurt a.M. - New York 1975, 220 S.
Galbraith, John Kenneth: American Capitalism. Mifflin, Boston 1962, XI, 208 S.
Galbraith, John Kenneth: Die moderne Industriegesellschaft. Droemer Knaur, München - Zürich 1968, 464 S.
Gehlen, Arnold: Die Seele im technischen Zeitalter. Sozialpsychologische Probleme in der industriellen Gesellschaft. Rowohlt, Hamburg 1957, 131 S. (rowohlts deutsche enzyklopädie 53).
Geitner, Dirk, Peter Pulte (Hrsg.): Soziale Marktwirtschaft. De Gruyter, Berlin 1974, 187 S.
Gemper, Bodo B. (Hrsg.): Marktwirtschaft und soziale Verantwortung. Hanstein, Köln 1973, 574 S. (Gesellschaft - Kirche - Wirtschaft 4).
Gerloff, Wilhelm: Die Entstehung des Geldes und die Anfänge des Geldwesens. Klostermann, Frankfurt a.M. 1940, 195 S.
Gerloff, Wilhelm: Geld und Gesellschaft. Klostermann, Frankfurt a.M. 1952, 288 S.
Getzeny, Heinrich: Kapitalismus und Sozialismus im Lichte der neueren, insbesondere der katholischen Gesellschaftslehre. Pustet, Regensburg 1932, 274 S.
Giersch, Herbert: Kontroverse Fragen der Wirtschaftspolitik. Piper, München 1971, 133 S.

Giersch, Herbert: Im Brennpunkt: Wirtschaftspolitik. Kritische Beiträge 1967 bis 1977. Hrsg. von Karl Heinz Frank. Deutsche Verlags-Anstalt, Stuttgart 1978, 310 S.
Gilder, George: Reichtum und Armut. Severin & Siedler, Berlin 1981, 360 S.
Glahe, Fred R. (Hrsg.): Adam Smith and the Wealth of Nations. 1776–1976, Bicentennial Essays. Colorado University Press, Boulder 1978, X, 172 S.
Gollwitzer, Helmut: Die kapitalistische Revolution. Kaiser, München 1974, 130 S.
Gorz, André: Der schwierige Sozialismus. Europäische Verlagsanstalt, Frankfurt a.M. 1968, 247 S.
Grope, Gerd: Die zweitbeste Wirtschaft. Utopien und reelle Chancen in der modernen Wirtschaft. Mit einem Geleitwort von Herbert Giersch. Betriebswirtschaftlicher Verlag Dr. Th. Gabler, Wiesbaden 1970, 336 S.
Haberler, Gottfried von: Wirtschaftswachstum und Stabilität. Verlag Moderne Industrie, Zürich 1975, 254 S.
Haberler, Gottfried von: Marktwirtschaft als Aufgabe. In: Unternehmungsstrategie im Wandel. Hrsg. von Georg Baur u.a. Haupt, Bern – Stuttgart 1976, S. 33–47.
Hamm, Walter: Die Lauen und die Radikalen. Über die zu lasche Verteidigung der Marktwirtschaft. In: Frankfurter Allgemeine Zeitung, Nr. 221, 23. September 1972, S. 17.
Harbusch, Peter, Dietrich Wiek (Hrsg.): Marktwirtschaft. Eine Einführung in das Konzept der freiheitlichen Wirtschaftsordnung. Gustav Fischer, Stuttgart 1975, 329 S.
Harms, Bernhard (Hrsg.): Kapital und Kapitalismus. R. Hobbing, Berlin 1931, 2 Bde. Bd. 1: XII, 513 S.; Bd. 2: VIII, 511 S.
Hayek, Friedrich August von (Hrsg.): Capitalism and the Historians. University of Chicago Press, Chicago – London 1963, VII. 183 S.
Hayek, Friedrich August von: Die Verfassung der Freiheit. Mohr (Siebeck), Tübingen 1971, XVI, 530 S. (Walter Eucken Institut. Wirtschaftswissenschaftliche und wirtschaftsrechtliche Untersuchungen 7).
Hayek, Friedrich August von: Der Weg zur Knechtschaft. Verlag Moderne Industrie, München 1971, 304 S.
Hayek, Friedrich August von: The Pure Theory of Capital. Routledge & Kegan Paul, London 1976, XXXI, 454 S.
Hayek, Friedrich August von: Individualismus und wirtschaftliche Ordnung. Neugebauer, Salzburg [2]1976, 357 S.
Hayek, Friedrich August von: Mißbrauch und Verfall der Vernunft. Hrsg. von R. Leube. Neugebauer, Salzburg [2]1979, 359 S.
Hayek, Friedrich August von: Wissenschaft und Sozialismus. Festvortrag anläßlich des fünfundzwanzigjährigen Bestehens des Walter Eucken Instituts der Universität Freiburg. Mohr (Siebeck),

Tübingen 1979, 17 S. (Walter Eucken Institut. Vorträge und Aufsätze 71).
Hayek, Friedrich August von: Liberalismus. Mohr (Siebeck), Tübingen 1979, 47 S. (Walter Eucken Institut. Vorträge und Aufsätze 72).
Heilbroner, Robert L.: Wirtschaft und Wissen. Zwei Jahrhunderte Nationalökonomie. Bund-Verlag, Köln 1960, 423 S.
Heilbroner, Robert L.: Between Capitalism and Socialism. Random House, New York 1970, XVIII, 294 S.
Heilbroner, Robert L.: Die Zukunft der Menschheit. Suhrkamp, Frankfurt a. M. 1976, 108 S.
Heilbroner, Robert L.: Der Niedergang des Kapitalismus. Mit einem Vorwort von Jochen Steffen. Campus, Frankfurt a. M. – New York 1977, 117 S.
Heimann, Eduard: Die sittliche Idee des Klassenkampfes und die Entartung des Kapitalismus. Dietz, Berlin 1926, 94 S.
Heimann, Eduard: Soziale Theorie des Kapitalismus. Theorie der Sozialpolitik. Mohr (Siebeck), Tübingen 1929, VIII, 234 S.
Heimann, Eduard: Wirtschaftssysteme und Gesellschaftssysteme. Mohr (Siebeck), Tübingen 1954, XIV, 250 S.
Heimann, Eduard: Soziale Theorie der Wirtschaftssysteme. Mohr (Siebeck), Tübingen 1963, XIII, 341 S.
Hemmer, A., E. Küng, H. Ulrich (Hrsg.): Wirtschaft und Gesellschaft im Umbruch. Verlag Paul Haupt, Bern – Stuttgart 1975, 176 S.
Herder-Dorneich, Philipp: Der Markt und seine Alternativen in der freien Gesellschaft. Ökonomische Theorie des Pluralismus. Dietz, Hannover 1968, 137 S.
Herder-Dorneich, Philipp, Manfred Groser: Ökonomische Theorie des politischen Wettbewerbs. Vandenhoeck & Ruprecht, Göttingen 1977, 236 S. (Uni-Taschenbücher 683).
Hereth, Michael: Freiheit, Politik und Ökonomie. Piper, München 1974, 134 S. (Serie Piper 87).
Heusgen, Christoph: Ludwig Erhards Lehre von der Sozialen Marktwirtschaft. Ursprünge, Kerngehalt, Wandlungen. Haupt, Bern 1981, 394 S. (Sozio-ökonomische Forschungen 13).
Hicks, John R.: Einführung in die Volkswirtschaftslehre. Rowohlt, Reinbek 1962, 317 S. (rowohlts deutsche enzyklopädie 155 / 156).
Hilferding, Rudolf: Das Finanzkapital. Eingeleitet von Eduard März. Europäische Verlagsanstalt, Frankfurt a. M. 1968, 516 S. (zuerst 1910).
Hintze, Otto: Feudalismus – Kapitalismus. Hrsg. von Gerhard Oestreich. Vandenhoeck & Ruprecht, Göttingen 1970, 189 S.
Hippel, Eike von: Grundfragen der Weltwirtschaftsordnung. Beck, München 1980, 163 S.
Hirschmann, Albert O.: Leidenschaft und Interesse. Politische Argumente für den Kapitalismus vor seinem Sieg. Suhrkamp, Frankfurt a. M. 1981, 200 S.

Hobsbawm, Eric J.: Die Blütezeit des Kapitals. Eine Kulturgeschichte der Jahre 1848–1875. Kindler, München 1977, 419 S.
Hobson, John Atkinson: Imperialism. Allen & Unwin, London [4]1948, VIII, 386 S.
Hofmann, Werner: Ideengeschichte der sozialen Bewegung des 19. und 20. Jahrhunderts. De Gruyter, Berlin [2]1968, 296 S. (Sammlung Göschen 1205 / 1205 a).
Hofmann, Werner: Grundelemente der Wirtschaftsgesellschaft. Rowohlt, Reinbek 1970, 185 S.
Hofmann, Werner: Theorie der Wirtschaftsentwicklung. Duncker & Humblot, Berlin [2]1971, 321 S.
Horowitz, David: Anatomie unserer Zeit. Kapitalismus und Sozialismus im Schmelztiegel. Europa Verlag, Wien 1965, 158 S.
Horowitz, David: Marx and Modern Economics. MacGibbon & Kee, London 1968, 380 S.
Jöhr, Walter Adolf: Ist ein freiheitlicher Sozialismus möglich? Francke, Bern 1948, 137 S.
Jöhr, Walter Adolf, Hans Wolfgang Singer: Die Nationalökonomie im Dienste der Wirtschaftspolitik. Vandenhoeck & Ruprecht, Göttingen 1964, 184 S.
Jonas, Friedrich: Sozialphilosophie der industriellen Arbeitswelt. Deutscher Taschenbuch Verlag, München 1974, 230 S.
Jostok, Paul: Der Ausgang des Kapitalismus. Duncker & Humblot, München 1928, 310 S.
Jungblut, Michael: Die Zukunft des Kapitalismus. Nicht die beste aller Welten. In: Die Zeit, Nr. 52, 26. Dezember 1969, S. 31 f.
Kalecki, Michal: Selected Essays on the Dynamics of the Capitalist Ecconomy, 1933–1970. Cambridge University Press, Cambridge 1971, VII, 197 S.
Kalecki, Michal: Rezession und Prosperität im Kapitalismus. Luchterhand, Neuwied 1976, 244 S.
Kaltenbrunner, Gerd-Klaus (Hrsg.): Kapitulation des Bürgers. Vom Nutzen und Nachteil der versorgten Gesellschaft. Herder, Freiburg i. Br. - München 1977, 192 S. (INITIATIVE 16).
Kaltenbrunner, Gerd-Klaus (Hrsg.): Inflation ohne Ende. Wer verliert, wer gewinnt? Herder, Freiburg i. Br. - München 1977, 192 S. (INITIATIVE 18).
Kaltenbrunner, Gerd-Klaus (Hrsg.): Der standhafte Selbständige. Nachhut der freien Marktwirtschaft. Herder, Freiburg i. Br. – München 1979, 192 S. (INITIATIVE 28).
Kaltenbrunner, Gerd-Klaus (Hrsg.): Auf der Suche nach einer neuen Vollbeschäftigung. Die Mutation der Arbeit. Herder, Freiburg i. Br. – München 1979, 192 S. (INITIATIVE 30).
Kapitalismus in den siebziger Jahren. Europäische Verlagsanstalt, Frankfurt a. M. 1971, 295 S.
Kardorff, Siegfried von, Hans Schäffer u. a. (Hrsg.): Der internatio-

nale Kapitalismus und die Krise. Enke, Stuttgart 1932, XXVII, 383 S.
Kesting, Hanno: Herrschaft und Knechtschaft. Die „soziale Frage" und ihre Lösungen. Rombach, Freiburg i. Br. 1973, 104 S.
Keynes, John Maynard: Vom Gelde. Duncker & Humblot, Berlin [2]1955, XX, 635 S.
Keynes, John Maynard: Allgemeine Theorie der Beschäftigung, des Zinses und des Geldes. Duncker & Humblot, Berlin [3]1966, XI, 344 S.
Kirsch, Guy: Den „homo oeconomicus" menschlicher machen. Ist der Mensch so schlecht, wie ihn die Wirtschaftswissenschaft darstellt? In: Frankfurter Allgemeine Zeitung, Nr. 8, 10. Januar 1981, S. 13.
Klein, Dieter: Die Konflikte des Spätkapitalismus und ihre Entwicklungstendenzen. Aufgaben wissenschaftlicher Gesellschaftsprognose. In: Futurum, Jg. 2, H. 1 (1969), S. 33–63.
Kleinhappl, Johannes: Arbeit – Pflicht und Recht. Fragen der Wirtschaftsethik. Europa Verlag, Wien 1962, 112 S.
Kleinhappl, Johannes: Kirche und Kapitalismus. In: Das neue Volk. Blätter für christliche Erneuerung. (Wien), Jg. 36, Nr. 3 (Mai–Juni 1968), S. 17 ff.; Nr. 4 (Juli–August 1968), S. 25 ff.
Klopp, Wiard: Die sozialen Lehren des Freiherrn Karl von Vogelsang. Pressevereinsdruckerei St. Pölten 1894, 643 S.
Klopp, Wiard: Leben und Wirken des Sozialpolitikers Karl Freiherr von Vogelsang. Verlag der Typographischen Anstalt, Wien 1930, 478 S.
Klug, Oskar: Volkskapitalismus durch Eigentumsstreuung. Illusion oder Wirklichkeit? Gustav Fischer, Stuttgart 1962, XII, 484 S., 43 Abb.
Knoll, August M.: Der soziale Gedanke im modernen Katholizismus. Reinhold, Wien 1932, XIV, 317 S., 17 Taf.
Knoll, August M.: Der Zins in der Scholastik. Tyrolia, Innsbruck – Wien – München 1933, 211 S.
Knoll, August M.: Das Kapitalismus-Problem in der modernen Soziologie. Herold, Wien 1953, 66 S.
Knoll, August M.: Zins und Gnade. Studien zur Soziologie der christlichen Existenz. Mit einem Nachwort von Gerd-Klaus Kaltenbrunner. Luchterhand, Neuwied – Berlin 1967, 104 S.
Koehne, Rainer: Das Selbstbild deutscher Unternehmer. Duncker & Humblot, Berlin 1976, 273 S.
Kofler, Leo: Zur Geschichte der bürgerlichen Gesellschaft. Versuch einer verstehenden Deutung der Neuzeit. Luchterhand, Neuwied – Berlin 1966, 692 S. (Soziologische Texte 38).
Koutny, Franz: Jacques Maritain und der Kapitalismus. In: Das neue Volk. Blätter für christliche Erneuerung. (Wien), Jg. 40, Nr. 1 (Jänner–Februar–März 1972), S. 3 ff.
Kozlik, Adolf: Der Vergeudungskapitalismus. Das amerikanische Wirtschaftswunder. Europa Verlag, Wien 1966, 419 S.

Kraus, P. Johann: Scholastik, Puritanismus und Kapitalismus. Duncker & Humblot, München 1930, 329 S.

Krelle, Wilhelm: Theorie wirtschaftlicher Verhaltensweisen. Hain, Meisenheim a. Glan 1953, 251 S.

Krüsselberg, H.-G.: Marktwirtschaft und ökonomische Theorie. Ein Beitrag zur Theorie der Wirtschaftspolitik. Verlag Paul Haupt, Bern – Stuttgart o. J., 328 S. (Beiträge zur Wirtschaftspolitik 9).

Kruse, Alfred: Nationalökonomie. Ausgewählte Texte zur Geschichte einer Wissenschaft. K. F. Koehler, Stuttgart 1960, 306 S.

Kuehnelt-Leddihn, Erik von: „Konservative" und freie Wirtschaft. In: Zeitbühne, Jg. 8, H. 8 (August 1979), S. 14–20.

Küng, Emil: Eigentum und Eigentumspolitik. Mohr (Siebeck), Tübingen; Polygraphischer Verlag, Zürich 1964, X, 210 S. (St. Galler wirtschaftswissenschaftliche Forschungen 23).

Küng, Emil: Wohlstand und Wohlfahrt. Von der Konsumgesellschaft zur Kulturgesellschaft. Mohr (Siebeck), Tübingen 1972, X, 219 S.

Küng, Emil: Ende der Wohlstandsgesellschaft? Artemis, Zürich – München 1974, 63 S. (Schriften zur Zeit 37).

Landes, David Saul: Der entfesselte Prometheus. Technologischer Wandel und industrielle Entwicklung in Westeuropa von 1750 bis zur Gegenwart. Kiepenheuer & Witsch, Köln 1973, 597 S.

Lauterbach, Albert: Kapitalismus und Sozialismus in neuer Sicht. Rowohlt, Reinbek 1963, 153 S. (rowohlts deutsche enzyklopädie 173).

Lehner, Franz, Friedrich Schneider: Einführung in die neue politische Ökonomie. Athenäum, Frankfurt 1977, 200 S.

Leipold, Helmut (Hrsg.): Sozialistische Marktwirtschaften. Konzeptionen und Lenkungsprobleme. Beck 1975, 201 S.

Leipold, Helmut: Wirtschafts- und Gesellschaftssysteme im Vergleich. Grundzüge einer Theorie der Wirtschaftssysteme. Gustav Fischer, Stuttgart 1976, 230 S., 13 Abb., 10 Tab.

Leistung und Wettbewerb. Herausforderungen und Folgerungen. Hrsg. von der Walter-Raymond-Stiftung. Bachem, Köln 1974, 340 S.

Lekachman, Robert: John Maynard Keynes. Revolutionär des Kapitalismus. Axel Juncker, München 1970, 350 S.

Lenin, Wladimir Uljanow: Der Imperialismus als jüngste Etappe des Kapitalismus. Verlag für Literatur und Politik. Wien – Berlin 1926, 132 S.

Lenin, Wladimir Uljanow: Ausgewählte Schriften. Hrsg. von Hermann Weber. Kindler, München 1963, 1538 S.

Leontief, Wassily u. a.: Die Zukunft der Weltwirtschaft. Bericht der Vereinten Nationen. Deutsche Verlags-Anstalt, Stuttgart 1977, 260 S., 75 Tab.

Lepage, Henri: Der Kapitalismus von morgen. Campus, Frankfurt a. M. – New York 1979, 248 S.

Lindblom, Charles E.: Jenseits von Markt und Staat. Eine Kritik der politischen und ökonomischen Systeme. Klett-Cotta, Stuttgart 1980, 636 S.

Lösch, Dieter, Heinz-Dietrich Ortlieb: Kapitalismuskritik. Der Streit um die Marktwirtschaft. Langen-Müller, München-Wien 1974, 141 S. (Stichworte 10).

Ludwig, Klaus D.: Für eine neue Wirtschaftsordnung. Grundlagen der zukünftigen Volkswirtschaft. Verlag Deutsch-Europäischer Studien, Hamburg 1979, 96 S. (Junge Kritik 4).

Machlup, Fritz: Börsenkredit. Industriekredit und Kapitalbildung. Springer, Wien 1931, XI, 220 S.

Mahr, Alexander: Der unbewältigte Wohlstand. Probleme der modernen Industriegesellschaft. Duncker & Humblot, Berlin 1964, 196 S.

Mahr, Alexander: Gesammelte Abhandlungen zur ökonomischen Theorie. Duncker & Humblot, Berlin 1967, 324 S.

Mannheim, Karl: Über das Wesen und die Bedeutung des wirtschaftlichen Erfolgsstrebens. In: Wissenssoziologie. Auswahl aus dem Werk. Hrsg. von Kurt H. Wolff. Luchterhand, Berlin - Neuwied 1964, S. 625–687 (Soziologische Texte 28).

Marx, Karl: Das Kapital. Kritik der politischen Ökonomie. Europäische Verlagsanstalt, Frankfurt a. M. 1967, 3 Bde., 955, 559, 1007 S.

Marx, Karl, Friedrich Engels: Manifest der kommunistischen Partei. Hrsg. von Theo Stammen. Fink, München 1969, 165 S.

Maurer, Emil H.: Der Spätbürger, Francke, Bern - München 1963, 332 S.

Menger, Anton: Das bürgerliche Recht und die besitzlosen Volksklassen. Laupp, Tübingen [3]1904, VI, 241 S.

Menger, Anton: Das Recht auf den vollen Arbeitsertrag in geschichtlicher Darstellung. Cotta, Stuttgart [4]1910, X, 172 S.

Menger, Carl Grundsätze der Volkswirtschaftslehre. Mohr (Siebeck), Tübingen [2]1968, XXXVI, XII, 285 S., 1 Taf. (Gesammelte Werke 1).

Menger, Carl: Untersuchungen über die Methode der Sozialwissenschaften und der Politischen Ökonomie insbesondere. Mohr (Siebeck), Tübingen [2]1969, XXXII, 294 S., 1 Taf. (Gesammelte Werke 2).

Michels, Robert: Psychologie der antikapitalistischen Massenbewegungen. In: Grundriß der Sozialökonomie, Abtl. 9, Teil 1. Mohr (Siebeck), Tübingen 1926.

Miliband, Ralph: Der Staat in der kapitalistischen Gesellschaft. Eine Analyse des westlichen Machtsystems. Suhrkamp, Frankfurt a. M. 1975, 376 S.

Mises, Ludwig von: Grundprobleme der Nationalökonomie. Gustav Fischer, Jena 1933, XVI, 216 S.

Mises, Ludwig von: Human Action. A Treatise on Economics. Yale University Press, New Haven [4]1950, XV, 889 S.

Mises, Ludwig von: Die Wurzeln des Antikapitalismus. Knapp, Frankfurt a. M. 1958, 125 S.
Mises, Ludwig von: Kritik des Interventionismus. Mit einer Einführung von F. A. von Hayek. Wissenschaftliche Buchgesellschaft, Darmstadt 1976, XII, 146 S.
Mises, Ludwig von: Im Namen des Staates oder Die Gefahren des Kollektivismus. Verlag Bonn Aktuell, Stuttgart 1978, 262 S.
Molitor, Bruno: Die Moral der Wirtschaftsordnung. Bachem, Köln 1980, 63 S. (Walter-Raymond-Stiftung. Kleine Reihe 22).
Mommsen, Ernst Wolf (Hrsg.): Die Zukunft des Kapitalismus. Vorträge anläßlich des fünfzigjährigen Bestehens des National Industrial Conference Board, gehalten vom 19.–21. September 1966 im Waldorf-Astoria, New York. Econ, Düsseldorf - Wien 1967, 280 S.
Mommsen, Wolfgang J.: Der Erfolg und der Gnadenstand. Wiedergelesen: Max Webers Buch über modernen Kapitalismus und den Geist des Protestantismus. In: Frankfurter Allgemeine Zeitung, Nr. 73, 12. April 1978, S. 25.
Müller-Armack, Alfred: Entwicklungsgesetze des Kapitalismus. Junker & Dünnhaupt, Berlin 1932, VI, 218 S.
Müller-Armack, Alfred: Religion und Wirtschaft. Geistesgeschichtliche Hintergründe unserer europäischen Lebensform. Kohlhammer, Stuttgart 1959, XV, 605 S., 1 Falttaf. (Neuausgabe: Haupt, Bern 1981, 620 S.)
Müller-Armack, Alfred: Wirtschaftsordnung und Wirtschaftspolitik. Haupt, Bern [2]1976, 472 S.
Müller-Armack, Alfred: Genealogie der sozialen Marktwirtschaft. Haupt, Berlin [2]1981, 280 S.
Müller-Armack, Alfred: Diagnose unserer Gegenwart. Zur Bestimmung unseres geistesgeschichtlichen Standortes. Haupt, Bern [3]1981, 390 S.
Mussolini, Benito: Vom Kapitalismus zum korporativen Staat. Reden und Gesetze. Deutsche Verlags-Anstalt, Stuttgart 1936, 190 S. (Veröffentlichungen des Petrarca-Hauses. Reihe 3,1).
Myrdal, Gunnar: Internationale Wirtschaft. Probleme und Aussichten. Duncker & Humblot, Berlin 1958, XI, 436 S.
Myrdal, Gunnar: Jenseits des Wohlfahrtsstaates. Gustav Fischer, Stuttgart 1961, XIV, 226 S.
Nass, Klaus Otto: Die Verantwortung für die Wirtschaftsordnung. Über die Krise der Marktwirtschaft. In: Frankfurter Allgemeine Zeitung. Nr. 243, 19. Oktober 1974, S. 13.
Nawroth, Egon Edgar: Die Sozial- und Wirtschaftsphilosophie des Neoliberalismus. Kerle, Heidelberg 1961, XIX, 471 S. (Politeia 14).
Nell-Breuning, Oswald von: Kapitalismus und gerechter Lohn. Herder, Freiburg i. Br. 1960, 191 S. (Herderbücherei 67).
Nell-Breuning, Oswald von, Josef Heinz Müller: Vom Geld zum Kapital. Herder, Freiburg i. Br. 1962, 157 S. (Herderbücherei 134).

Nell-Breuning, Oswald von: Aktuelle Fragen der Gesellschaftspolitik. Bachem, Köln 1970, 466 S.
Nell-Breuning, Oswald von: Kapitalismus – kritisch betrachtet. Zur Auseinandersetzung um das bessere „System". Herder, Freiburg i. Br. 1974, 140 S. (Herderbücherei 497).
Nießlein, Erwin: Humane Marktwirtschaft. Ökonomische Aspekte der Umweltpolitik. Hochschul-Verlag, Karlsruhe 1981, 270 S. (Schriftenreihe des Instituts für Forstpolitik und Raumordnung der Universität Freiburg).
Nitsche, Roland: Unternehmer – Soll und Haben. Deutscher Instituts-Verlag, Köln 1977, 243 S.
Nöll von der Nahmer, Robert: Vom Werden des neuen Zeitalters. Quelle & Meyer, Heidelberg 1957, 317 S.
Nozick, Robert: Anarchie – Staat – Utopia. Moderne Verlags-Gesellschaft, München 1976, 324 S.
O'Driscoll, Gerald P. (Hrsg.): Adam Smith and Modern Political Economy. Iowa State University Press, Ames (Iowa) 1979, XV, 181 S.
Oppenheimer, Franz: Wert und Kapitalprofit. Gustav Fischer, Jena [3]1926, V, 79 S.
Oppenheimer, Franz: Das Kapital. Kritik der politischen Ökonomie. Ein kurzgefaßtes Lehrbuch der nationalökonomischen Theorie. Leiden 1938, XX, 493 S.
Orel, Anton: Oeconomia perennis. Die Wirtschaftslehre der Menschheitsüberlieferung im Wandel der Zeiten und in ihrer unwandelbaren Bedeutung. Matthias Grünewald, Mainz 1930, Bd. 1: Eigentum und Arbeit, 445 S.; Bd. 2: Das kanonische Zinsverbot, 310 S. (Bd. 3 „Der moderne Kapitalismus" bis heute nicht erschienen).
Ortlieb, Heinz-Dietrich: Das Ende des Wirtschaftswunders. Steiner, Wiesbaden 1962, 188 S.
Ortlieb, Heinz-Dietrich: Die verantwortungslose Gesellschaft oder Wie man die Demokratie verspielt. Goldmann, München 1971, 150 S. (Goldmanns Gelbe Taschenbücher 2729).
Ortlieb, Heinz-Dietrich: Glanz und Elend des Wirtschaftswunders. Goldmann, München 1974, 214 S.
Ortlieb, Heinz-Dietrich: Vom Volkskapitalismus zur Playboy-Demokratie. Edition Interfrom, Zürich 1974, 74 S. (Texte + Thesen 49).
Pareto, Vilfredo: Cours d'économie politique. Ed. par G. H. Bousquet et G. Busino. Droz, Genève 1964.
Pareto, Vilfredo: I sistemi socialisti. A cura di Giovanni Busino. Unione tipografico-editrice, Torino 1974, 805 S.
Pareto, Vilfredo: Ausgewählte Schriften. Hrsg. und eingeleitet von Carlo Mongardini. Ullstein Verlag, Frankfurt a. M. – Berlin – Wien 1975, 487 S.
Parsons, Talcott, Neil J. Smeldser: Economy and Society. Routledge & Kegan Paul, London 1966, XXI, 322 S.

Passow, Richard: Kapitalismus. Eine begrifflich-terminologische Studie. Gustav Fischer, Jena 1918.

Pentzlin, Heinz: Des Marktes Stärke. In: Die Welt, Nr. 166, 20. Juli 1976, S. 6.

Pentzlin, Heinz: Die Gefährdung der sozialen Marktwirtschaft. Verlag J. W. Naumann, Würzburg 1979, 35 S. (Reden zur Zeit 41).

Peter, Hans: Einführung in die Politische Ökonomie. Kohlhammer, Stuttgart 1950, XVI, 314 S.

Peter, Hans: Strukturlehre der Volkswirtschaft. Hrsg. von Woldemar Koch und Ursula Schleehauf. Schwartz, Göttingen 1963, XVIII, 378 S.

Phänomen Sozialkritik. Objekt Wirtschaft. XIII. Gespräch zwischen Wirtschaft und Wissenschaft. Hrsg. von der Walter-Raymond-Stiftung. Bachem, Köln 1971, 106 S.

Pirenne, Henri: Sozial- und Wirtschaftsgeschichte Europas im Mittelalter. Francke, Bern - München [4]1976, 257 S. (Uni-Taschenbücher 33).

Plesser, Ernst H. (Hrsg.): Wer profitiert von der Privatwirtschaft? Herder, Freiburg i. Br. 1976, 128 S. (Herderbücherei 552).

Pohle, Wolfgang, Hans-Hermann Lutzke: Marktwirtschaft als Programm. Ein Kursbuch der modernen Wirtschaft. Goldmann, München 1974, 509 S.

Polanyi, Karl: Ökonomie und Gesellschaft. Mit einer Einleitung von S. C. Humphreys. Suhrkamp, Frankfurt a. M. 1979, 448 S.

Pommerehne, Werner, Bruno S. Frey: Neue Politische Ökonomie. Kiepenheuer & Witsch, Köln 1977, 352 S.

Predöhl, Andreas: Das Ende der Weltwirtschaftskrise. Eine Einführung in die Probleme der Weltwirtschaft. Rowohlt, Reinbek 1962, 158 S. (rowohlts deutsche enzyklopädie 161).

Preise, Erich: Die Zukunft unserer Wirtschaftsordnung. Eine Betrachtung über Kapitalismus und Soziale Marktwirtschaft. Vandenhoeck & Ruprecht, Göttingen [4]1964, 107 S.

Preiser, Erich: Bildung und Verteilung des Volkseinkommens. Vandenhoeck & Ruprecht, Göttingen [4]1970, 433 S.

Preiser, Erich: Wirtschaftswissenschaft im Wandel. Olms, Hildesheim - New York 1973, XIII, 336 S.

Preiser, Erich: Wirtschaftspolitik heute. Grundprobleme der Marktwirtschaft. Beck, München [4]1974, 221 S.

Pritzkoleit, Kurt: Männer, Mächte, Monopole. Hinter den Türen der westdeutschen Wirtschaft. Rauch, Düsseldorf 1953, 431 S. ([2]1960, 648 S.).

Pritzkoleit, Kurt: Bosse, Banken, Börsen. Herren über Geld und Wirtschaft. Desch, München 1954, 440 S.

Pritzkoleit, Kurt: Das kommandierte Wunder. Deutschlands Weg im 20. Jahrhundert. Desch, München 1959, 802 S.

Rauscher, Anton (Hrsg.): Ist die katholische Soziallehre antikapitalistisch? Bachem, Köln 1968, 195 S.
Rauscher, Anton (Hrsg.): Kapitalismuskritik im Widerstreit. Bachem, Köln 1973, 215 S.
Recktenwald, Horst Claus: Markt und Staat. Fundamente einer freiheitlichen Ordnung. Vandenhoeck & Ruprecht, Göttingen 1980, 317 S.
Redlich, Fritz: Der Unternehmer. Wirtschafts- und sozialgeschichtliche Studien. Mit einem Nachwort von Edgar Salin. Vandenhoeck & Ruprecht, Göttingen 1964, 397 S.
Renner, Karl: Wandlungen der modernen Gesellschaft. Verlag der Wiener Volksbuchhandlung, Wien 1953, 227 S.
Reuter, Axel L.: Konzentration und Wirtschaftswachstum. Westdeutscher Verlag, Köln - Opladen 1967, 161 S. (Abhandlungen zur Mittelstandsforschung 29).
Revel, Jean-François: Das wirtschaftliche Wachstum stoppen? Die Welt, Nr. 186, 12. August 1972 (Wochenendbeilage).
Ricardo, David: Über die Grundsätze der politischen Ökonomie und der Besteuerung. Akademie-Verlag, Berlin [2]1979, XLV, 422 S.
Riehl, Wilhelm Heinrich: Die bürgerliche Gesellschaft. Hrsg. und eingeleitet von Peter Steinbach. Ullstein, Frankfurt a.M. - Berlin - Wien 1976, 288 S. (Ullstein-Buch 3270).
Riesmann, David: Wohlstand wofür? Suhrkamp, Frankfurt a.M. 1966, 452 S.
Robinson, Joan: Über Keynes hinaus. Ausgewählte ökonomische Essays. Europa Verlag, Wien 1962, 157 S.
Robinson, Joan: Die Akkumulation des Kapitals. Europa Verlag, Wien 1965, 496 S.
Robinson, Joan: Einführung in die Volkswirtschaftslehre. Verlag Moderne Industrie, München 1974, 478 S.
Röpke, Wilhelm: Civitas humana. Grundfragen der Gesellschafts- und Wirtschaftsreform. Rentsch, Erlenbach/Zürich 1944, 408 S.
Röpke, Wilhelm: Die Gesellschaftskrisis der Gegenwart. Rentsch, Erlenbach/Zürich [5]1948, 417 S.
Röpke, Wilhelm: Jenseits von Angebot und Nachfrage. Rentsch, Erlenbach/Zürich - Stuttgart 1958, 368 S.
Röpke, Wilhelm: Gegen die Brandung. Hrsg. von Albert Hunold. Rentsch, Erlenbach/Zürich - Stuttgart 1959, 418 S.
Röpke, Wilhelm: Die Lehre von der Wirtschaft. Rentsch, Erlenbach/Zürich - Stuttgart 1968, 349 S.
Rolshausen, Claus (Hrsg.): Kapitalismus und Krise. Europäische Verlagsanstalt, Frankfurt a.M. 1970, 117 S.
Rougier, Louis: The Genius of the West. With an Introduction by F. A. v. Hayek. Nash Publishing, Los Angeles 1971, XVIII, 222 S.
Rüstow, Alexander: Wirtschaftliche Probleme der Sozialen Marktwirt-

schaft. In: Der Christ und die Soziale Marktwirtschaft. Hrsg. von Patrick M. Boarman. Kohlhammer, Stuttgart 1955, S. 53–74.
Rüstow, Alexander: Ortsbestimmung der Gegenwart. Bd. 1: Ursprung der Herrschaft, 360 S. – Bd. 2: Wege der Freiheit, 762 S. – Bd. 3: Herrschaft oder Freiheit? 728 S. Eugen Rentsch, Erlenbach/Zürich – Stuttgart 1950–1957.
Sachsse, Hans: Was ist Sozialismus? Piper, München 1979, 155 S.
Samuelson, Paul A.: Volkswirtschaftslehre. Bund-Verlag, Köln 1964, Bd. 1: 460 S., Bd. 2: 496 S.
Scheler, Max: Die Zukunft des Kapitalismus und andere Aufsätze. Hrsg. mit einem Nachwort von Manfred S. Frings. Francke, Bern – München 1979, 131 S. (UTB 871).
Schelsky, Helmut: Der selbständige und der betreute Mensch. Politische Schriften und Kommentare. Seewald, Stuttgart 1976, 209 S.
Scheuch, Erwin K. (Hrsg.): Die Wiedertäufer der Wohlstandsgesellschaft. Eine kritische Untersuchung der „Neuen Linken" und ihrer Dogmen. Markus, Köln 1968, 222 S.
Schickling, Willi: Entscheidung für die Freiheit. Vor 30 Jahren hat Ludwig Erhard die Marktwirtschaft errichtet. In: Frankfurter Allgemeine Zeitung, Nr. 98, 13. Mai 1978, S. 15.
Schifer, Lothar: Das verteufelte Kapital. Econ, Düsseldorf – Wien o. J., 148 S.
Schilling, Kurt: Geschichte der sozialen Ideen. Individuum, Gemeinschaft, Gesellschaft. Kröner, Stuttgart 1957, 411 S.
Schluchter, Wolfgang: Die Entwicklung des okzidentalen Rationalismus. Eine Analyse von Max Webers Gesellschaftsgeschichte. Mohr (Siebeck), Tübingen 1980, XII, 280 S.
Schluchter, Wolfgang: Rationalismus der Weltbeherrschung. Studien zu Max Weber. Suhrkamp, Frankfurt a. M. 1980, 320 S.
Schmalenbach, Eugen: Kapital, Kredit und Zins in betriebswirtschaftlicher Bedeutung. Westdeutscher Verlag, Köln – Opladen [4]1961, XII, 257 S.
Schmölders, Günter: Warum ist der Sozialismus attraktiv? Suche nach einer Alternative. In: CRITICON 44 (November–Dezember 1977), S. 291–294.
Schmölders, Günter: Geistige Wurzeln des Wirtschaftsliberalismus. Die „Untergrund-Nationalökonomie" im Dritten Reich. In: Frankfurter Allgemeine Zeitung, Nr. 98, 26. April 1980, S. 15.
Schmoller, Gustav: Grundriß der Allgemeinen Volkswirtschaftslehre. Duncker & Humblot, Leipzig 1900–1904, Bd. 1: 482 S., Bd. 2: 719 S.
Schmoller, Gustav: Die soziale Frage. Klassenbildung, Arbeiterfrage, Klassenkampf. Duncker & Humblot, München – Leipzig 1918, 673 S.
Schnatz, Helmut (Hrsg.): Päpstliche Verlautbarungen zu Staat und Gesellschaft. Originaldokumente mit deutscher Übersetzung. Wissen-

schaftliche Buchgesellschaft, Darmstadt 1973, XXXII, 447 S. (Texte zur Forschung 12).
Schoeck, Helmut: Der Neid und die Gesellschaft. Herder, Freiburg i. Br. 1971, 318 S. (Herderbücherei 395).
Schumpeter, Joseph A.: Kapitalismus, Sozialismus und Demokratie. Mit einer Einleitung von Edgar Salin. Francke, Bern 1950, 498 S.
Schumpeter, Joseph A.: Aufsätze zur ökonomischen Theorie. Mohr (Siebeck), Tübingen 1952, VIII, 608 S.
Schumpeter, Joseph A.: Theorie der wirtschaftlichen Entwicklung. Eine Untersuchung über Unternehmergewinn, Kapital, Kredit, Zins und den Konjunkturzyklus. Duncker & Humblot, Berlin [5]1952, XXVI, 372 S.
Schumpeter, Joseph A.: Aufsätze zur Soziologie. Mohr (Siebeck), Tübingen 1953, VII, 232 S.
Schumpeter, Joseph A.: Konjunkturzyklen. Eine theoretische, historische und statistische Analyse des kapitalistischen Prozesses. Vandenhoeck & Ruprecht, Göttingen 1961, 2 Bde., insges. 1160 S.
Schumpeter, Joseph A.: Geschichte der ökonomischen Analyse. Vandenhoeck & Ruprecht, Göttingen 1965, 2 Bde., insges. 1520 S.
Sée, Henri: Die Ursprünge des modernen Kapitalismus. Francke, Bern 1948 (Dalp-Taschenbücher 49).
Seyfarth, Constans, Walter M. Sprondel (Hrsg.): Religion und gesellschaftliche Entwicklung. Studien zur Protestantismus-Kapitalismus-These Max Webers. Suhrkamp, Frankfurt a. M. 1973, 379 S.
Shonfield, A.: Geplanter Kapitalismus. Wirtschaftspolitik in Westeuropa und den USA. Kiepenheuer & Witsch, Köln - Berlin 1968.
Sieber, Hugo: Marktwirtschaft im Kreuzfeuer. Verlag Paul Haupt, Bern - Stuttgart 1979, 231 S.
Simmel, Georg: Philosophie des Geldes. Duncker & Humblot, Leipzig 1900, XVI, 554 S. ([5]1930).
Smith, Adam: Der Wohlstand der Nationen. Eine Untersuchung seiner Natur und Ursachen. Aus dem Englischen von Horst Claus Recktenwald. Beck, München 1974, LXXIX, 859 S., zahlr. Abb.
Sombart, Werner: Sozialismus und soziale Bewegung. Gustav Fischer, Jena [6]1908, XI, 395 S.
Sombart, Werner: Der Bourgeois. Duncker & Humblot, München - Leipzig 1913, VII, 540 S.
Sombart, Werner: Luxus und Kapitalismus. Duncker & Humblot, München [2]1922, VIII, 216 S.
Sombart, Werner: Der moderne Kapitalismus. Historisch-systematische Darstellung des gesamteurop. Wirtschaftslebens von seinen Anfängen bis zur Gegenwart. Duncker & Humblot, Berlin 1970.
I.: Die vorkapitalistische Wirtschaft. 2 Halbbde. XXIV, S. 1–462; IX, S. 463–929;
II.: Das europäische Wirtschaftsleben im Zeitalter des Frühkapitalismus. 2 Halbbde. XII, S. 1–585; XI, S. 586–1229;

III.. Das Wirtschaftsleben im Zeitalter des Hochkapitalismus. 2 Halbbde. XXII, S. 1–514; X, S. 515–1063.
Soziale Marktwirtschaft als nationale und internationale Ordnung. Hrsg. von der Ludwig-Erhard-Stiftung. Verlag Bonn Aktuell, Stuttgart [2]1978.
Spann, Othmar: Die Haupttheorien der Volkswirtschaftslehre. Akademische Druck- und Verlagsanstalt, Graz [28]1969, XVIII, 384 S. (Gesamtausgabe der Werke von Othmar Spann 2).
Spann, Othmar: Fundament der Volkswirtschaftslehre. Akademische Druck- und Verlagsanstalt, Graz [5]1967, XV, 470 S. (Gesamtausgabe der Werke von Othmar Spann 3).
Steinbrenner, Hans-P., Hans H. Wenkebach: Kapital und Arbeit. Kooperationsformen zur Erstellung wirtschaftlicher Leistungen. Deutscher Instituts-Verlag, Köln 1977, 60 S. (Gesellschaftspolitische Bildungsmaterialien 4).
Stolze, Diether: Der Kapitalismus. Von Manchester bis Wall Street. Desch, München 1969, 384 S., zahlr. Abb.
Strachey, J.: Kapitalismus heute und morgen. Econ, Düsseldorf – Wien 1957.
Sweezy, Paul M.: Theorie der kapitalistischen Entwicklung. Eine analytische Studie über die Prinzipien der Marxschen Sozialökonomie. Bund-Verlag, Köln 1959, XVIII, 302 S.
Tawney, R. H.: Religion und Frühkapitalismus. Eine historische Studie. Francke, Bern 1946, 331 S. (Sammlung Dalp 6).
Thal, Peter (Hrsg.): Adam Smith gestern und heute. 200 Jahre „Reichtum der Nationen". Auvermann, Glashütten (Taunus) 1976, 232 S.
Thoms, Walter: Die Zukunft der Unternehmung. Die Überwindung des Kapitalismus in der industriellen Arbeitswelt demokratischer Ordnung. Seewald Verlag, Stuttgart 1975, 75 S.
Treue, Wilhelm: Wirtschaftsgeschichte der Neuzeit. Kröner, Stuttgart 1962, 780 S. (Kröners Taschenbuchausgabe 208).
Troeltsch, Ernst: Die Soziallehren der christlichen Kirchen und Gruppen. Mohr (Siebeck), Tübingen [3]1922, XVI, 994 S.
Tuchtfeldt, Egon (Hsrg.): Soziale Marktwirtschaft im Wandel. Verlag Paul Haupt, Bern – Stuttgart 1973, 256 S. (Beiträge zur Wirtschaftspolitik 20).
Ulrich, Hans (Hrsg.): Management-Philosophie für die Zukunft. Gesellschaftlicher Wertewandel als Herausforderung an das Management. Haupt, Bern – Stuttgart 1981, 128 S.
Unternehmerische Verantwortung in unserer Gesellschaft. Tatbestand und Forderung. Hrsg. von der Walter-Raymond-Stiftung. Bachem, Köln 1964, 344 S., 1 Abb.
Varga, Eugen: Die Krise des Kapitalismus und ihre politischen Folgen. Hrsg. und eingeleitet von Elmar Altvater. Europäische Verlagsanstalt, Frankfurt a. M. 1969, 450 S.

Veblen, Thorstein B.: The Theory of the Leisure Class. Kelley, New York 1965, 400 S.
Vereinigung für freies Unternehmertum (Hrsg.): Die Unternehmens-Charta. Anregungen zu einem zeitgemäßen Leitbild für die unternehmerische Praxis. Schaffhausen 1981, 50 S.
Vontobel, Klara: Das Arbeitsethos des deutschen Protestantismus. Von der nachreformatorischen Zeit bis zur Aufklärung. Francke, Bern 1946, 162 S. (Beiträge zur Soziologie und Sozialphilosophie 2).
Walser, R.: „Neue Weltwirtschaftsordnung" und Marktwirtschaft. Die Nord-Süd-Problematik aus ordnungspolitischer Sicht. In: Neue Zürcher Zeitung, Fernausgabe Nr. 49, 27./28. Februar 1977, S. 9f.
Watrin, Christian: Das Elend des Begriffs Spätkapitalismus. In: Frankfurter Hefte, Jg. 1971, S. 443ff.
Watrin, Christian, Hans Willgerodt (Hrsg.): Widersprüche der Kapitalismuskritik. Festschrift zum 75. Geburtstag von Alfred Müller-Armack. Verlag Paul Haupt, Bern – Stuttgart 1976, 237 S. (Sozioökonomische Forschungen 8).
Watrin, Christian: Freiheitliche Wirtschaft und christliche Moral. Über Maßstäbe einer Wirtschaftsethik und Wirtschaftsordnung für morgen. In: Frankfurter Allgemeine Zeitung, Nr. 221, 7. Oktober 1978, S. 13.
Weber, Manfred (Hrsg.): Der gebändigte Kapitalismus: Sozialisten und Konservative im Wohlfahrtsstaat. List, München 1974, 238 S.
Weber, Max: Wirtschaft und Gesellschaft. Studienausgabe. Kiepenheuer & Witsch, Köln – Berlin 1964, 2 Halbbde., insges. 1138 S.
Weber, Max: Die protestantische Ethik. Eine Aufsatzsammlung. Hrsg. von Johannes Winckelmann. Siebenstern, München – Hamburg 1965, 317 S. (Siebenstern-Taschenbuch 53/54).
Weber, Max: Die protestantische Ethik II. Kritiken und Antikritiken. Mit Beiträgen von H. Karl Fischer, Felix Rachfahl, Ernst Troeltsch, Reinhard Bendix u.a. Siebenstern, München – Hamburg 1968, 400 S. (Siebenstern-Taschenbuch 119/120).
Wilken, Folkert: Das Kapital. Sein Wesen, seine Geschichte und sein Wirken im 20. Jahrhundert. Novalis Verlag, Schaffhausen 1976, 423 S.
Willgerodt, Hans: Marxisten und ihre verkappten Freunde von Rechts. In: ORDO. Jahrbuch für die Ordnung von Wirtschaft und Gesellschaft, Bd. XXIV (1973), S. 103–120.
Willms, Manfred: „Allein die soziale Marktwirtschaft kann auf Dauer unsere Probleme lösen". In: Die Welt. Nr. 235, 8. Oktober 1977.
Winkler, Heinrich August (Hrsg.): Organisierter Kapitalismus. Vandenhoeck & Ruprecht, Göttingen 1974, 223 S.
Wirtschaft und öffentliche Meinung. Hrsg. von der Walter-Raymond-Stiftung. Bachem, Köln 1972, 308 S.
Ziegler, Leopold: Zwischen Mensch und Wirtschaft. Otto Reichl Verlag, Darmstadt 1927, 379 S.

Notizen über die Autoren

Wolfram Engels, geboren am 15. August 1933 in Köln, ist nicht nur ein Namensvetter von Friedrich Engels, sondern stammt auch aus derselben Familie wie der 1895 verstorbene Mitbegründer des Marxismus. Anders als sein sozialistischer Vorfahr ist Wolfram Engels fest davon überzeugt, daß der zur Sozialen Marktwirtschaft geläuterte Kapitalismus ein überaus vitales, nutzbringendes, Freiheit und schöpferische Initiative förderndes System sei. „Es gibt nur zwei Formen der gesellschaftlichen Organisation – Märkte und Bürokratien", meint Wolfram Engels, und als liberaler Ökonom plädiert er für so viel Markt wie möglich, für so viel Bürokratie wie nötig. Von 1961 bis 1964 in der Textilindustrie tätig, zuletzt als Verkaufsleiter, lehrt er seit 1968 Betriebswirtschaftslehre an der Johann-Wolfgang-Goethe-Universität in Frankfurt a. M. Er ist auch Direktor des dortigen Seminars für Bankbetriebslehre.
Wichtigste Veröffentlichungen: Betriebswirtschaftliche Bewertungslehre im Lichte der Entscheidungstheorie (Köln – Opladen 1962), Teilhabersteuer (gemeinsam mit Wolfgang Stützel, Frankfurt a. M. 1968), Rentabilität, Risiko und Reichtum (Tübingen 1969), Soziale Marktwirtschaft. Verschmähte Zukunft? (Stuttgart 1973), Entbürokratisierung (Freiburg i. Br. 1976, in: Wer profitiert von der Privatwirtschaft? Hrsg. von Ernst H. Plesser. Herderbücherei 552), Soziale Marktwirtschaft als politische Ökonomie (Stuttgart 1976), Eine konstruktive Kritik des Wohlfahrtsstaates (Tübingen 1979).

HERBERT EISENREICH, geboren am 7. Februar 1925 in Linz an der Donau. Studierte einige Semester Germanistik, dann Kriegsdienst und Gefangenschaft. Lebt als freier Schriftsteller in Tamsweg (Salzburg). Erhielt insgesamt neun Preise, darunter den Prix Italia (1957), den Österreichischen Staatspreis (1958) und den Theodor-Körner-Stiftungspreis (1956 und 1963).
Wichtigste Veröffentlichungen: Einladung, deutlich zu leben (Erzählung, 1952), Auch in ihrer Sünde (Roman, 1953), Böse schöne Welt (Roman, 1957), Carnuntum, Geist und Fleisch (Essay, 1960), Die Geschichte des Urgroßvaters (1960), Reaktionen (Essays, 1963), Sozusagen Liebesgeschichten (1966). Außerdem Lyrik, Übersetzungen, Rundfunk- und Fernsehspiele.

BETTINA HÜRNI, geboren am 17. August 1942, lehrt als Privatdozentin für Weltwirtschaftsordnung an der Universität Neuenburg (Neuchâtel). 1973 doktorierte sie am Institut Universitaire des Hautes Etudes Internationales der Universität Genf. Freiberufliche Mitarbeit bei EG, EFTA, ILO, KSZE, UNCTAD, GATT und anderen internationalen Organisationen. Vom Schweizer Finanzministerium wurde sie mit der Abfassung eines für den Bundesrat (die Regierung) bestimmten Arbeitspapiers über die Beziehungen der Eidgenossenschaft zur Weltbank beauftragt. In INITIATIVE 41 (Absurdes Welttheater: Das Ärgernis UNO) erschien Bettina Hürnis Beitrag „Die Weltbank als multinationales Investitionsmodell.
Wichtigste Veröffentlichung: Die Weltbank. Funktion und Kreditvergabepolitik nach 1970 (Verlag Rüegger, Diessenhofen / Schweiz 1980). – Die englische Originalausgabe dieses Buches ist unter dem Titel „The Lending Policy of the World Bank in the 1970s. Analysis and Evaluation" im Verlag Westview Press (Boulder, Colorado) erschienen. – Außerdem zahlreiche Beiträge zu den verschiedensten Wirtschaftsfragen in Fachzeitschriften.

GERD-KLAUS KALTENBRUNNER, geboren 1939 in Wien, lebt seit 1974 als freier Schriftsteller in Kirchzarten (Schwarzwald). Mitglied des PEN-Clubs Liechtenstein (Vaduz) und des Akademischen Rates der Humboldt-Gesellschaft (Mannheim). Herausgeber des Taschenbuch-Magazins INITIATIVE.
Wichtigste Veröffentlichungen: Hegel und die Folgen (als Hrsg., Freiburg i. Br. 1970), Rekonstruktion des Konservatismus (als Hrsg., Freiburg i. Br. 1972, [3]Bern 1978), Der schwierige Konservatismus. Definitionen – Theorien – Porträts (Berlin 1975), Im Ernstfall. Was nehmen wir mit? (Herderbücherei, Freiburg i. Br. 1979). EUROPA. Seine geistigen Quellen in Porträts aus zwei Jahrtausenden (drei Bände, Verlag Glock & Lutz, Heroldsberg bei Nürnberg 1981 ff.).

Ayn Rand, geboren 1905 in St. Petersburg, dem heutigen Leningrad, lebt seit 1926 im Exil in den USA.
Wichtiste Veröffentlichungen: The Night of January 16th (Schauspiel, 1933), We the Living (Roman, 1936), Anthem (Erzählung, 1938), The Fountainhead (Roman, 1943; dt. Übers.: Der ewige Quell, Goldmann Verlag, München 1978), Atlas Shrugged (Roman 1957; dt. Übers.: Atlas wirft die Welt ab, Holle Verlag, Baden-Baden 1959), For the New Intellectual (Essays, 1961), The Virtue of Selfishness: A New Concept of Egoism (Essays, 1966), Capitalism: The Unknown Ideal (Essays, 1967), The Romantic Manifesto: A Philosophy of Literature (Essays, 1969). The New Left: The Anti-Industrial Revolution (Essays, 1971).
Von 1971 bis 1976 gab sie auch die „Ayn Rand Letters" heraus, in denen sie zu aktuellen Ereignissen pointierte Stellungnahmen abgab.
Weitere Hinweise auf die Autorin finden sich in der redaktionellen Vorbemerkung auf Seite 129.

Arno Surminski, geboren am 20. August 1934 in Jäglack (Ostpreußen). Nach Volksschulabschluß Lehre in einem Rechtsanwaltsbüro in Schleswig-Holstein. Danach Tätigkeit als Rechtsanwaltsgehilfe und als Mitarbeiter in der Rechtsabteilung eines Versicherungsunternehmens. Zweijähriger Aufenthalt in Kanada (1955–1957). Seit 1972 selbständiger Wirtschaftsjournalist (zahlreiche Leitartikel im Wirtschaftsteil der Frankfurter Allgemeinen Zeitung) und freier Schriftsteller in Hamburg.
Wichtigste Veröffentlichungen: Jokehnen oder Wie lange fährt man von Ostpreußen nach Deutschland? (Roman, Stuttgart 1974), Aus dem Nest gefallen (Erzählung, Stuttgart 1976), Kudenow oder An fremden Wassern weinen (Roman, Hamburg 1978), Fremdes Land oder Als die Freiheit noch zu haben war (Roman, Hamburg 1980), Wie Königsberg im Winter (Erzählungen, Hamburg 1981).

Egon Tuchtfeldt, geboren 1923 in Burg (Dithmarschen), lehrt seit 1962 als o. Prof. der Volkswirtschaftslehre an der Universität Bern. In INITIATIVE 18 (Inflation ohne Ende) erschien sein Beitrag „Arten und Ursachen der Inflation".
Wichtigste Veröffentlichungen: Soziale Marktwirtschaft im Wandel (als Hrsg., 1973), Der „Interventionskapitalismus" – eine gemischte Wirtschaftsordnung (1976, in: Widersprüche der Kapitalismuskritik. Festschrift zum 75. Geburtstag von Alfred Müller-Armack), Gefährdete Marktwirtschaft (1977). – Prof. Tuchtfeldt ist Herausgeber der Buchreihe „Beiträge zur Wirtschaftspolitik" (1964ff.) und Mitherausgeber der „Berner Beiträge zur Nationalökonomie" (1965ff.), der „Sozioökonomischen Forschungen" (1974ff.) sowie der vierbändigen „Ausgewählten Werke" von Alfred Müller-Armack (1981), alle im Verlag Paul Haupt, Bern und Stuttgart.

Wilhelm Weber, geboren 1925. Von 1946 bis 1953 Studium der Philosophie und der Theologie in Paderborn und Rom; 1955 bis 1961 Studium der Volkswirtschaftslehre in Münster; 1952 Priesterweihe in Rom; 1953 bis 1955 Kaplan in Bochum; 1957 Dr. theol., 1961 Dr. rer. pol.; 1964 Habilitation für das Fach Christliche Sozialwissenschaften. Seit 1964 o. Prof. und Direktor des Instituts für Christliche Sozialwissenschaften der Universität Münster; 1968 Ruf an die Universität Würzburg (abgelehnt); 1965 Teilnahme am Zweiten Vatikanischen Konzil, 1971 an der Zweiten ordentlichen Bischofssynode in Rom; zeitweilig (und teilweise noch heute) Mitglied verschiedener Beiräte im staatlichen und kirchlichen Bereich. Seit 1977 Mitglied der Rheinisch-Westfälischen Akademie der Wissenschaften. – Hauptarbeitsgebiete: Katholische Soziallehre, Allgemeine Sozialethik, Wirtschaftsethik.
Wichtigste Veröffentlichungen: Wirtschaftsethik am Vorabend des Liberalismus (Münster 1959), Geld und Zins in der spanischen Spätscholastik (Münster 1962), Stabiler Geldwert in geordneter Wirtschaft (Münster 1965), Der Unternehmer (Köln 1973), Geld, Glaube, Gesellschaft (Opladen 1979). – Ferner zahlreiche Aufsätze und Lexikonartikel zu den Hauptarbeitsgebieten. – Herausgeberschaften: Jahrbuch für Christliche Sozialwissenschaften (Münster, zus. mit Anton Rauscher), Abhandlungen zur Sozialethik (Paderborn).

WAS 1974 MIT
„SIGNALEN DER TENDENZWENDE“
BEGANN

ist heute, mit fast 50 Bänden, eine publizistische Institution geworden: die Herderbücherei INITIATIVE. Gelungen ist jedoch noch nicht, die Meinungen der Leser wirksam zu formulieren; denn INITIATIVE-Leser leben gleichsam in der Einzahl, sie bilden kein Kollektiv und keine Organisation.

So kann die Herderbücherei INITIATIVE nicht mit dem Lautsprechereffekt der tonangebenden Publizistik rechnen, sondern ist darauf angewiesen, daß ein Leser dem anderen weitersagt, was dieses Taschenbuch-Magazin leistet, was es für ihn beruflich und persönlich bedeutet. Ein Freundeskreis der INITIATIVE-Leser soll nun versuchen, solchen Bemühungen einen neuen Impuls zu geben und zugleich den Zusammenhang der INITIATIVE-Leser ein wenig enger zu knüpfen.

Zweimal im Jahr soll ein Arbeitsbericht aus der INITIATIVE-Werkstatt von Gerd-Klaus Kaltenbrunner erscheinen, der allen Mitgliedern des Freundeskreises vom Verlag zugeschickt wird. Er soll zwischen den Erscheinungsfolgen der Themenbände über Planungen und Erfahrungen der Redaktion berichten und auch dokumentieren, wo sich in den zurückliegenden Bänden aufschlußreiche Beiträge zu aktuellen Fragen finden.

Der Beitritt zum Freundeskreis bringt keinerlei Verpflichtungen mit sich. Es genügt eine Postkarte mit genauer Anschrift an den

Taschenbuchdienst im
Verlag Herder
Postfach, D-7800 Freiburg

Herderbücherei INITIATIVE

Bisher erschienene Bände:

Plädoyer für die Vernunft (Bd. 1)
Signale einer Tendenzwende

Klassenkampf und Bildungsreform (Bd. 2)
Die neue Konfessionsschule

Die Herausforderung der Konservativen (Bd. 3)
Absage an Illusionen

Radikale Touristen (Bd. 4)
Pilger aus dem Westen – Verbannte aus dem Osten

Sprache und Herrschaft (Bd. 5)
Die umfunktionierten Wörter

Zur Emanzipation verurteilt (Bd. 6)
Der Preis unserer Mündigkeit

Der überforderte schwache Staat (Bd. 7)
Sind wir noch regierbar?

Die Zukunft der Vergangenheit (Bd. 8)
Lebendige Geschichte – klagende Historiker

Die Gehäuse des Menschen (Bd. 9)
Selbstverwirklichung im Spannungsfeld der großen Institutionen

Überleben und Ethik (Bd. 10)
Die Notwendigkeit, bescheiden zu werden

Die Macht der Meinungsmacher (Bd. 11)
Die Freiheit zu informieren und informiert zu werden

Der Apparatschik (Bd. 12)
Die Inflation der Bürokratie in Ost und West

Bereiten wir den falschen Frieden vor? (Bd. 13)
Vom Gestaltwandel internationaler Konflikte

Was ist reaktionär? (Bd. 14)
Zur Dialektik vom Fortschritt und Rückschritt

Die Suche nach dem anderen Zustand (Bd. 15)
Wiederkehr der Mystik?

Kapitulation des Bürgers (Bd. 16)
Vom Nutzen und Nachteil der versorgten Gesellschaft

Die Strategie der Feigheit (Bd. 17)
Wie lange wird der Westen noch frei sein?

Inflation ohne Ende (Bd. 18)
Wer verliert, wer gewinnt?

Adieu, ihr Städte! (Bd. 19)
Die Sehnsucht nach einer wohnlicheren Welt

Rückblick auf die Demokratie (Bd. 20)
Gibt es Alternativen?

Das Elend der Christdemokraten (Bd. 21)
Ortbestimmung der politischen Mitte Europas

Der innere Zensor (Bd. 22)
Neue und alte Tabus in unserer Gesellschaft

Verweiblichung als Schicksal (Bd. 23)
Verwirrung im Rollenspiel der Geschlechter

Wiederkehr der Wölfe (Bd. 24)
Die Progression des Terrors

Europa – Weltmacht oder Kolonie? (Bd. 25)
Wider nationalen Kleinmut und Egoismus

Die Pillen-Pest (Bd. 26)
Selbstvergiftung aus Angst vor dem Schmerz?

Die elternlose Generation (Bd. 27)
Schlüsselkinder – Bürgerkriegskinder – Niemandskinder

Der standhafte Selbständige (Bd. 28)
Nachhut der freien Marktwirtschaft

Rechtfertigung der Elite (Bd. 29)
Wider die Anmaßungen der Prominenz

Auf der Suche nach einer neuen Vollbeschäftigung (Bd. 30)
Die Mutation der Arbeit

Noch gibt es Dichter (Bd. 31)
Außenseiter im Literaturbetrieb

Lob des Kleinstaates (Bd. 32)
Vom Sinn überschaubarer Lebensräume

Auf dem Weg zum Richterstaat (Bd. 33)
Die Folgen politischer Impotenz

Illusionen der Brüderlichkeit (Bd. 34)
Die Unfähigkeit, einen Feind zu haben

Unser Epigonen-Schicksal (Bd. 35)
Nichts Neues unter der Sonne

Das Geschäft der Tröster (Bd. 36)
Hoffnung zum halben Preis

Nestwärme in erkalteter Gesellschaft (Bd. 37)
Ashrams, Kommunen, Kibbuzim – und was sonst noch?

Tragik der Abtrünnigen (Bd. 38)
Verräter, Ketzer, Deserteure

Was ist deutsch? (Bd. 39)
Die Notwendigkeit, eine Nation zu sein

Wir sind Evolution (Bd. 40)
Die kopernikanische Wende der Biologie

Absurdes Welttheater (Bd. 41)
Das Ärgernis UNO

Wissende, Verschwiegene, Eingeweihte (Bd. 42)
Hinführung zur Esoterik

Schmarotzer breiten sich aus (Bd. 43)
Parasitismus als Lebensform

Der Soldat (Bd. 44)
Dienst und Herrschaft der Streitkräfte

Grund zum Feiern (Bd. 45)
Abschaffung und Wiederkehr der Feste

Bilderflut und Bildverlust (Bd. 46)
Für eine Kultur des Schauens